判断と崇高

判断と崇高

カントト美学のポリティクス

宮﨑裕助著

知泉書館

判断力の欠如は、本来、愚鈍と呼ばれるものであり、そのような欠陥はまったく救助の途がない。たんなる頭脳の鈍さや程度の低さは、適度の悟性と悟性固有の概念が欠けているにすぎず、これは学習によってきわめて十分に補強されうるし、さらには博識にさえいたることができる。しかしその場合でも、概してあの判断力（ペトルスの第二部）が欠けているのが常であるから、きわめて博識な人々が、その学問の使用において、まったく改善の余地のないあの欠陥をしばしば垣間見せることに出くわすのはなんら異とするにはあたらない。

イマヌエル・カント『純粋理性批判』

凡　例

一、カントの著作は、xvi–xvii頁の略号を用いて指示し、それ以外は、アカデミー版カント全集（*Kants gesammelte Schriften*, herausgegeben von der Königlich Preußischen Akademie der Wissenschaften, 29 Bde. [Berlin: 1902-83; 2. Aufl., I-IX. Bde., Berlin: Walter de Gruyter, 1968]）の巻数をローマ数字で表記する。引用や参照にさいしては『純粋理性批判』は、慣例に倣い、第一版（A版）および、第二版（B版）の原著頁数を、それ以外のカントの著作はアカデミー版の頁数を、丸括弧内にアラビア数字で指示する。なお、本書で用いたカントの日本語訳には、いずれも原著頁数が並記されているため、邦訳頁の指示は割愛した。

一、その他の著作への参照は、同頁の略号を用い、本文中での引用や参照の箇所は、丸括弧内にアラビア数字で原著頁を、亀甲括弧内に漢数字で邦訳書頁を指示した。

一、訳文に関しては、原則として拙訳によるが、既訳のあるものは最大限活用させていただいた。カントの訳文については、とくに宇都宮訳に負うところが大きい。ただし、いずれの場合も、文脈に応じて適宜訳文を変更した部分があることをお断りする。

一、訳文中の亀甲括弧〔　〕は、引用者ないし筆者による補足や割註を示す。

まえがき

本書の由来は、『純粋理性批判』（一七八一年）の「原則の分析論」の冒頭、カントがその註で「愚鈍」と呼んだもののうちにある。「愚鈍（Dummheit）」とは「判断力の欠如」について述べられた言葉である。カントはそこに、ひとつの深刻な問題を指摘している。そもそも判断力は、カントによれば、学校教育が生徒に授けようとする知識や学識、それらに準ずる諸々の規則・規律等とは異なり、「特殊な才能」ないし「生来の才気の独特なもの」であって、まったく教えられず、「その欠如は、いかなる学校教育も補うことができない」。つまり「このような欠陥には、まったく救助の途がない」（B 172）のである。

深刻だというのは、この「愚鈍」が、教育の扱う知識の多寡に関係なく、むしろ誰にでも生じうるような、ありふれたものだからである。カントは言う。「医者や裁判官、あるいは政治家が、それぞれの専門においては、みずから十分に教師たりうるほどに、きわめて立派な病理学的、法律的、ないし政治的な諸規則を頭に入れておくことはできようけれども、それにもかかわらずそれらの規則の適用にあたっては、容易に誤りを犯すことがある」（B 173）。

どれほど知識をそなえた博識の学者であっても、いざ実行する段になって、この判断力という能力が欠けていれば、たちまち「愚鈍」に転落しかねない。要するに、判断力とは、知っていること（Wissenschaft）においてではなく、それを用いること（Gebrauch）において発揮される能力であり、それ自体は教育不可能ななにものか、ともかくも「熟練して（geübt）いる」しかないものなのである。ならば、ひとはいったいどのようにして判断力を身につければよいのだろうか。カントは「実例」が「判断力のあんよ車（Gängelwagen）」（B 174）として判断力を鋭くする旨のことを述べてはいる。しかし、それでもなお「愚鈍」に陥らずに判断するという確信を、ひとはどのように得ることができるのか。もしそれが教育によって保証しえないとするならば、判断することには、そうした「愚鈍」という狂気の可能性がどこまでもつきまとい続けることになるのではないか。

　実際、与えられた知識や情報、出来合いの解説やマニュアルの類いに頼ることができないというまさにそのときにこそ、すぐれて判断力が必要になるのだとするならば、そのとき、ひとはどうすれば正しく判断することができるのだろうか。言い換えれば、依拠すべき法を欠いているにもかかわらず法に基づいた判断を求めている当のものをめぐって、ひとはどのように判断するのか。

　そうした判断への問いは、『純粋理性批判』ではいったん後景に退いたかにみえたのだが、その約十年後、晩年のカントは、そこに孕まれたあらゆる困難のもとに、ふたたび判断力の問題を正面から提起することになる。第三の批判書『判断力批判』がその出発点に据えた中心問題、すなわち、反省的判断力、とりわけ美的判断力への問いこそはそれであり、本書がまずもって取り組もうとするのはこの問題である。

　これはたんにカント哲学の枠内にとどまる問いなのではない。実のところ、二〇世紀にあってこの問いは、趣味判断や美学の問題にとどまらず、政治的判断力ならびに決断主義の問題へと引き継がれ、絶えず問い直されてきた。本書は、カントの批判哲学に遡る伝統において、判断力をめぐる探究を、美的な観点からは「崇高の思考」として、政治的な観点からは「決定の思考」として特徴づけることによって広く推し進めようとする。かくして判断の問題を、カントと現代の思想（アーレント、リオタール、シュミット、デリダ）を結ぶ問いの布置のなかで新たに立て直し、ひいては美学と政治、ないし「美的なもの」と「政治的なもの」の関係のもとに再検討してみること。これが、本書の企図である。

それにしても、なぜいま、またしてもカントなのか。

現代のカント受容として一定の影響力をもつものに、たとえば、ロールズの正義論やアーレントの公共性論が多かれ少なかれ依拠しているようなカント像を挙げることができるかもしれない。政治思想や倫理学の文脈では、カントの思想に通底する普遍主義や理想主義は、コスモポリタニズム（世界市民主義）といった理念を掲げながら、ポスト冷戦下の左翼リベラリズムの理論的な支柱として参照されてきたと言えるだろう。なかでも『永遠平和のために』（一七九五年）が提示していた諸国家の連合の構想は、九・一一以降、イラク戦争を経てアメリカ合衆国の単独的な覇権主義が市場原理主義のグローバル化と相まってますます世界を不安定にしつつある状況下にあっては、多国家間の協調の道を拓く、ありうべき思考のモデルとして繰り返し参照され続けてきた。イラク戦争に反対して、ハーバーマスがデリダとともに、国民国家の枠組みを超えたヨーロッパ共同体の意義を主張し、そこにポストナショナルな普遍的連帯の可能性を見ようとしたさいに引き合いに出されていたのは、やはりそうしたカントの精神であった。日本でも、柄谷行人が、アメリカのような「帝国」がもたらす国家主権の再強化に対抗して、カントが遠望した「世界共和国」の理念の意義をあらためて強調していたことは記憶に新しい。

とはいえ、本書の関心は、そうしたカント受容の現状に直接介入しようとすることにはない。筆者自身は、このような文脈でカントの名が引き合いに出されることは正当だと考えており、そうした方向で、依然としてカント——ホッブズでもスピノザでもなければとりわけヘーゲルでもなく——が再読されるべきだという必要性を疑っているわけではない。そうではなく、本書が焦点を合わせようとするのは、そうしたカント受容の水準よりもいわば「手前に」位置するだろう問題である。それは、現在のカント受容に無関係ではないが、そこにはほとんど欠けているか、少なくとも不十分に思われる論点を提起している。つまりそれが、先に述べた判断への問いなのである。そして、この問いがとりわけ際立った重要性を帯びるように思われるのは、『判断力批判』においてそれが——アーレントにおけるように政治的な判断や決断の問いとして立てられるよりも以前に——「美的＝感性的（エステティック）なもの」をめぐる問いとして提起されていたという点である。

カントへのそのような問いかけは、翻って、二〇世紀の戦後フランス思想の文脈で生じたカント解釈の系譜と合流する。その解釈によれば、カントの思想は、通例みなされてきたような理性主義や啓蒙主義の哲学には到底収まりきらないのであり、むしろそれが理性の限界への問いかけとして立てられているということを重視する。のみならず、こうした解釈の試みは、カントのうちに、たんなる理性主義どころか、そのような理性主義が孕む、理性の法そのものの狂気や苛酷さを浮かび上がらせようとするだろう。たとえば、カントの定言命法にそれと表裏をなすサドの姿をみとめたラカン（「カントとサド」）、あるいはカントとサドが相互に補完する空間に近代の知の臨界を描き出してみせたフーコー（『言葉と物』）、あるいは『判断力批判』のうちに「哲学の未来を定義することになるあらゆる能力の錯乱」を喝破したドゥルーズ（「カント哲学を要約してくれる四つの詩的表現について」）である。そして後述するように、それらのカント解釈は『判断力批判』再読の豊かな成果へと通じている（「序」註14参照）。

かつて坂部恵が「理性の不安」をみてとった、そのような「危機的な」カント像は、今日とりざたされるようなカント像——「世界共和国」のような構想が理性理念の統整的な働きを介して漸進的に実現されると信ずるカント像――と一見相容れないように思われるかもしれない。しかしながら、本書のパースペクティヴからすれば、判断力についての問い、さらにはその核心で作用する「美的なもの」への問いは、カントの批判哲学のなかで、先行して取り組まれるべきプロブレマティックを形成している。つまり、二つのカント像は両立不可能なのではなく、後者（理念的カント）は、前者（危機的カント）の探究のうえに成り立つべきものだと言えるだろう。要するに、前者のカント解釈には批判哲学のあらゆる可能性と不可能性とがいまだ解明されぬまま凝縮されていると考えられるのであり、そこに切り開かれた問題設定を十分に検討することがなければ、国家主権の枠組みを超えた世界市民主義に人類の希望を見いだすという美しいストーリーは、まったくの絵空事になってしまいかねないのである。

本書が判断への問いを通して追究することは、さしあたり、カント美学に固有の問題にとどまっている。しかし（とくに本書第Ⅲ部以降で）最終的に目論まれているのは、「カント美学のポリティクス」というべき問い、すなわち、カント美学の問題圏に胚胎していた「判断（力）の政治」への問いの所在を発見することであり、その問いの射程を明確にすることにほかならない。これは、結局のところ、カント解釈の枠内にとどまるどころか、政治と美学とが交錯する、より一般的なプロブレマティックへと開かれるべき「情動のポリティクス」についての根本的な問題提起となるだろう。

今日もなお頻発するテロリズムがリスク管理とセキュリティの要請をいっそう招来させ、それに応じた茫たる不安の感情によって世界中が翻弄されているとき、政治は、人々の身体感覚を直接に捉えて自律的判断を狂わせるような美的スペクタクルに容易に訴えることができる。しばしばポピュリズムとして展開するそのような政治は、理性理念の法を尊重するどころか、グローバル化したマスメディアやインターネットの通信網を介して一種の「情動の民主主義」として世界全体を覆い始めようとしている。だとするならば、「美的＝感性的なもの」をめぐるカントの思考の可能性へと根底から問いかける権利は、カントのアクチュアリティが疑いえないものであればあるほど、なおさら確保しておかねばならないはずである。

＊

本書をはじめて手にとった人のために、本書をどのように読み始めればよいか、その手引きを各章の関心別に記しておこう。目次と併せて参考にされたい。

本書は前から順に読み進めれば理解が深まるよう構成されているが、各章は前章の理解を必須とするわけではなく、ある程度どの章から読み始めても理解可能になるように書かれている。したがって、章立ての順序にあまりこだわらずに、関心をもった章から読み始めていただいてもかまわない。

序章は、本書全体の目論見、および、本書がどのようにカントの著作にアプローチするのかを説明している。本書の構想に関心のある読者は、必ず読んでいただきたい。

なぜ『判断力批判』なのか、またその前提として『純粋理性批判』と『実践理性批判』を含めたカントの三批判書の関連をどのように読むのかに関心のある読者は、第一章へ。

どのように『判断力批判』を読むのか、とりわけそこに見いだされる、美と崇高の関係をどのように把握するのかに関心のある読者は、第二章および第四章へ。

どのようにカントの崇高論を読むのか、もしくは、崇高やそれに関連する主題に関心のある読者は、第三章、第四章および、補章 Interlude へ。

カントのいう美的判断力の政治的射程をどのように考えるのか、とりわけアーレントに由来する政治的判断力の解釈とその批判に関心のある読者は、第五章へ。

政治的判断力の現代的な展開とその可能性をどのように考えるのか、とりわけ決断と決断主義の問題をめぐるシュミットとデリダの関係に関心のある読者は、第六章へ。

略号

カントの著作

A/B　*Kritik der reinen Vernunft*（第一版 1781／第二版 1787）〔『純粋理性批判』高峯一愚訳、河出書房、一九六五年／宇都宮芳明監訳、以文社、二〇〇四年〕

KpV　*Kritik der praktischen Vernunft*（1788）〔『実践理性批判』宇都宮芳明訳、以文社、一九九〇年／坂部恵・伊古田理訳、岩波版カント全集第七巻、二〇〇〇年〕

KU　*Kritik der Urteilskraft*（1790）〔『判断力批判』宇都宮芳明訳、以文社、一九九四年／牧野英二訳、岩波版カント全集第八巻、一九九九年〕

その他の著作

AC　Hannah Arendt, "The Crisis in Culture" (1960), in *Between Past and Future* (New York: Penguin Books, 1977)〔ハンナ・アーレント『過去と未来の間』引田隆也・齋藤純一訳、みすず書房、一九九四年〕

AI　Paul de Man, *Aesthetic Ideology* (Minneapolis: University of Minnesota Press, 1997)〔ポール・ド・マン『美学イデオロギー』上野成利訳、平凡社、二〇〇五年〕

DS　Jean-Luc Nancy, et al., *Du sublime* (Paris: Belin, 1988)〔ナンシーほか『崇高とは何か』梅木達郎訳、法政大学出版局、一九九九年〕

E　Winfried Menninghaus, *Ekel. Theorie und Geschichte einer starken Empfindung* (Frankfurt am Main: Suhrkamp, 1999)〔ヴィンフリート・メニングハウス『吐き気——ある強烈な感覚の理論と歴史』竹峰義和・知野ゆり・由比俊行訳、法政大学出版局、二〇一〇年〕

F　Yve-Alain Bois and Rosalind E. Krauss, *Formless: A User's Guide* (Cambridge, Massachusetts: MIT Press, 1997)〔イヴ

＝アラン・ボワ、ロザリンド・E・クラウス『アンフォルム――無形なものの事典』加治屋健司・近藤學・高桑和巳訳、月曜社、二〇一一年〕

FL　Jacques Derrida, *Force de loi* (Paris: Galilée, 1994)〔ジャック・デリダ『法の力』堅田研一訳、法政大学出版局、一九九九年〕

FJ　Jean-François Lyotard, et al. *La faculté de juger* (Paris: Minuit, 1985)〔リオタールほか『どのように判断するか』宇田川博訳、国文社、一九九〇年〕

HM　Jürgen Habermas, »Die Moderne - ein unvollendetes Projekt« (1980), in *Kleine Politische Schriften (I-IV)*, (Frankfurt am Main: Suhrkamp, 1981), pp. 444-464〔ユルゲン・ハーバーマス『近代――未完のプロジェクト』三島憲一編訳、岩波現代文庫、二〇〇〇年、三―四五頁〕

LP　Jean-François Lyotard, *Le postmoderne expliqué aux enfants* (Paris: Galilée, 1986)〔ジャン＝フランソワ・リオタール『こどもたちに語るポストモダン』管啓次郎訳、ちくま学芸文庫、一九九八年〕

PA　Jacques Derrida, *Politiques de l'amitié* (Paris: Galilée, 1994)〔ジャック・デリダ『友愛のポリティックス』鵜飼哲・大西雅一郎・松葉祥一訳、全二巻、みすず書房、二〇〇三年〕

PT　Carl Schmitt, *Politische Theologie. Vier Kapitel zur Lehre von der Souveränität* (Berlin: Duncker & Humblot, 1922)〔カール・シュミット『政治神学』田中浩・原田武雄訳、未來社、一九七一年〕

PR　Carl Schmitt, *Politische Romantik* (Berlin: Duncker & Humblot, 1925 [1919])〔カール・シュミット『政治的ロマン主義』大久保和郎訳、みすず書房、一九七〇年〕

目次

凡例
まえがき
略号
序　3

I　判断　反省的判断力から美的判断力へ

一　判断力の法――29
1　移行としての反省的判断力　31
2　批判と判断　35
3　理性の法廷　40
4　理性の法、自然法　47
5　自然の合目的性　52
6　法なき法　56

二　判断の崇高　67
1　反省的判断力から美的判断力へ　68
2　カント美学？　73
3　美と崇高のあいだ　77
4　美の不可能性　79
5　可能性としての崇高　84

Ⅱ　崇　高

構想力と美的形式の問題

三　構想－暴力　93
1　中間者としての構想力　93
2　構想力と理性の抗争　97
3　力学的崇高における暴力　100
4　美的総括の暴力とその対抗暴力　105
5　構想力の自己犠牲　111
四　吐き気　115
1　不定形なもの　117

目　次

2　美の形式　127

3　崇高の無形式　132

4　パラサブライムの反美学　137

5　apatheia　147

Interlude　物質的崇高——151

1　崇高の否定的表出　151

2　穹窿と水鏡　153

3　建築術的視覚と物質的視覚（ポール・ド・マン）　156

4　美学イデオロギーの批判にむけて　164

Ⅲ　美的 - 政治的　美学化と決断主義への抵抗

五　政治的判断力——171

1　趣味判断から政治的判断へ（アーレント）　176

2　探照灯としての芸術（ハーバーマス）　179

3　呈示不可能なもの（リオタール）　182

4　崇高の政治？　189

5 判断の前未来 194

六 決断の帰趨 203
1 決定におけるアポリアの経験（デリダ） 206
2 例外状態における主権的決断（シュミット） 212
3 決断主義の帰結 219
4 主権的決断から受動的決断へ 226
5 他者の責任を負うこと 232
6 政治的ロマン主義を超えて 236

結 論 247

あとがき 257
註 *11*
人名・書名索引 *1*

判断と崇高

――カント美学のポリティクス――

序

1

判断とは何か。そう問うやいなや、ひとは、すでに判断していることになるだろう。判断の本質に問いかける、まさにその仕方について一定の判断に加担してしまっていることになるだろう。あらかじめ判断していることなしには、予断や偏見のうちにいるのでなければ、そもそも「判断とは何か」と問い始めることさえできない。判断についての問いは、そうした問いの不可能性を引き受けることから始まるのである。どういうことか。

「Xとは何か」という問いの形式が前提としているのは、この問いの求めている「X」の本質が「SはPである」という形式（以下「S is P」と略）で言い表されるということである。「Xとは何か」という問いは、この「S is P」式の言明によって「X」の本質が説明されうる、という述定的で記述的な命題形式の価値を認めることによって投げかけられている。もちろん「X」の本質をそれとして明らかにするためには、「X」という事象そのものに即して、いかなる偏見ももつことなく中立的ないし「客観的な」立場から問いを立てなければならない。われわれはつねにそう教えられてきたはずだ。実際、このような問いの中立性は、近代科学の基本要件である。しかしながら、ここで問題なのは、まさに中立的だとされる「S is P」という命題形式の価値そのものである。

「Xとは何か」と問うことで「X」の本質を知ろうとしたとたん、ひとは少なくともその問いかけのなかで、「S is P」という命題形式の特権、当の問いかけに含まれる述定作用の価値を、そのものとして問い質すことなく前提してしまうことになるのだ（でなければ「Xとは何か」という問いがそもそも意味をなさなくなってしまう）。とするならば、「Xとは何か」という問いの形式に訴えることなしに、いかにしてこの述定的な命題形式の価値そのものを問題化できるのだろうか。

判断とは何か。アリストテレス以来の伝統的な論理学は、まさに判断を、この「S is P」という形式で表される命題として理解してきた。すなわち、判断の働きとは「主語Sで表されるもの」と「述語Pで表されるもの」との結合であり、判断の基本形式は、判断対象たる主語表象（主辞）、それに結びつけられる述語表象（賓辞）、そして両者を媒介する繋辞（copula「～である」）という三極構造によって把握されるのである。この判断の構造を端的に表しているのが「S is P」という形式である。それゆえ、判断とは、「S is P」という命題形式で表される述定作用である、とひとまず言うことができる。なるほど、これは「判断とは何か」という問いへの答えになっており、「判断」の意味が説明されているようにみえる。しかし注意しなければならないのは、この問いと答えが、まさに説明しなければならないはずの当の「S is P」式の述定作用のもとに言い表されているということである。

だからこそ「判断とは何か」という問いかけそれ自体が問題になる。「……とは何か」という問いが判断一般の命題形式を前提とし、この命題形式の価値を承認することではじめて立てられるのだとすれば、「判断とは何か」と問うことは、単純に言って、自身が問いかけようとしている当の主題の内容を当の問いの形式において先取りしてしまうことになる。ここに含まれる循環は容易に指摘できるだろう。判断の意味を問うのに「判断とは何か」という問いを立てたとたん、それに答える以前に、述定的な問答様式に加担せざるをえない。にもかかわらず、判断の意味への問いかけは、この述定作用の価値そのものを問い質すことを含むのだとすれば、「判断とは何か」という問いの形式自体が、自身の問いの対象を歪めてしまうのだ。要するに「判断とは何か」と問うことは「S is P」式の答えを期待しているかぎりで、問いの形式そのもののうちで「判断とは何か」という答え（の一部）をあらかじめ了解していることになるのであり、一種の論点先取（petitio principii）を犯すことになるのである。それは言うなれば、「光とは何か」を知るために、当の「光」に光をあてて「光そのもの」を見ようとしているようなものだ。「判断とは何か」という問いには、当の問いの形式そのものが打ち消してしまうような解答不可能な裏面がどこまでもつきまとう。

「存在（ある）〔l'être〕を定義しようと企てれば、次の背理に陥らざるをえない。すなわち、ある言葉を定義するには「これは……である」〔c'est〕という言葉から——これを明言するにせよ暗黙のうちに理解するにせよ——始めなくてはならない。それゆえ、存在（ある）を定義するには、「これは……である」と述べ、かくして、定義されるべき言葉をその定義のなかで用いなくてはならなくなるのである」（「幾何学的精神について」）。パスカルのこの言葉を引きながら、「存在」の概念が、伝統的論理学の述定的な定義を受けつける種類のものではなく、いわば判断以前の次元に存しており、それゆえにこそ「存在」を「存在者」から峻別すべきことを説き、「存在」の意味への問いをその問い方から新たに打ち立てたのは、『存在と時間』（一九二七年）のハイデガーであった（同書第一節参照）。

あるいはフロイト。周知のように、フロイトが「否定」の概念を通じて問題にしていたのは、判断として否定すればするほど、抑圧したい内容がますます明るみに出るという、古典的な判断の形式では肯定することも否定することもできないような無意識の次元であった（「否定」一九二五年参照）。これもまた判断以前を思考しようとする企てである。あるいはまた、言語行為論の創唱者J・L・オースティンを引き合いに出すこともできる。というのも、オースティンは、言語活動の内実を「SはPである」という命題形式の真偽へと還元しようとする態度を「記述主義的誤謬」[1]として斥け、そうした述定ないし記述としての判断作用に先立つ次元として、そうした作用そのものを媒介している言語行為の効果に注目することによって、パフォーマティヴ（行為遂行的なもの）の概念を練り上げたからだ。

こうした人名のリストは、さらに拡張することができよう。ある意味で、「判断とは何か」という問い（の機能不全）から浮き彫りになる「判断以前のもの」ないし「前判断的なもの（préjugé 予断）[2]」をめぐる思考は、現代思想のあらゆる試みが焦点を当ててきた最も主要なトポスのひとつだとさえ言うことができる。つまり、二〇世紀の現代思想――「ニーチェ以降」を指標とした――の全体は、「S is P」のような古典的な判断概念、述定的な命題形式の特権を問いに付すことによって企てられたといっても過言ではない。それは、まさに「判断とは何か」という問いを通じて、というより直接にそう問うことの不可能性を通じてこそ、当の問いの形式そのものの自明性に異議を申し立てることのできた「前判断的なもの」をめぐる思考なのである。

本書の主題は、それにもかかわらず「判断」である。この主題が選ばれたのは、判断概念の手前で「前判断的なもの」を追究しようとした二〇世紀の思考の成果を軽視しているからではない。そうではなく、反対に本書は、まさに「前判断的なもの」の思考を引き継ぐことによってこそ「判断」を主題とする。これは、たんに二〇世紀の思想の見地から歴史的に遡って「判断」という古典的概念を問題化すること（時間的遡行）にとどまらず、論理的な遡行であることをも意図している。つまり本書は、「判断」の古典的概念が覆い隠してきた「前判断的なもの」の次元を、当の「判断」の概念のうちで内在的に追究することによって、この次元を「判断」そのものの構成要素として捉え直すことを目指すのである。

そもそも先に述べたような意味で二〇世紀の思想が「判断以前」の思考たりうるのは、当の「判断」をその古典的な概念――「S is P」という命題形式としての判断――と同一視するかぎりでのことにすぎない。だが「判断」は、そのような概念としてのみ理解されるべきものではなかった。たとえ二〇世紀の思想が「判断以前」の思考として要約されうるとしても、このことは、判断への問いがそれ自体として解決済みであったり乗り越えられた課題であったりするということを意味するわけではない。判断（という語）そのものを厄介払いにしてよいということではまったくないのだ。それどころかむしろ、まさに「判断」という主題を通して、判断という概念のただ中で、「判断以前の」次元に問いかけるという作業が残っているのである。要するに、判断（という語）に含まれる「判断以前の」次元、判断概念そのもののうちで「判断以前の判断」の可能性に問いかけること――これが、まずもって明確にされるべき、本書の出発点である。[3]

判断とは何か。判断とは「法に基づいて判定すること」である（『日本語大辞典』）。「判断」（英：judgement／仏：jugement／独：Urteil）という語について各種辞書をあたってみるならば、この語の意味そのものは、命題における思考作用としての論理学の伝統的な概念よりも、法律的な含意が優位であることにただちに気づく。すなわち「法廷（court of justice）で当事者に対して判決（文）を下すこと」（*Oxford English Dictionary*）、要するに、裁き、判決、審判、評決という意味での判断である。実際、「判断する」という動詞の語源をなすラテン語「judicare（裁く）」は、jus（法）とdicere（言う）との合成からなり、「判断」が「法を言うこと」「法の宣告」

という意味に由来することは、語源的にも明らかである。もちろんこの語は、周知のように、法廷の裁判や司法の場において判事や陪審員が下す判断に限られるわけではない。神が人間に下す審判、神的な裁きを指す（「最後の審判（the Last Judgement）」や「審判の日（day of Judgement）」など）一方、広い意味では、人々のあいだでの社会的判断、すなわち、公共的な是非が問われるべき意見（オピニオン）の決定や発言という意味においてもこの語は用いられる。この「判断」という語義の広がりは、日本語としてであれインド＝ヨーロッパ諸語としてであれ、さほど事情は変わらない。いずれにせよ、判断という語に含まれているのは、一般には、論理学・認識論的な意味であるよりも、法や倫理にまつわる社会的ないし実践的な意味であることにまずもって留意する必要がある。

エミール・バンヴェニストは、古代ギリシア語の dikē の語根 deik- が、ギリシア語では deiknumi（示す）、ラテン語では dico（言う）という同系列の言葉をそれぞれに生み出しているのにもかかわらず、なぜ dikē が一見それらとは異なる「正義」という意味をもつにいたったかを説明している。[4] それによれば、deik- という語根が「示す」や「言う」の語系列をもたらしたことについては、deik- が jus（法）に結びついた、ラテン語の judex（裁判官〔判断を下す者〕）に典型的に表れているように、当の「示す」や「言う」ことが、権威のもとに「法を宣告すること（dicere jus）」として頻繁に用いられていたという事情を考慮しなければならない。つまり、それによって「言わ」れたり「示さ」れたりするものは、「なされるべきこと、たとえば、判決〔arrêt de justice〕のかたちをとる命令」（109〔一〇二〕）である。したがって、dikē の語根 deik- は、強い命令的・規範的な含意をもつのであり、実際、それが、ホメーロス『イーリアス』の裁判の場面（XVIII, 497ff）にみられるように、dikēn eipein（裁きを下す＝判決を宣告する＝正義を言う）といった言い回しになって現れているのである。

バンヴェニストがここで強調しているのは、dikē がひとつの定型表現や慣用句（une formule）として表される慣習法をなすという点である。判決を下す（正義をなす）ということは「特定の事例に適切な定型文を与えること」であり、裁判官（dikas-pólos〔dikē を見張る者〕）の役割は、伝えるべき「法の定型表現」を保持し適用することにほかならない。それが、いわば裁き＝判断を下す者が担う正義の務めである。それゆえ、古代ギリシア語の dikē にいわれる正義とは、法と異ならない正義、つまり、命令的な規則や規範、慣習的な掟や義務と混じり合う意味での正義なのである。

こうした事態は、現代語の justice にしても「正義」という意味だけではなく、「司法」や「判事」「裁判所」といった広く法的な含意をもつということを考慮すれば、さして驚くことではない。しかし厳密にいって、法に従属し法から区別されないかぎりでは、「正義」という語に固有の意味はないことになるだろう。バンヴェニストは、dikē としての「正義」のうちには、「われわれが理解しているような、正義の倫理的概念」は含まれないと結論することで「dikē」についての語源的考察を締め括っている。というのも、後世の「正義」の意味、倫理的概念としての「正義」は、「dikē が悪弊〔abus 法の濫用〕を絶つために用いられるような状況から徐々に出てきた」からである。「dikē が bía すなわち力〔force〕の支配を絶ち切ろうと介入する場合に、この表現は、正義そのものを表すことになる。そこでは dikē が正義〔vertu de justice〕と同定され、それ自身のために dikē をもつ者が、díkaios すなわち正当な者となるのである」（110〔一〇三〕）。

たしかに古代ギリシア語の dikē は、それ自体として固有の意味での「正義」――とりわけ近代以後、適法性や合法性から区別された倫理的・道徳的な正しさとしての正義――を表すわけではなく、既存の慣習法や規範的な命令表現と混じり合った「正義」にとどまっている。しかし注意しよう。だからといってこれは、dikē の意味がそうした法的な規範性へと還元されつくしてしまうということではない。繰り返せば、まずもってバンヴェニストが明らかにしているのは、dikē の語根をなす deik- が「示す」「言う」という意味の語系列をもたらすということ、また、当の dikē が法的であるというとき、あくまで一種の定型表現〔formule〕として把握されるということである。要するに、dikē に含意された「法」とは、言い表され、提示され、宣告されるべきものとしての法だということである。このことが、バンヴェニストによれば、「法」を法たらしめる所以をなしている。

> 「法」を構成しているものは、それをつくり出すことではなく、むしろ宣告すること〔prononcer〕である。jus と dicere、つまり、ju-dex から導かれるのは、こうした恒常的な関係である。〔……〕judex〔裁判官〕や judicare〔裁く〕、judicium〔判断〕、juris-dictio〔裁判権〕などの裁判用語全体が発達したのは、すべて上の jus dicere という言語行為を仲立ちすることによってである。（114〔一〇七〕）

法が、それを「言う」という言語行為によって構成されているということ。このような法の言語行為〔jus dicere〕は、法〔jus〕そのものではないが、法にその効力を付与するというような意味で「法を言うこと」であり、この「言う」は、いわば法の条件として法を超えた作用をなす。しかしそれは、もっぱら法を通じてしか発揮されないかぎりで、法から独立した力〔自然的ないし物理的な力や無法者の暴力〕ではない。そうではなくそれは、法のうちで、法の権能を内的に構成しているところの力、そのような法の力にほかならない。要するにこうした力が、「法」そのものから区別された要素として、そして結局のところ、固有の意味での正義の契機として、ギリシア語の dikē のうちに含まれているのである。

判断とは何か。判断（judicium）とは、「法を言うこと（jus dicere）」として法を媒介する一種の言語行為である。バンヴェニストの分析に示されていたように、「判断する（judicare）」というラテン語は、まさにdikēのうちで、「法」と「正義」とが相互に絡み合った関係を明らかにする。「判断」という行為が、その語源に照らして「法を言う」ところの言語行為として理解されるならば、それが指し示しているのは、dikēのうちで法（jus）と混ざり合っていた正義の契機だということになるだろう。それは、字義通りには「法を言う」こととして所与の「法」を前提しているのだが、「言う」ところのその行為は、法の言表を通して法の効力を構成するような言語行為として、当の「法を超えたもの」との関係、法から区別されるべき正義への関係を開くのである。

このような正義への関係そのものは、たんなる法ではなく、「法を超えたもの」への関係である以上、そのつどの判断の一回的な特異性のうちに、つまり法の不在のうちにもたらされるほかない。というのはこうだ。判断は、「法を言い渡す」宛先として個々の事例に直面するが、そのさいに言い渡すべき法（の体系）が知られているとしても、当の判断は、その法を事例に適用するにあたって、各々に特異な事例へとどのように関わるのか、どのように判断するのかという点については、ケース・バイ・ケースで（一件一件〔の訴訟ごとに〕）対処せざるをえない。原理的にいって、そのつどの判断において「法を言う」仕方、法を提示する当の方法、法を媒介する法そのものは、あらかじめ知られているわけではないのである。

「judicium〔判断〕は不平等である――というより、不平等が判断を「基礎づける」[5]。法が普遍であるかぎりで、われわれにとって平等であるのに対し、判断は、個々の一回的な状況に応じて、ひとによって変わりうるのであり、根本的に不平等・不均質であらざるをえない。判断の置かれた本質的な状況とは、法を前提としながら――法がなければ判断も存在しない――当の法の効力を実現すべく、法の不在のなかでそのつど下されるというものである。つまり、判断とは、法を通して法を可能にする言語行為として、当の法を前提としつつ、まさにこの法を実現するための法を欠いており、そのような意味での法の不在を、みずからに固有の契機として含んでいるのである。

もう少し具体的に説明し直そう。たしかに、判断することにとってつねに問題になるのは、法の不在である。法とはさしあたり、当の判断が依拠すべき一般的な規則や基準や概念を指す。法の不在といえば、たとえば、いまだ解明されざる現実に対して新たな法則体系をうち立てる科学者や、画期的な作品を生み出す独創的な芸術家といった場合を思い浮かべるかもしれない。彼らにあっては、自身の革新的な企ての実現のために、既存の法則や規範に囚われない独自の判断――法の不在における判断――が必要となっただろうということは容易に想像がつく。

これとは反対に、裁判官の下す判決は、憲法、法令、判例等からなる法律の手続きに従うべく、あらかじめ一般的規則を手にしている場合だとみなすことができるだろう。この場合、法は与えられており、判断の正当性は保証されているようにみえるし、そうあるべきだとされてもいる。しかしここでの問いは、そもそもいかなる判断であれ、法が十全に用意されていることは可能なのか、というものである。それどころか、判断にとって法の不在は必要であり、それこそが判断を可能にしているのではないだろうか。

問題なのは、厳格な法律の体系に支えられた裁判官の判断においても、いかなる規則をいかに選択し理解し使用すべきかといった適用や解釈のあらゆる契機のうちに、法の不在が介入してくるということである。実際、判決の正当性に異議が申し立てられることは裁判につきものだ。これはたんに事実上の問題（裁判が裁判官や弁護人の能力や性格に左右されるといった偶然事）なのではない。より正確にいえば、問題なのは、こうした法の不在の介入が、つねに構造的に可能な事態だということである。たしかに個々の法解釈の是非や条文の意義などをいちいち争う余地のない裁判の方が「普通」である（でなければ司法制度自体が成り立たなくなる）。しかし、たとえすべての過程がルーティーン化した最も「機械的な」判断を想定したとしても、それが従う法をあらためてそのつど追認し再確認しなければならないかぎりで、さらには、法に従うことがつねにその侵犯や刷新や創出の可能性を含み込むかぎりで、判断は各々の瞬間において法の不在を引き受けているのである。そうでなければ、それはたんなる化学反応や末梢神経の反射のようなものとなり、「法に従う」という言い方自体が意味をなさなくなるだろうし（それはもはや法に従ったり従わなかったりする自由を持たず、たんに法の一部にすぎない）、判断が判断として問題になることもないだろう。

判断は法に従うことなくしてはありえない。にもかかわらず、権利上、法の不在が判断に内属している。判断はこの不在に直面して、みずからが従うべき法（への関係）をいわば同時に創出することによって、下されねばならないのである。このことが判断の構造そのものを構成しているのならば、一般的な規則の不在、法の無法状態は、判断することを免除しはしない。むしろ、法の不在こそが判断の法なのだ。それが法の法である。

以上のように素描される判断の構造こそ、本書の探究にとっての中心的な問題提起である。こうした判断の構造は、判断が法を前提としながら法の不在こそが当の判断を可能にするという逆説において、あらゆる判断に本質的なアポリアを構成している。要するに、判断の構造の核心には、「権利上法をもたないものの法＝権利」[6]という問題、つまり、法の不在という法のもとでどのように判断するのかという問題が存しているのである。本書ではこれを端的に「決定の問題」と呼ぼう。それによって本書が問いかけようとしているのは、まさにアポリアにおいてもなお判断を可能にする条件、そうしたものとして判断の構造に孕まれた決定の経験なのである。[7]

法（の不在）をめぐるこのようなアポリアのただ中で「判断力固有の原理を発見する」（KU 169）こと。これは、伝統的には、カントの『判断力批判』（一七九〇年）が企てた主要な課題に属している。それによれば、判断力一般は「特殊なものを普遍的なもののうちに含まれているものとして思考する能力」（KU 179）と定義され、これは「規定的判断力」と「反省的判断力」とに分けられる。すなわち、前者では「普遍的なもの（規則や原理や法則）が与えられていて、特殊なものをその下に包摂する判断」、後者では「ただ特殊なもののみが与えられていて、判断力がこのもののために普遍的なものを見いださなければならない」判断が下される。そして後者、「反省的判断力」こそ『判断力批判』が判断力固有の原理として探究しようとした当のものにほかならない。反省的な判断力が置かれた状況とは、判断を要する場面において、個別事例だけが与えられており、当の判断が参照すべき一般法則（アプリオリな概念）が欠けている、という状況である。つまり反省的判断力は、それでも当の判断が法に即したものであるために、事例の特殊性にのみ基づいて、各々にふさわしい法を見いだすという一種の発見ないし創出の原理として追究されることになるのである。かくしてカントは、判断のアポリアを、反省的判断力の問題として提起したと言うことができる。

判断のアポリアに問いかけるために、本書が探究の特権的な場を見いだすのは、したがって、まずもってカント、とりわけ『判断力批判』のカントである。本書は『判断力批判』の問題系を参照することによって、判断のアポリアをめぐる問いを確定し、展開し、かつ転位させることを試みる。カント哲学こそ、判断のアポリアへの

2

問いを明確に開いた最初の思考であると同時に、それを解決しようとして当のアポリアをかえって尖鋭に描き出すことになった最大の思考なのである。その理由は本書の道筋全体によって明らかになるだろう。

まずはその全体を一挙に俯瞰してみよう。本書は、おおきく次の三つのモティーフを主題としたパートに分かれる。すなわち、第Ⅰ部「判断」、第Ⅱ部「崇高」、第Ⅲ部「美的‐政治的」である。この構成は、本書のタイトル「判断と崇高」に照応している。本書は、一方で『判断力批判』の磁場から取り出された「判断」[8]と、他方で、当の判断の美的契機をなす「崇高」という二つのモティーフを掛け合わせることで、判断のアポリアへの問いを推し進めようと試みるのであり、そこから「政治的判断力」の概念（これはアーレントの『判断力批判』解釈が提起したことで有名だ）を介して、本書が「美的‐政治的」と呼ぶ、判断力の第三のモティーフの問題の端緒が開かれるだろう。ここで判断への問いは、美学と政治、「美的なもの」と「政治的なもの」の関係という古典的な問題設定（これについてはすぐ後で説明する）に接合されることになる。言い換えるならば、第Ⅰ部と第Ⅱ部において判断への問いは、カントの『判断力批判』の問題系を参照することによって練り上げられた後、その成果が、第Ⅲ部において「美的‐政治的」射程という観点から検証されることにより、本書の企図は達成されることになる。

問われているのは徹頭徹尾、判断(力)の構造的なアポリアであり、そのようなアポリアとして浮上する「決定の問題」である。結論から言えば、本書は、このアポリアを解決しようとはしていない。そうではなく、むしろそのアポリアの内実を新たに明るみに出し増幅することを目指す。つまり本書は、判断(力)に課されたこのアポリアがどこまでも解消不可能であることを一貫して証示することにより、この解消不可能性が判断の構造にとって根本的であることを際立たせるのであり、それゆえに判断の置かれた状況においてもたらされる諸々の効果を分析しようとするのである。そして、判断のアポリアの効果として生ずる主要な争点のひとつにこそ、本書は「美的なもの」と「政治的なもの」の関係という問題設定を見いだすのである。それはどのような問題なのだろうか。

美学（美的＝感性的なもの《エステティック》）(9)は一般に、政治（政治的なもの《ポリティック》）との関係に置かれる場合に、政治を忌避するものとしてしばしば揶揄の対象になってきた。少なくとも通常、美的な態度と政治的な態度とは鋭く対立するものと考えられている。たとえば、ヴァルター・ベンヤミンが「複製技術時代の芸術作品」の掉尾に記した周知の言葉――ファシズムが「政治の美学化」を推し進めているのだとすれば「ファシズムに対してコミュニズムは「芸術の政治化」をもって応答するのだ」という一文――は、美学と政治との関係を喚起するさいに頻繁に引き合いに出される言葉であるが、この文言だけをとってみた場合、政治と美学（ないし芸術）とは、対立関係として理解されざるをえない。つまり、ファシズムの美的政治にあっては、国民の命運を握る戦争という現実を、美的スペクタクルの上演として当の国民は享受するのであり、そのかぎりでこれは、現実において必要な判断の諸局面を、美的な仮象によって覆い隠すように働くのである（ファシズムの戦争賛美）。このような美学化は、たしかに非政治化の動因以外の何ものでもないだろう。

　ところで、カール・シュミットは、この種の美学化や美学主義を構成する「美的なもの」を「政治的なもの」の名のもとに一貫して攻撃していた。シュミットによれば、政治における美的態度は、現実の政治的事象を、個人の美的な興味関心のためのきっかけ（occasio）とみなすことで無化してしまう。すなわち、当の現実の政治を、美的主観の高みから超然と眺めわたしているかぎりで、あるいはそのようなものとして主観的な快楽の機因をそこから得られさえすれば、当の政治がどうなろうが、自身の置かれた客観的な現実に積極的に関与する必要はなくなる、というわけだ。このような主観の美的関心における政治的無関心は、現実政治における決断の不可能性や優柔不断を招くのであり、シュミットはこれを「主観化された機会原因主義」あるいは「政治的なロマン主義」として厳しく糾弾していた。「一切の政治活動〔……〕は、ロマン主義的なものの本質的に美的な性質と矛盾するのである」(PR 164〔二〇〇〕)。

シュミットにとってみれば、「政治的ロマン主義者」たる美的主体は、つねに現実政治における決断を忌避し先送りにすることしかできない政治的な不能者である。ナチスの指導的法学者の立場にあったシュミットの主張は、結局のところ、このような美的態度を截然と絶ち切って「政治的なもの」の現実的な関係——友／敵の敵対関係——に覚醒し、戦争という究極の政治闘争へと結束すべく国民は決断しなければならないというものである。しかしながら、ベンヤミンがファシズムの現実に看て取ったように、戦争という国民的決断が、まさに美的政治として推し進められるとするならば、シュミットによる「美的なもの」に対する断固たる非難を、ひとはいったいどのように理解すべきなのだろうか。なぜ「美的なもの」の一切を斥けるように望んだシュミットの政治は、それと正反対のもの——つまり、最も典型的な美的政治といえる、ファシズムの戦争の美学と両立可能なのだろうか。

もちろん、シュミットが戦争の美学を直接提唱していたわけではない。しかし、シュミットの政治的決断主義がナチスのような国家体制のうちに強力な美的政治と結合しえたという事実をたんなる理論と現実の不整合として片づけてしまわないためには、次のような問いが不可欠である。すなわち、シュミットの言うように——もちろんこれはひとりシュミットに限ったことではなく「美的なもの」の効果を軽視するあらゆる言説にあてはまる

――政治における美的態度が、たんなる非政治化をもたらし、決断の不能として帰結するというのはそもそも本当だろうか。はたして「美的なもの」は、政治的決断を忌避するようにしか働かないと言い切ることができるのだろうか。「美的なものが、歴史の現実に働きかけるよう促す最も強力なイデオロギー的動因のひとつとしていまだわれわれの関心を惹くのは、まさに政治的権力としてである」（ポール・ド・マン）[10]。とするなら、まさしく政治的な決断の核心にこそ「美的なもの」が作用していると言えないだろうか。逆にいえば、美的なものの一切を否認し、純粋に政治的であろうとする決断の政治は、それゆえにこそ、さらなる政治の美学化に無防備であり、それどころか、決断の正当化のために、いっそう隠された美学化の密輸入に加担することになるのだとしたら？

本書の第Ⅲ部で論じるように、シュミットの決断主義は、その核心において、まさにみずからが批判していた政治的ロマン主義の美的主観化に通底していることが明らかになるだろう。結局のところ、本書が追究しようとしている課題は、以下のような仮説へと要約することができる。すなわち、政治の美学化に対して「美的なもの」の政治化をもって対抗しなければならないとすれば、それは「美的なもの」をおしなべて非難することによるのではない。そうではなく、まさに「美的なもの」の作用を見据えることによってはじめて可能になるのである。というのも、「美的なもの」こそが、美学化を構成するとともにそれを内部から解除することのできる批判的な力をそなえているからだ。「美的＝美学的なもの」の政治化を可能にするのは「美的＝感性的なもの」それ自身である。

本書は、そのような「美的なもの」の反美学的な契機を、判断が問われるさまざまなコンテクストから浮き彫りにしようと試みる。カントの崇高論から取り出された「構想力の暴力」「吐き気」といった契機に始まり、「視覚の物質性」（ド・マン）あるいは、芸術の作品化における「来たるべきもの」（リオタール）、無条件な決定の正義における「狂気」や「誇張法的なもの」（デリダ）にいたるまで。本書にとって「美的なもの」のこのような解釈を可能にするものこそ、カントの『判断力批判』が開いた判断への問いなのであり、そこに読まれる「崇高の思考」なのである。「政治的なもの」を構成している「決断」の核心に、判断のアポリアにおける端的に美的な判断の働きが見いだされるとするならば、カントの『判断力批判』は、美的判断力の批判を通してこそ、「決断」の問題を思考したと言いうるのではないだろうか。決断主義に言われるところの「決断」の問題が、美的判断力の批判における「崇高の思考」によって追究されていたとするならば、逆にこの「崇高の思考」は、当の美的判断を、いっそう根本的な決断の可能性にむけた政治的判断へとあらためて練り上げることを可能にするのではないだろうか。「美的‐政治的」と呼びうるだろうそのような判断力は、はたしていかなる判断をわれわれに促すのだろうか。

3

以上のように本書は、第Ⅰ・Ⅱ部において、判断の構造的なアポリアへの問い——決定の問題——を『判断力批判』の読解から提起し、この問いの追究によってカントの「崇高の思考」を解明しようと試みる。続いて、第Ⅲ部においては、こうしたカントの判断／決定の問題が、とりわけ二〇世紀の思想（アーレント、リオタール、シュミット、デリダ）の文脈で、いかなる「美的‐政治的」射程をもつにいたるのかを考察しようとしている。したがって本書の企図は、最終的には狭義のカント研究を超えるものとなるだろう。しかし、第Ⅰ・Ⅱ部は主としてカントを論じており、本書の探究が『判断力批判』の読解をベースにしていることも確かである。そのかぎりで、本書はカントの先行研究に負っており、カント研究への一定の寄与を意図している。

そのさい本書は、カントのテクストにどのような仕方でアプローチしようとするのだろうか。予告しておけば、本書は、従来の標準的なカント研究のように、カントのテクストの純粋な註釈にのみ基づいて議論を展開するわけではない。本書における『判断力批判』の読解も、テクストの全体にわたる網羅的な検証を目指すものではない。むしろ本書は、カントのテクストに取り組みながら、専門的なカント研究の枠組みを超えて、それらが読まれてきた問題事象、ないし問いのコンテクストそのものを描き出そうと努めている。結果、読者は本書のうちに一見カントらしからぬカント——ある意味でほとんど法外で怪物的な（ungeheuer）カント——を認めることになるだろう。しかしながら『判断力批判』に浮かび上がってくるそのようなカントもやはりカントだということ、それどころか、そうしたカント像にこそ、本書は、カントの思考の紛れもない潜勢力、いまなお再読を求めているテクストの来たるべき可能性を見いだすのである。

もちろんこれは、たんに奇を衒ったり恣意的な解釈を振り回したりすることとは異なる。カントの先行研究に照らしてみた場合、本書のカント読解は、いかなる位置を占め、いかなる意義をもつのか、ある程度説明しておく必要があるだろう。そもそも本書の企図は、判断の問いを探究するにあたって『判断力批判』と題されたカントの古典的な著作に訴えるという、一見至極当然の連想に基づいているようにみえる。しかし『判断力批判』を繙いたことのある読者であれば、このようなアプローチは、むしろ危ういものと感じられるだろう。というのも、序論からわかるように、『判断力批判』は、もともとはカント自身の批判哲学の体系的関心から企てられており、そのままでは、判断や判断力一般について探究するような書物としては単純に読むことができないからである。『判断力批判』の明示的な趣旨は、それに先立つ二つの批判書——『純粋理性批判』と『実践理性批判』——のあいだの架橋と移行によって批判哲学の体系を完結させることに存しており、第三批判はたんにそれだけで、判断力の解明や批判を目的としているわけではない。実際『判断力批判』が主として扱うのは、美や崇高なものにかんする「美的判断力」および、自然の合目的性にかんする「目的論的判断力」という、判断の問い一般を取り上げるにしてはかなり特殊にみえる判断力である。

こうした事情は、本書が以下で『判断力批判』を中心に議論を進めて行くうえで大きな障碍になるように思われるかもしれない。たしかにそれは、カントの先行研究の現状にもある程度反映されている。実際、判断力そのものを主題化したカント研究は、それほど多くはない。しかもカントの判断力概念についての主要な研究書をあたってみるならば、『判断力批判』を焦点としたカント研究は、その題名にもかかわらず、非常に少ないことがわかる。事実『判断力批判』の研究書の多くは、大雑把に言うならば、網羅的な註釈ないし歴史‐文献学的な意義を見いだすものか、美学一般および美学の諸概念を扱うもの、あるいは自然哲学や目的論的な体系論に特化されたものに大別され、判断(力)の概念そのものが正面から主題化されることは稀なのである[11]。しかしこのことは、『判断力批判』が、実際は判断一般の問いを追究するのにふさわしくない書物だということを意味しているのだろうか。『判断力批判』という題名には惑わされてはならない、ということなのだろうか。

けっしてそうではない、と考えるのが本書の立場である。反対に本書は、判断一般への問いを文字通りに『判断力批判』から追究することにこそ、判断(力)を問題化する主要な意義を見いだすのであり、そこからこそ、従来のカント研究におけるのとは異なった新たなカント像を提出しようと試みるのである。本書においてこうしたアプローチを可能にするのが、前述のアポリアにおいて判断の構造に問いかける――「決定の問題」――という問題設定にほかならない。判断におけるこのアポリアは、『判断力批判』においては反省的判断力の問題として、さらにはこのアポリアを尖鋭化させる美的判断力の問題として問い直されることになる。

その点では、本書は、カント美学の問題圏において一定の位置を占めることになるだろう。そこで本書が強調するのは、カント美学における崇高論というトピックの重要性である。崇高論そのもの――カントに限らない一般的な意味での――は、現代の美学や芸術理論において、あるいは芸術家のあいだで、すでに八〇年代には「流行している」[12]と言われた主要なトポスをなしてきた[13]。しかし、ことカント美学の再解釈という文脈にあっては、とくに崇高論が注目されるべき理論的な根拠は、これまで十分に解き明かされてきたとは言いがたい。これは意外なことではない。後に述べるように、そもそも『判断力批判』の崇高論は、「美の分析論」と比べると、表向きは「たんなる付録」(KU 246)の身分しか与えられていないからだ。にもかかわらず、なぜカントにおいて、美をめぐる趣味判断の理論以上に、ことさら崇高論を重要視する必要があるのだろうか。崇高論への注目が「流行」に追随するだけのものでないならば、その理由を、カント美学に内在的な論理に即して説明しなければならないはずだ。

本書は、こうした疑問を十分に意識しつつ、カント美学における崇高論の重要性を主張する。本書の考えでは「なぜ崇高か」という疑問は、美か崇高かのたんなる二者択一の問題ではない。そうではなく、これは、崇高についての判断が美についての判断に対してもつ一種の超越論的な優位として説明されるべき問題である。本書はそこにカントの「崇高の思考」を探りあて、その判断力論の核心を見いだそうとするのであり、読者はこの点において、従来の支配的な解釈を刷新するカント論の方向を認めることになるだろう。

崇高論へのこのような視点は、実のところ、カント読解のある一定の文脈を背景としている。すなわち『判断力批判』のうちにカントの「崇高の思考」を見いだそうとする企てにとって不可欠な参照枠となるのは、二〇世紀後半のフランス思想において継続的に行われてきたカント再読のコンテクスト、なかでも『判断力批判』をめぐる数々の生産的な読解にほかならない。主要なものでは、六〇年代のドゥルーズのカント論を嚆矢とし、七〇年代のデリダによる『判断力批判』論、八〇年代のリオタール、ナンシー、ラクー＝ラバルトらの崇高論にいたる一連の読解がある。[14] これらはカント読解として一定の系列を形成しながらも、そこにはきわめて多様なコンテクストが錯綜しつつ織り込まれており、それを解きほぐす作業はいまだほとんどなされてはいないのが現状である。本書は、これらのカント読解を、本書で扱う論点との関連で、可能なかぎり明示的に援用や検討することを通じて、それらが共通了解とした読解の水準を見定めることもまた課題の一部としている。

＊

最後に、本書の全容を概観しておこう。カントから出発して判断への問いを追究するにあたって、本書が最初に取り組むのは、『判断力批判』の序論において導入された反省的判断力の概念が、カントの批判哲学全体にとってもつ意義を明らかにすることである。なぜカントは、批判哲学の最終段階で反省的判断力の概念を主題化したのか。『判断力批判』の企図から振り返ってみたとき、先立つ批判書『純粋理性批判』と『実践理性批判』にとって判断力の概念はいかなる重要性をもつのか。そして翻って、そもそも判断力とは、哲学的活動そのものにとって、どのような意味を持ち、どのような働きとして理解されるべきなのだろうか。こうした問いをめぐって本書はまず、『判断力批判』のいう反省的判断力が、批判哲学の遂行する「自己立法」の作用として現れてくることを検証することにより、カント哲学の批判的活動を、ひとつの「判断する哲学」として定位しようとする。そこに認められるのは、いうなれば、カント哲学に胚胎した「決定の思考」の所在である（第一章）。

カントの『判断力批判』の最大の特徴は、この反省的判断が下される或る特権的な場面を、判断力の原理の批判的探究における「最も重要な部分」（KU 169）として見いだしたという点にある。それが「美的と呼ばれる判定、つまり自然や芸術における美と崇高とに関わる判定」にほかならない。そこから『判断力批判』の前半部をなす中心課題、すなわち、趣味判断の理論を背景とした、いわゆる「美的反省的判断力」の批判という課題が生じてくる。『判断力批判』の美的判断力批判という企図において、美と崇高という美的カテゴリーは、いったいどのような仕方で判断のアポリアを形成しており、かつそれを尖鋭化させているのだろうか。この点について本書は、カントの趣味判断論における美的表出の論理、美と崇高のあいだの錯綜した論理を解きほぐし再構成することによって明らかにする。そのさい説明されなければならないのは、美的判断力批判において崇高の表出論理が担う一種の超越論的な機能であり、そこに本書は、カント美学に見いだされる「崇高の思考」の所在を標定するだろう（第二章）。

以上は、本書の第Ⅰ部をなし、カントの判断力概念を、その批判哲学全体において位置づけ、反省的判断力から美的判断力へいたる経路のなかで、カントの判断力批判を、反省的判断力にあっては「決定の思考」として、美的判断力にあっては「崇高の思考」として練り上げることを目指す。対して第Ⅱ部は、第Ⅰ部で見いだされた「崇高の思考」そのものに焦点をあて、それを具体的に解明する論点を『判断力批判』というテクストの読解を通じて取り出そうとする。

本書はそれを、構想力と美的形式の問題にかんして、以下の二つのモティーフのうちに試みる。一方で、感性的な呈示を行う表出能力としての構想力が、崇高なものに対峙するさいに過剰な暴力として突出してくるという問題がある（「構想－暴力」）（第三章）。他方で、『判断力批判』における「吐き気〔Ekel〕」の形象が、不定形の美学（バタイユ）との関連において問い質されるとき、「吐き気」は、いわばパラサブライムの感情——美と崇高の対立から逃れながら、その対立の境界上に留まり続けるラディカルな感性的否認の感情——として把握されることになるだろう（第四章）。

なお、補章 Interlude は、ポール・ド・マンの『判断力批判』読解を検討することにより、カントの「崇高の思考」のうちに「視覚の物質性」のモティーフが読まれることを通じて、カント＝ド・マンによる「美学イデオロギー」批判の内実を明らかにする。もって第Ⅲ部への予備的な導入を行う。

第Ⅲ部は、すでに述べたように、前章までで追究された「崇高の思考」が、ひとつの判断力論としていかなる美的かつ政治的な射程をもって現れてくるのかを解明することを目指す。こうした「崇高の思考」は、二〇世紀思想における『判断力批判』の主要な展開として知られている「政治的判断力」（アーレント）の概念をどのように書き換えるのだろうか。本書は、そこで二〇世紀における『判断力批判』の政治哲学的な解釈の対立点（ハーバーマス／リオタール）を再検討に付すことにより、カントの判断力の概念を「美的‐政治的」射程のもとに練り上げることを試みる（第五章）。

崇高の思考を介して政治的判断力の概念を練り直すならば、この概念は、決断主義の問題として問われざるをえない。というのも、判断のアポリアのただ中で、いかなる所与の法にもとらわれない無条件な判断の可能性を認めることは、まさに決断主義の要請へと通じるからである。本書の最終章は、シュミットの決断主義の問題との近さと隔たりにおいてデリダの決定論を検討する。本書の考えでは、デリダの「決定の思考」は、シュミットの決断主義と主権理論との対決を通じ、カントの『判断力批判』にまで遡る判断論の系譜の現代的な展開として「美的‐政治的判断力」の新たな可能性を指し示しているのである（第六章）。

Ⅰ　判断

反省的判断力から美的判断力へ

一　判断力の法

判断するとは、所与の事例、事実、事件に対して法を適用することである。法が事例に対して超越しており、法が事例よりも包括的で一般的であるという関係のもとで、判断は下される。すでに触れたように、法がすでに与えられており、事例をその下に包摂するだけでよい判断（規定的判断）に対して、カントの『判断力批判』がまずもって問題とするのは、反省的判断、すなわち、ただ特殊な事例だけが与えられていて、それを判断するための法（普遍）を見いださねばならないというそのような判断である（KU 179）。

判断の基準として役立つこうした法を見いだすのに、ひとは単純に、なんらかの範例的な事例に頼ることができる。あるものの高さを表すのに「富士山のx倍高い」、あるいは広さを表すのに「東京ドームのy個分の広さ」のような言い方を用いた判断を思い浮かべてみる。その場合、「富士山」や「東京ドーム」がそれ自体としては特定の個物であり、個々の事例をなすのにもかかわらず、それらは、日本人の標準的な（と想定された）空間感覚にとっての範例的基準として機能しているわけである。範例とはいえ、しかしそれらは、どこまでも特定の事例であることには変わりはない。それらは結局のところ、そのつどの比較のうちで相対的に役立つ範例にすぎず、つねに「より適切な」範例によって置き換えられる余地がある（実際、東京ドーム建設以前には「後楽園球場」が範例でありえたし、西日本の住人にとっては「甲子園球場」の方が「より適切な」範例かもしれない）。したがって、範例となる基準が相対的であるかぎりで、当の判断は、暫定的なもの、不確定なものにとどまり続けざるをえないのである（もちろんこれは大きさや高さの単位や規格が共有されていない場合の話だが、そもそも長さの絶対的な基準とは何だろうか(1)）。

そこでひとまず次のように言おう。哲学の課題とは、こうした相対的基準の不確定性を断ち切り、つねに確実な判断を下すために、ひとつの究極の基準、それ以上のいかなる代替的な基準をも受けつけない絶対的な法を確保しようとすることである、と。そのような法を確立すべくあらゆる所与の経験を包摂しようとしてきた判断の専門家として「パルメニデスからフッサールにいたるまで、哲学者の専門技術は、諸々の法の法、つまり（法的、倫理的、言論的）法則の（正当化する）法を確保しようとしてきたのであり、哲学者はそうした技術の秘かな官吏であり続けてきた(2)」。実際、哲学史が示すのは、まさに哲学者が概念の構築や術語の駆使を通して、そのつど貪欲に究極的な判断基準を打ち立てようとしてきたという軌跡にほかならない。

『判断力批判』の主題をなす判断力、すなわち反省的判断力が、そもそも哲学的活動の核心にあるのだ、と主張することは、それほど突飛なことではないように思われる。反省的判断力は、みずからの判断基準、判断の法（普遍的なもの）そのものを自分自身で発見しつつ判断を下すのであるが、それがひとつの超越論的原理にとどまるかぎりで、当の法は相対的であってはならず、当の判断は普遍的でなければならない。したがって、哲学が、あらゆる相対的な基準を乗り越える普遍的な法を確立しようとし、そのような法の法、普遍的な法そのものとしてみずからを呈示し、判断を下さなければならないのだとしたら、それは、まさに反省的判断力の働きによって達成されるのだと言えないだろうか。

カント自身は明示的にこのような主張をしているわけではないが、以上の仮説のもとに、カントの批判哲学の体系において判断力が担う働きをあらためて検討してみるならば、批判哲学そのものにとって判断力が果たす顕著な働き、しかしそれゆえにこそ、判断力の直面する深刻なアポリアが明るみに出ることになるだろう。そのような判断力のアポリアに対して哲学はいかなる解決を与えることができるのか。そもそも解決しうるものなのだろうか。それがけっして解決しえないという不可能性にもかかわらず、あるいはむしろ、その不可能性ゆえにこそ、哲学は判断を下すよう駆り立てられるのではないか。判断の普遍的な法を確立しようとする哲学そのものの判断＝立法はどのようなものか。さらに言えば、この立法そのものの法とはいったい何か。それこそは、哲学の隠された法であり、判断の根源的な法ではないだろうか。

本章では、カントのいう反省的判断力の働きが、批判哲学そのものの自己立法として現れてくることを検証し、そのことによってカントの哲学を、ひとつの判断する哲学、すなわち、判断することのアポリアにおいてこそ判断する哲学として明らかにすることが試みられる。そのとき、哲学としてのこの判断の働きは、まさに判断一般が可能になるための法を打ち立てようとする立法的-反省的な判断であり、さらにはそのことを通じて哲学が哲学として自己実現しようとする、ある根源的な決定をなすように思われる。したがって、本章が問いかけようとするのは、言うなれば哲学の端緒として、哲学の臨界で哲学を創設するような、批判＝判断としてのカント哲学、そこに孕まれたカントの「決定の思考」であることになるだろう。

1　移行としての反省的判断力

反省的判断力に含まれる「反省」とは何を意味しているのか。『純粋理性批判』には次のような定義が読まれる。「反省(reflexio)は、対象から直に概念を手に入れるために、対象そのものと関わるわけではない。そうではなくて反省は、われわれがそのもとで概念に到達できる主観的条件を発見するために、あらかじめそれに備える心の状態である」(B 316)。反省的判断力が、自身の判断の法をみずから見いだすことにその特徴があるとするならば、当の「反省」とは、いま引いた定義にしたがえば、自身の判断の法としての「主観的条件を発見するために」備えている意識の働きを指し示すことになるだろう。それゆえ要点は、主観的条件の発見を可能にする当の主観自身の働き、つまり、みずからがみずからに問い返すことでみずからの条件を法として見いだす、そのような自己再帰的=自己反射的な(reflexive/reflective)働きである。

『判断力批判』の序論では、判断力は「悟性と理性の中間項(Mittelglied)」(KU 177)として規定されていた。まず、カント哲学におけるその位置づけを簡単に振り返っておこう。この序論では、哲学一般にとっての諸概念の領野が、それらを通してわれわれの認識が可能になる部分として「地盤(territorium)」と呼ばれており、「これらの概念がそこで立法的〔gesetzgebend〕である部分は、これらの概念と、これらの概念に対して権限をもつ認識能力の領域(ditio)である」(KU 174)とされる。この「領域」は、カントの哲学体系では、当の認識能力(悟性と理性)の二つの領域、「自然概念」と「自由概念」との二領域に分かれる。前者の領域においては「悟性が、可能的経験における自然の理論的認識のために、感官の客観としての自然に対してアプリオリに立法的である」(KU 195)。対して、後者の領域においては「理性が、無条件的に-実践的な認識のために、主観における超感性的なものとしての、自由とそれに固有な原因性とに対してアプリオリに立法的である」。要するに悟性は、自然概念による立法能力、すなわち自然(感性的なもの)に対してアプリオリな理論的法則を与える能力であり、他方、理性は、自由概念による立法能力、すなわち自由(超感性的なもの)に対してアプリオリな実践的法則を与える能力である。このとき問題は、悟性と理性が以上のように対称的であるがために、両者の二つの領域は、互いに排他的な関係をなし、「ひとつの領域を構成することがない」（KU 175）という点である。悟性と理性は「それぞれみずからに固有な立法をもつのであって、この立法を超えてはいかなる別の（アプリオリな）立法も存在せず、そこでこの立法が哲学を理論哲学と実践哲学に区分することを正当化するのである」（KU 176-7）。

哲学という「地盤」のうえで、悟性の側と理性の側のあいだ、すなわち「感性的なものとしての、自然概念の領域と、超感性的なものとしての、自由概念の領域とのあいだ」には「見渡しがたい亀裂〔Kluft〕」（KU 175-6）が走っており、哲学の地盤を二つに引き裂いている。判断力が「悟性と理性の中間項」と呼ばれ、『判断力批判』がそれを探究しようとするのは、まさに判断力がこの「亀裂」を埋め、両者を繋ぐ「媒介概念」（KU 196）として役立ち、あるいは、両者のあいだに「橋を架け渡すこと」（KU 195）によって、カントの批判哲学の体系全体を最終的に完成させる（『純粋理性批判』と『実践理性批判』の企てを統一する）ものとして期待されているからにほかならない。しかしこの位置づけが、判断力に独特の性格を付与することになる。判断力について批判の超越論的探究が企てられる以上、判断力には、さしあたって悟性や理性と並んで「アプリオリに立法的な能力」としての地位が認められている。しかし判断力は、結局のところ、悟性や理性ほどに積極的な立法能力たることはできない。先ほどの引用で述べられていたように、悟性と理性はそれぞれみずからに固有な立法の領域（自然概念と自由概念）を有しているのだが、判断力はそうではない。カントは「中間項」としての判断力に求められる地位を、きわめて両義的な言い方で特徴づけている。「判断力は、たとえみずからに固有な立法をではないにせよ、〔悟性や理性と〕同様に、法則を探究するためのみずからに固有の原理を、とはいえたんに主観的な原理をアプリオリにみずからのうちに含むことが許される」（KU 177）。この原理は「たとえこの原理に対象のいかなる領野もこの原理の領域として帰属することはないが、それでもなんらかの地盤と、まさしくこの原理のみが有効であるかもしれないような、この地盤のある種の性状とを所有できるのである」。

判断力に許された立法能力は、悟性や理性のように積極的な意味で固有な立法ではない。「たんに主観的な原理」として含まれる可能性が認められているにすぎない。したがってそれは、自身に固有の立法領域をもたない。もし、判断力が悟性と理性に並ぶ第三の立法領域をもつとすれば、判断力と悟性のあいだ、判断力と理性とのあいだで、あらためて高次の「媒介概念」ないし「中間項」が必要となってしまい、「架橋」による批判哲学の体系的統一というカントの企図は達成できなくなるだろう。判断力が「媒介」や「中間」たる所以は、それ自身としては（自然や自由といった）積極的な対象をもつ第三の立法能力ではないにもかかわらず、ある消極的な立法領域を付与されているという点である。この消極性に注意しよう。判断力のこうした位置づけは、言うなれば、哲学という地盤のうえで、悟性と理性の二領域を分かつ「亀裂」そのものの領域、つまりは分割線や境界線それ自体の危うい領域――「線」として理念的には幅をもたず現象的には幅が見いだせるというような――を占めるにすぎない。つまり、ここでは判断（Urteil）という根源的な分割（Ur-teil）そのものが一条の亀裂であると同時にそのような亀裂として自身が分割する両側を媒介するのである。この領域ならぬ領域のうえで、判断力は、（まさに「反省」として）自分自身に対して「たんに主観的にのみ」消極的な立法をなすという意味で、脆弱な能力にとどまっている。しかしながら、判断力は、この脆弱さゆえに最大の力を発揮するのだ。すなわち、この弱い自己立法の能力は、どこにも拠り所がなく固有の領域をもたないからこそ、かえって架橋ないし媒介の原理として、哲学という地盤のあらゆる場所に遍在することができ、融通無碍に介入することができる。そのようにして判断力は、理論から実践への、悟性から理性への「移行〔Übergang〕」（KU 196）を遂行するのである。カントは、この反省的判断力の自己立法を、悟性や理性の自律的立法（Autonomie）と区別して、「自己自律〔Heautonomie〕」(3)（KU 186）と特徴づけているが、それが示唆しているのは、悟性や理性のような確固たる立法能力ではなく、つねに移行状態で揺らいでいる判断力の立法、すなわち、主観的な反省にしかみずからの根拠をもたない脆弱さのうちでかろうじて可能になっている移行状態の立法である。だがこれは、移行状態の不安定さ、危うさのうちでこそ、みずからが存続するために絶えず判断を再開するのであり、そこに見いだされるのは、こう言ってよければ、その弛まざる反復によって立法の可能性そのものを切り開いてゆくような、そうした試行的な立法の姿であるだろう。

2　批判と判断

判断力という能力の本質が、以上のように反省的であるということ、つまり、移行的で試行的な自己立法（それゆえこれは「簡単に誤ることがある」KU 291）という点に求めることができるとすれば、これは「判断力批判」を遂行するカントの批判作業自身に反射的に折り返されるように思われる。というのも、まさにカントが試みている「批判」自体が、反省的判断力の実践として理解することができるからである。つまり、カントの「批判」そのものが、いわば哲学の根本的活動として、反省的判断力に特有の自己立法的な構造に根差しているということである。どういうことだろうか。

語源的に言えば、「批判（Kritik）」という語は、ギリシア語の krinein に由来し、「分ける」「割かつ」「隔てる」「決定する」といった意味をもつという点において、「判断」（Urteil = jugement ＞羅：judicium ＞希：krisis）と共通している。しかしそれだけではない。そもそもカントのいう「批判」が、日常で言われるような用法、つまり、誤りを咎めたり、欠点をあげつらったり、非難したりする、といった否定的な意味で言われるのではないということはよく知られている。カントのいう「批判」は、否定的な意味どころか、明確に肯定的＝断言的な含意をもつ。ハイデガーがつとに強調していたように「それは、措定するあらゆる場合に、規定し決定するものとしてあらかじめ定められていなければならないものを措定する、ということを意味する」[4]。つまり、批判とは「この措定的な意味における決定なのである」。かくして、批判は、当の対象を他のものに対して際立たせ、それらから分け隔てることで当のものを措定しその分割を決定する、という意味をもつ。

こうした「批判」の用法は、ハイデガーが指摘するように「十八世紀後半に特有の道筋」で現れてきたものだ。つまり「それは、芸術にかんする論究において、つまり、芸術作品の形成および芸術作品に対する態度にかんする論究において出現する。批判とは、指導的なもの、規則を制定することであり、立法することである。そしてそれは同時に、特殊なものに対して普遍的なものを引き立たせることを意味するのである」[5]。批判のこのような含意が、すでに見たような反省的判断力の定義——特殊なものしか与えられていないところで普遍的なものを法として打ち立てるという立法行為——を想起させ、さらには反省的判断力がすぐれて試される局面、つまり趣味判断（美醜や芸術の判定）に通じているということは明らかだろう。このような意味で、批判とは判断そのものであると言うことができる。

カント自身はみずからの批判作業と反省的判断力との関係について明示的に論じることはなかったが（『判断力批判』においては、概ね「反省的判断力」は論究対象としての主題概念であり、「批判」は論究手段としての操作概念にとどまっている）、カントのテクストそのものは両者の近接性を示唆している。ふたたび『判断力批判』の序論を参照しよう。それによれば、「批判とは理説《ドクトリン》ではなく、われわれの諸能力の実状に照らして、これら諸能力によって或る理説が可能かどうか、またそれはいかにしてかということだけを探究しなければならない」（KU 176）。ここでは「理説」との対比によって、カントのいう「批判」作業の企図を読み取ることができる。「批判は理説ではない」がゆえに――悟性であれ理性であれ――「認識諸能力がアプリオリに成し遂げることができる事柄にかんしての認識諸能力の批判は、もともと客観にかんしてはいかなる領域も所有しない」。むしろ「批判の領野は、認識諸能力の一切の越権行為に拡がっているのであり、それは、認識諸能力をそれらの合法性の限界のうちに制限するためである」。批判は、理説とは異なり、なにがしかの客観に即してなんらかの理論をそれ自体として積極的に構築するわけではない。それは、諸能力にとって理説が可能になるための条件、すなわち、その権利が正当であるかぎりでの限界を画定することを目的とするのである。そのかぎりで、それは哲学ないしは形而上学として構築される理説の手前で、「哲学の予備学」にとどまっている。

「批判」についてのこうした説明そのものは、とりたてて『判断力批判』に特別のものというわけではなく、自身の批判哲学全体に一貫したカントの自己規定をなす。しかし『判断力批判』において、このような「批判」はたちまち空転し始める。すなわち、悟性や理性の批判とは異なり、ひとたび批判が判断力という能力に向けられるやいなや、当の判断力が固有の立法領域を欠き、移行としての中間的な地位しか与えられていないがために、判断力についての批判は、超越論的な作業を開始するための明確な標的を失うのである。カントの哲学体系において、理論哲学としては「自然の形而上学」が、実践哲学としては「道徳の形而上学」が、それぞれ悟性と理性に関する理説をなすと言われている。しかし「判断力にかんしては批判が〔理説にかんする〕理論の代わりに役立つから、この作業のうちには判断力のためのいかなる特殊部門もない」（KU 170）。つまり厳密に言って、判断力批判には、批判すべき（反省的）判断力の理説が欠けている。そのため、批判そのものが理説にとって代わるほかはない。しかし判断力批判は、厳密には理説のないところでいったい何を批判するのだろうか。批判が理説にとって代わるのなら、いまや批判すべきは批判自身である、ということになるだろう。判断力の批判は、判断力をみずからの批判対象としてそのつど自己立法的に措定することでみずから批判に付す、という反省的な構造のうちに実行されるのである。

実際、『判断力批判』の導入部でカントが苦慮しつつ述べているのは、批判対象としての、判断力固有の超越論的原理をともかくも想定し、判断力の批判を、カント自身の全批判作業のひとつの特殊部門として論究しなければならないということである。なぜなら、繰り返しになるが、判断力の原理を――「たんに主観的」で消極的なものではあれ――ひとつの立法能力として承認しなければ、判断力が悟性と理性のあいだで両極を架橋するという媒介作用はその実現可能性そのものを失ってしまうからである。判断力について批判するという企ては、これまでの二批判（『純粋理性批判』と『実践理性批判』）の「体系的統一」（KU 184）を達成しなければならない（カントは『判断力批判』によって「私はこれで私の全批判作業を終える」［KU 170］と宣言するのだ）。すなわち、「批判はこの建物（「形而上学」と呼ばれる純粋哲学の体系）のために、経験に依存していない諸原理の能力の最初の基礎が或る深部にいたるまで地盤をあらかじめ調査しておかなければならない」（KU 168）。そうでなければ「建物のどこか一部が沈下し、全体の崩壊を惹き起こさざるをえないような事態にいたる」からである。

『判断力批判』の企図は、先立つ二つの批判書のあいだで両者を架橋しようとする点で、批判の批判、メタ批判的な性格を帯びている。批判が哲学の予備学《プロペドイティーク》だとすれば、判断力批判はいわば、批判そのものの予備学である。『判断力批判』の序論では、カントは判断力の批判という企図の正当性を前もって説明すべく、その根拠を提示しなければならないわけだが、決定的な箇所に度々出てくる「なければならない」という当為の言い回しは、まさにそれを究明することができないまま想定しなければならないという先取りによる正当化（petitio principii）――したがって正当化の失敗――を示唆している。すなわち、カントにしてみれば、判断力は能力としては積極的な立法能力ではなく、それが批判可能な超越論的原理たりうるかどうかはさしあたり証示不可能であるが、にもかかわらずそれは体系的な統一を達成すべく要請されている、と言うほかはなかったのだ。「われわれは、このような統一を洞察したり証明したりすることができないまま、それが存在すると必然的に想定せざるをえなかった」（KU 184）。

カントの記述が明示することなく示唆しているように思われるのは、こうした判断力批判の試行的な要請が、実際に反省的判断力の原理を探究しているという理由によって事実上正当化されている、という点である。つまり、批判作業の正当化が仮説的で不完全にとどまっているとしても、まさにそれは批判対象の性格、すなわち反省的判断力の自己立法的な性格に由来している。結局のところ、判断力の批判は、反省的判断力を対象にしているからこそ、自身もまた、当の判断力の原理を反省的かつ自己立法的に想定できる、と言われているかのようなのだ。ここでは、みずからの批判作業以前の前提と、批判がこれから向かう対象とのあいだで明白な循環が生じている。カントの批判哲学の体系のなかで、判断力の批判という課題には、三批判全体を接合し支持するための最大の負荷がかかっているのにもかかわらず、最後の批判に至って、批判対象への論及行為そのものによって当の対象を遡及的に構成するという仕方でしか、当の企ては、自身の批判作業を正当化できないのである。『判断力批判』の批判作業は、このような仕方――言語行為論の用語で「パフォーマティヴな」仕方、と言ってもよい――でこそ、判断力の反省的構造を先取りしつつみずから実践し、当の批判に手探り状態で突き進んでいくことになるのだ（6）。

このような自己立法的な判断力の問題に取り組むにさいして、カントは、美的判断こそ、反省的判断力が特権的な仕方で試される場面であり、美的反省的判断力の探究が、判断力批判の「最も重要な部分」（KU 169）をなすとみなしたことによって、判断力批判をさしあたりは軌道に載せることができた。しかし、次章で見るように、この美的判断力という問題設定こそ、判断が美と崇高とをめぐって、どこまでも決定のアポリアにとり憑かれざるをえないということがいやましに明らかになるような、そうした謎なのである。かくして、『判断力批判』の論述に特有の顕著な難解さ――おそらくどんな専門家も当惑させずにはいないような難解さ――が示しているのは、たんなるカントの責というより、自身の扱う論及対象の性格そのものに由来する、内在的な複雑化と紛糾なのだ、と考えることができるだろう。

3　理性の法廷

こうした批判の反省的ないし自己立法的な構造は、反省的判断力の働きに根差しているがゆえに、一見『判断力批判』に特有のものとも思われる。しかし、ひとたびこの反省的な構造がそれ自体として取り出されるならば、これは『判断力批判』に限ったことではない、ということが分かるだろう。実のところ、反省的判断から導かれるこうした構造は、カントの批判作業一般に、はじめから組み込まれていたものだ。判断力の反省的‐自己立法的構造のもつ影響は、『判断力批判』のみならず、カントの批判哲学全体に浸透している。『判断力批判』が第三批判として批判の完成と終わりを問うていたとすれば、批判の発端となったカントのテクストは、以上の構造をどのような仕方で引き受け、対処していたのだろうか。

問題なのはまさに批判の始まりである。

『純粋理性批判』序文の有名な一節において、カントは、従来の形而上学が試みた不毛な企ての後に、同時代の「倦怠」、すなわち、哲学に対する「まったくの無関心主義」が諸学を覆っている現状を喚起し、次のように述べることによって純粋理性批判の企てを導入する。


この無関心は、明らかに軽率さの結果ではなくて、もはや見せかけの知によっては引き止められなくなった時代の成熟した判断力の結果であり、理性に対する請求であって、その請求とは、理性のあらゆる仕事のうちで最も困難な仕事に、すなわち自己認識という仕事に新たに着手し、ひとつの法廷を設定せよ、という請求である。この法廷は、理性が正当な要求をする場合は理性を安泰にし、これに反して一切の無根拠な不当要求は、強権発動によってではなく、理性の永遠不変な法にしたがって斥けることができる、そうした法廷であって、この法廷こそが、まさに純粋理性批判そのものにほかならない。(A XI-XII)

ここでは判断と批判をめぐるカントのいくつかの論点が一挙に導入されている。すなわち、第一に、「哲学への無関心」という時代そのものの判断がまさに危機(krisis)として理性批判を要請しているという点。第二に、この批判は、理性による理性の「自己認識」の作業であるが、それが「法廷」において判決を下すことのできる権能をもつという点。そして最後に、この法廷を支配するものこそ「理性の永遠不変の法」であり、それが純粋理性批判を可能にしているという点である。カントは続けて次のように述べている。

私がここでいう批判とは、書物や体系の批判ではなく、理性がすべての経験に依存しないで追求する一切の認識にかんしての、理性能力一般の批判である。したがってそれは、形而上学一般の可能性と不可能性についての決定〔Entscheidung〕であり、また形而上学の源泉や範囲や限界の画定であって、しかもこれらはすべて原理に基づいてなされるのである。（A XII）

『純粋理性批判』においては、判断（判決）と批判の反省的で自己立法的な構造は、まさに「理性の法」によって可能になっている。批判し裁きを下すのは理性であり、理性が理性の問いを「理性の法」に照らして批判し判断するのである。こうした構図から、カントの「理性中心主義」を看て取ることは容易だろう。しかしカントの企図は、理性の万能を単純に主張するものではない。序文の周知の冒頭を想起する必要があるだろうか。「人間の理性は、理性によるある種の認識において、特別な運命のもとにある。すなわち理性は、理性が斥けることのできない問いによって悩まされているが、それはこの問いが理性そのものの本性によって理性に課せられているからであり、しかも理性はこの問いに答えることもできないが、それはこの問いが人間の理性のあらゆる能力を超えているからである」（A VII）。ここでは、理性はみずからの本性によって解決不可能な問いに避けがたく陥るという理性の窮境（有限性）がはじめから問題になっている。そこから、理性がみずからの本性にしたがってアプリオリに要求できる正当な権限を明らかにすること、そうでなければ理性が冒さずにはいない越権行為を制限することが企てられるのである。要するに、理性批判の企図は、理性能力の限界画定に存している。そのとき、理性が従う当のもの、それに即して批判が可能になるもの、それは、カントの文言を字義通りに受け取れば、理性そのものというより、理性の法である（「理性の永遠不変な法則」）。理性は、この法を介してのみ、自身の能力に対して批判を加え判決を下すことができる。カントが批判の場を「法廷」という言葉で語っているのはそのためである。

『純粋理性批判』にとって「法廷〔Gerichtshof〕」という形象は、いわば、批判のための不可欠な舞台装置として現れる。「純粋理性の批判は、純粋理性のすべての係争にとっての真の法廷とみなされうる。なぜなら、純粋理性の批判は、客観と直接的にかかわりあうような係争には巻き込まれず、理性の最初の制定の諸原則にしたがって、理性一般の権利を規定し判定する任務をもっているからである」（B 779）。「法廷」における、法を介した批判＝判定のみが、理性が陥るかもしれない混迷と窮境に平和をもたらすことができるのだ。カントは述べている。

〔法廷での〕こうした批判を欠いては、理性はいわば自然状態にあるのであって、自分の主張や要求を貫き確実にすることができるのは戦い〔Krieg〕による以外はない。これに反して批判は、すべての決定〔Entscheidung〕を自分自身が設定した根本規則から引き出して行い、その威信は誰ひとりとして疑うことのできないものであって、われわれに法的状態の平安〔die Ruhe eines gesetzlichen Zustandes〕を与えるのである。この法的状態においては、われわれは訴訟〔Prozeß〕による以外には争い事を起こしてはならない。

（B 779〔強調引用者〕）

論点を整理しよう。批判は、理性自身が制定した法が支配する「法廷」のうちで下されることで、「法的状態の平安」へとわれわれを導くとされる。この法的状態は「自然状態」に対立しており、カントも想起するように、この自然状態とは、ホッブズに言われるような「不法と暴力」(B 780)の支配する原始的な闘争状態である。自然状態では弱肉強食による闘争、力づくの際限のない闘争が繰り広げられるだけだが、純粋理性の法廷が、批判によりそれを解決する。すなわち、法廷は「訴訟」を通じて「判決〔Sentenz〕」を下すことにより、争い事を終わらせるのであり、この法的状態の発展が「永遠平和を保証するにちがいない」。

この「法廷」においても——『判断力批判』で問われていたのと同様——まずもって自己立法、すなわち、批判は「自身が設定した根本規則」に即して決定するという自己立法が当の法廷に組み込まれていることを確認しよう。とはいえ、ここでは「法廷」モデルを通じて、自己立法とその法に即した批判そのものが、法廷を司る「裁判官的理性」の判断として解明されている。つまりここでは、自己立法を伴う反省的判断の構造が、たんに理性の権能のうちに提示されているだけではなく、理性がまさに法を介さなければならないところの「法廷」という形象のもとに、はっきりと打ち出されているということだ。すなわち、この「法廷」は、理性が当の法に従うことで理性自身の批判がはじめて可能になるという場の形象なのである。

「法廷」の形象は、『純粋理性批判』全体を貫く問いの場を構成しており、純粋理性の批判がこうした「法廷」の形象によってモデル化されていることの意味は、実のところ、けっして小さくはない。そもそも純粋理性の批判は、理性の権限画定の一環として、アプリオリな認識の可能性の解明を主要な課題としているが、それが「概念がどのようにしてアプリオリに対象に関係するのかという仕方の説明」(B 177)として問われるとき、カントはそれを「超越論的演繹」と呼ぶ。カントは、この「演繹〔Deduktion〕」という語を、通常言われるような、帰納と対比されるような「導出」としての意味で用いるわけでも、デカルトが言ったような、直観〔intuitus〕から区別された演繹〔deductio〕という哲学の伝統的な意味で用いるわけでもない。この語は、「法律家が権限と越権を論じる」ときのような意味において用いられる。「演繹」の法学的な意味とは、訴訟において法律家が当の係争事象に関して「権限」を提示したり「越権」を斥けたりすることによってなされる主張であり、よく知られているように、これは、「権利問題（quid juris）」の議論、すなわち「事実問題（quid facti）」から区別されるべき議論にほかならない。

訴訟においては、まず第一に、訴訟の材料となる、係争事象の状況と事実の認定が必要になるが、これは「何が事実か」という問題（事実問題）にとどまっている。しかしながら、「権利問題」は、当の事実が、法に照らしてどのような権能をそなえているのか、どこからが越権となるのかを見定め、その法的正当性を提示するという問題であり、法律家は、事実問題だけではなく、この権利問題を解明することによってはじめて、当の訴訟を争うことができるのである。たとえば、遺産相続の訴訟で、一方が他方に対して相続権を主張し係争が生じているとき、裁判官は、双方の主張事実を検証し判断＝裁きを下す以前に、そもそも当事者が当の主張を行う権利をもつのか、いかなる事由があるのかについて法に照らしてあらかじめ吟味しなければならない（不十分であれば「棄却」される）。その権利の提示が「演繹」と呼ばれているわけだ[7]。「演繹の目的は、カテゴリー〔認識可能性の権利としての〕の正当な使用について、その起源を顧慮しつつ、当の使用の範囲と限界を規定すること」なのである[8]。

このような法学用語をカントが純粋理性の批判のうちに持ち込んでいるのは、概念の対象へのアプリオリな関係の可能性が、けっして概念の事実的ないし経験的な使用の積み重ねからは正当化されないからであり、その解明は、経験に由来しない概念の使用可能性と正当性の根拠を、概念自身に備わる内的な権限として問い質すことによってしか可能にならないからである。だからこそ、カントは純粋理性の批判を、まさにこうした権利問題が

「演繹」される訴訟の場としての「法廷」によって舞台化したのである。

カントが一種のキーワードとして用いている「演繹」という術語や「権利問題」と「事実問題」の対概念は、純粋理性の批判を組織する「法廷モデル」の顕著な構成要素と言えるが、石川文康の詳細な研究によれば、この「法廷モデル」は、カントの批判哲学そのものを「理性の係争」の磁場として構造化するものであり、このモデルを介してこそ、このモデルの深層でこれを支えているカントの批判的思考のメカニズムが解明されるのだという。すなわち「理性批判の遂行者としてのカントの根源的思考、ならびに普遍的人間理性の本性は、法廷モデルの上に成り立っている(9)」。

ここで指摘しておきたいのは、この「法廷モデル」が、批判＝判断の舞台装置として、理性に裁判官的権能を与え、そもそも反省的判断力において問題になっていたような自己立法的なアポリアを回避することができるよう設定されているという点である。自己立法を伴う反省的判断力の構造は、「法廷」の形象によってモデル化されているかぎりで、純粋理性の批判にも及んでいる一方、まさにこの「法廷」を当の批判のモデルに組み込んでいるからこそ、純粋理性の批判作業は、理性みずからを判事＝正義（justice）足らしめることによって、『判断力批判』の場合とは異なり、反省的判断力特有の試行的な脆弱さ――当為の先取りによって自己正当化を図らなければならないような――を免れているように思われるのである。カントによれば、純粋理性の「法廷」は、一定の法‐政治的射程のもとに、裁判官的理性の批判＝判断活動を通じて、理性が原初に陥っている「自然状態」に「法的状態」をもたらし、永遠平和への道を拓くとされている。この展望において哲学は、まさにそのような「法的状態」を打ち立てることによって、それを維持し監視する「法廷」の守護人であり、いわば「警察」（B XXV）の役目を果たすのだ。しかし、批判作業の始まりにおいてこの作業を枠づけていた「法廷モデル」は、はたして本当に永遠平和へと導くパースペクティヴを開いているのだろうか。

4　理性の法、自然法

そもそもカントのいう「理性の法廷」はたんなる比喩やメタファーとして受け取られるべきではない。この形象は文字通りの意味に受け取られなければならない。それは、それを欠いてはカントの批判哲学自体が成り立たなくなってしまうような、理性批判の舞台化にとって不可欠な概念形象であるだけでない。この「理性の法廷」は、それによってこそ「法廷」一般が理解されるべき、当の語の本義を構成しているとさえ言いうるのである。もちろん社会で日々営まれている裁判や訴訟の場面から「法廷」の意味を知るようになるわれわれは、この日常的な意味を尺度として、カントのいう「理性の法廷」を理解しようとするだろう。「法廷」の日常的な意味にとって前提となる「法」とは、しかし、各々の法廷を擁している社会や共同体において立法・制定され通用している実定法を指す。国家が制定した法であれ慣習的な不文律であれ、これらの法律は、時代や状況や地域によってそのつど移り変わる法である。とすると、それらの個々の法律の根底には、いかなる法の本質が存しているのだろうかということが問われざるをえない。

カントが「理性の永遠不変な法」（A XII）において「法廷」の形象を持ち出すとき、問題になっている法とは、まさに日常的な意味でのさまざまな法律の本質をなすところの法、法の一般的形式としての根源的な法にほかならない。カントの「法廷」においてそのような法の本質としての法が想定されているかぎり、われわれが日常接している「法廷」の意味こそ、カントのいう法の概念によって理解されなければならないのであり、むしろ逆にこの日常的な意味での「法廷」こそ、「理性の法廷」の比喩と考えるべきなのである。つまり「カントの術語を転用して言えば、理性の法廷は、世俗の法廷の存在根拠であり、世俗の訴訟は理性の法廷の認識根拠にすぎない。また〔……〕理性の法廷を原型的法廷と呼ぶとすれば、世俗の法廷はその派生的法廷と見ることができよう」[10]。

それでは、いったいカントにとって法とは何だろうか。すなわち、理性に自己立法と裁判官的権能を付与するという「法廷」、理性が当の法に従うことによって自身の批判がはじめて可能になるというこの原型的法廷を支配している法とは、いったいどのようなものなのだろうか。カントは「もっぱらアプリオリに万人の理性によって認識できる法が理解されるのは」「非制定法」、すなわち「自然法」としてであると述べている[11]。実際、カントのいう「理性の永遠不変の法」(A XII) に対しては「自然法」が想定されており、こうした自然の存在は、カントの哲学体系全体にとって、たしかに一定の理念的役割を担っている[12]。もちろん批判哲学の法廷モデルが理性を原初の「自然状態」から救い出し理性に「法的状態」をもたらそうとするという観点からすれば、自然とは素朴な野蛮状態にほかならず、理念的な価値を付与されること自体が奇妙なものに映るだろう。しかしカントの自然概念の用法はけっして一義的なものではない。ここで想定されているのは、実のところ、もうひとつ別の自然、悟性と理性とがそれぞれ立法者となるところの「自然と自由という対立を超えた高次の自然概念の見地」[13]なのである。

すでに『判断力批判』との関連でみたように、自然と自由という対立は、悟性と理性という異なる立法能力によって隔てられた対立であり、両者を判断力によって媒介するという問題を招来させる。ここで「もうひとつの自然」としての高次の自然概念は、いわば判断力の理念として、自然と自由の架橋に役立つべく想定されるのである。このことの例証は——『判断力批判』で反省的判断力の問題が提起される以前に——『道徳形而上学の基礎づけ』で提示されていた道徳法則の定式化に求めることができる。[14]すなわち「なんじの行為の格律がなんじの意志を通じて、あたかも普遍的自然法則となるかのように行為せよ[15]」という定式である。

そもそもこうした道徳法則は「純粋理性の唯一独特な事実」であり、まさに「純粋理性がこの事実を通してみずからを根源的に立法的なものとして（sic volo, sic iubeo〔私はかく欲し、かく命ずる〕）告げる」（KpV 31）という普遍的な根本法則を証し立てている。しかし当の道徳法則の定式において注目しなければならないことは、この法があくまで「普遍的な自然法則」とのアナロジー（類比）によって提示されているという点である。すなわち、理性の法則、理性の事実としての道徳法則（自由の法）が、「あたかも普遍的自然法則であるかのように」自然の法を一種の手本として、自然との類比関係に入るということにおいて、当の理性法則（自由の法則）は、その普遍性を損なうことなく、効力を発揮することができる、というわけだ。それゆえ、自然と自由という根本対立を架橋しうるのは、このアナロジー、すなわち、当の対立を超えた高次の自然概念を想定することで、それを理性の法にとっての理念として役立てることができるというアナロジーの作用なのである。

『実践理性批判』ではこのアナロジーの問題は「範型論」として提示されている（「純粋な実践的判断力の範型論」）。そこでは、自然法則は、実践的判断力にとっての規則であり、道徳法則の「範型〔Typus〕」として位置づけられる。感性的な現実の世界において生ずる個々の行為は、自由の法則としての道徳法則のもとへと包摂されることで、その行為の是非について判定されなければならないが、自然はこのとき、実践的な判断力にとっての手引きとして役立つことになるのである。[16]しかしながら、それゆえにこそ、次の点は明確に強調しておかなければならない。アナロジーであれ範型であれ、自然はこのように理念化されるや否や、カントの哲学体系において厳格に二重化されるのであり、それゆえ理念的自然が、直観を通じて把握される自然（感性的自然）から峻別されるのである。アナロジーや範型といったモティーフのもとに、自然と自由、感性的自然と理念的自然といった対立についての媒介や架橋の問題が立てられるや否や、両者の異質性はますます際立つことになる。このとき明白なのは、理性の法則が、アナロジーや範型を媒介せざるをえないかぎりで、そうした感性的な自然のうちに実現することを直接に保証されてはいないという点である（カントの言い回しを繰り返せば、それは、道徳法則に即して行為する意志にとっての規定根拠となるわけではなく、あくまで自由の法則の範型にとどまる）。理念化された自然は、感性的な自然とははっきりと異なり、感性的な直観の対象でも悟性的な認識の対象でもありえない。そのような自然は「理性が道徳法則を手引きとしてわれわれをそこへ連れていくであろう一切の叡知的対象」として、「この道徳法則と、純粋実践理性の使用とのため以外にはわれわれにとっていかなる実在性をも持たない」（KpV 70）のである。

問題となっているカントの法、つまり理性法則が、従来言われてきたように「原型」としての自然法であり、自然を範にしていると考えられるのだとしても、カントの議論において当の自然は、根本的に二重化されており、統一的な像を結んでいるわけではない。一方で、理念化された自然（「叡知的自然」や「超感性的自然」）は、それ自体としては不可知のままにとどまっており、他方で、感性的自然は、みずからが理念の類比物（アナロゴン）や範型として役立つべく、素材や実例をそのつど提供するにすぎない[17]。だからこそ、このような自然概念の分裂を媒介すること、自由と自然、理性の法と自然の法といった二極を統一することの成否は、先に述べた「範型」の機能や、そこに働くアナロジーの作用にかかっているのである。

『実践理性批判』では、実践的判断力の範型論として媒介の問いが立てられており、二重化された自然についてカントは「感性界の自然を叡知界の自然の範型として用いることもまた許されている」（KpV 70）とも述べている。ただし「感性界の自然」を用いるにあたっては「直観や直観に依存しているものを叡知的自然のうちに置き移すのではなく、たんに合法則性一般の形式を〔……〕叡知的自然に関係づけるかぎりにおいてである」。ここでは、両者を媒介するのに役立つはずの当の「範型」は、「たんに合法則性一般の形式」から見いだされた、きわめて抽象的な観点において指摘されるにとどまっている。他方、「範型」となるべき自然法則そのものは「悟性のきわめて通常なあらゆる判断の、経験判断すらもの基礎につねに存している」（KpV 178）のだと自明視され続けるのであり、この点で、『実践理性批判』にあっては、判断の問いはあくまでも派生的にとどまっている。要するに、ここではいまだ、当の範型をどのように役立てたらよいのか、その「合法則性一般の形式」をどのように感性的自然の個々の事例のうちに見いだし叡知的自然へと関係づければよいのか、そのような問いにおいて、アナロジーや範型の原理がそれ自体としては追究されていないのである。

ヘーゲルが、抽象的な普遍主義に陥っているカント倫理学の形式主義を批判したことはよく知られているだろう。ヘーゲルを意識しつつ、ハーバーマスも述べていたように、以上に見いだされた問題は、結局のところ「カントのタイプの倫理学が、正統化問題へと特化されており、適用問題には答えていない(18)」という批判を呼び寄せずにはおかない。この「適用問題」に込められた洞察は、要するに次のようなものだ。すなわち、法は、それが適用されるべき個々の現象に直面して、それがどのように適用されるべきかを指示することのできる、高次の法をつねにあらためて必要としているのである。すでに述べたように、『実践理性批判』の範型論は、実践的判断力を主題化することで、その問題に取り組もうとしていたと考えられる。だがそこでは、アナロジーや範型の問いの所在が指摘されるにとどまり、その問い自体が追究されるにはいたらなかった。その問題に正面から応えること、それはまさに『判断力批判』が反省的判断力の問いを通して引き受けようとした課題にほかならない。実践的判断力は、反省的判断力を必要としている。あるいはむしろ、実践的判断力は、反省的判断力を含むことによってはじめて、十分に実践的たることができるのである。

5 自然の合目的性

二重化された自然の統一という問題は、反省的判断力の働きを考慮することによってこそ十全に追究可能になる。とするなら、この問題について、『判断力批判』にその手がかりを見いだそうとするならば、「自然の合目的性」という概念がただちに想起されるだろう。というのも、「自然の合目的性」は、反省的判断力の超越論的原理として「自然諸概念と自由概念とのあいだの媒介概念」（KU 196）という位置づけを与えられているからである。繰り返せば、『判断力批判』の主要な企てとは、反省的判断力（の批判）を介した架橋の試みである。言い換えればそれは、悟性と理性の両側へと二重化した自然を「自然の合目的性」を通じて捉え直し、そこに働くアナロジーの作用を反省的判断力の原理として追究することであった。

カントは、反省的判断力を「美的判断力」と「目的論的判断力」とに分けている。後者の「目的論的に使用された判断力が、あるもの（たとえば有機体）が自然の目的という理念に従って判定されるべき場合の諸条件を明確に提示する」（KU 194）のであってみれば、この諸条件を通じて見いだされるはずの自然の目的論的な秩序は、二重化し分裂した自然にとってある統一的な全体像を提示するように思われるかもしれない。そのかぎりで、反省的判断力と言えども、目的論的判断力を通じて自然の（有機的）秩序が描き出されることを通じて、あるべき統一的な自然の姿が回復されるのではないかとひとは期待するかもしれない（実際カント以後のドイツ観念論の自然哲学はその方向を積極的に押し進めようとした）。しかしこの期待は、カントの判断力論の枠組みに即してみるかぎり、構造的にかなえられることがないとみなすべきだ。なぜか。

目的論的判断力は、やはりどこまでも反省的判断力であって規定的判断力ではない。この点は強調してもしすぎるということはない。このことの意味は以下の通りである。悟性は、感性的に捉えられた自然に対して普遍的法則（概念）をアプリオリに付与することによって、当の自然を構成的ないし規定的に認識する能力である。対して、判断力がはじめから関わっているのは、そうした普遍的な自然法則によっては規定されないままの「種的に異なった自然」（KU 183）に含まれる、無限に多様で特殊な経験的法則の可能性である。この特殊な経験的法則に対して、判断力は、次のような想定を引き受けることで、悟性の概念的認識によっては規定不可能な自然の認識に到達しようとする。すなわち「特殊な（経験的な）自然諸法則において、人間の洞察にとっては偶然的なものも、それ自体として可能な経験のために、そうした諸法則の多様の結合における統一を、つまりわれわれにとって究明は不可能であるが、それでもなお思考可能な法則的統一を、含んでいるであろう」（KU 183-4）という想定である。この「それでもなお思考可能な法則的統一」と言われているものが、まさに「自然の合目的性」とカントが呼ぶものに相当する（カントはこの概念を例示するために「自然は最短の道をとる」「自然は、その変化の過程においても種的に異なった諸形式の配列においてもけっして飛躍しない」といった「形而上学的な知恵の格言」［KU 182］を挙げている）。

「自然の合目的性」の想定は、客体の目的概念、すなわち「客体の概念がこの客体の現実性の根拠を同時に含んでいる」（KU 180）という規定的な目的概念とは異なり、理念上のたんなる反実仮想にすぎない。それにもかかわらずそのような想定が判断力を通じて引き受けられなければならないのは「さもなければ（自然のそれ自体としては無限に多様な〕経験が一全体をなすための経験的諸認識の全般的関連が生じなくなってしまう」（KU 183）からであり、合目的性へのこの判断なくしては、そもそも悟性の客観的認識の前提となるはずの自然の認識可能な秩序全体がバラバラになってしまうからである。この合目的性は「現実性の根拠を含んで」おらず、それ自体としてはフィクションなのだが、しかし悟性と理性のアプリオリな認識にとって自然が統一的な像を結ぶようにするために――そしてもちろんこれは判断力を介したカント哲学の体系的統一を達成するためでもある――不可欠な想定である。「この合目的性という概念によって、自然は、あたかもある悟性が自然の経験的諸法則の多様の統一の根拠を含んでいるかのように、表象される」（KU 180）とカントは述べている。この「als ob...〔あたかも……かのように〕」こそは、判断力があらゆる客観的認識に先立ち、合目的性の概念を介して自然の統一性をあらかじめ整序しておくための「始源の」類比作用、いわば超越論的なフィクションの作用なのである。

「自然の合目的性」の想定は一定のフィクションとして、ひとつの要請にとどまっている。目的論的判断力がどこまでも反省的であるというのはこの意味において解されなければならない。「自然の合目的性というこの超越論的概念は、客観（自然の）に何ひとつ付け加えず、われわれが全般的に関連した経験を目指して自然の諸対象を反省する際にとられなければならない唯一の仕方を表すにすぎない」（KU 184）。これは「〔悟性にとっての〕自然概念でもなければ〔理性にとっての〕自由概念でもなく」、言うなればひとつの準‐概念でしかない。これは厳密な意味では概念ではなく、規定的ではありえない。つまり、アプリオリな概念として特殊なものをそこに包摂しうるような仕方で規定的に作用することはできない。この「概念」は「判断力の主観的原理（格律）」（強調引用者）、すなわち、判断力がみずからのために自然を反省するのに役立てるだけの原理なのである。だからこそ――カントは次のように述べる――「われわれがたんに経験的な諸法則のもとにあるこうした体系的統一を見いだすとき、それがあたかもわれわれの意図を引き立てる幸運な偶然であるかのように喜ぶ（本来は必要から解放される）のである。もっともわれわれは、このような統一を洞察したり証明したりすることができないまま、それが存在すると必然的に想定せざるをえなかったのではあるが」（KU 184）。

経験的諸法則の体系的統一は客観的な目的概念としてはあらかじめ与えられていない以上、自然の統一は、その合目的性の概念によって約束されているわけではない。それどころか、合目的性の想定が証示しているのは、この統一がどこまでもフィクションでしかなく、反省的判断力によってつねにあらためて試行的に発見されなければならないということなのである。その発見によってわれわれは「あたかも幸運な偶然であるかのように喜ぶ」。この発見への要請はみずからの必要によって自分自身に反省的に課されただけであるからいわば自作自演であり、本来は「喜ぶ」ようなことではないのだとしても、発見そのものはつねに反省的判断力の試行錯誤による偶然的な成果に属しているがゆえに、われわれはそれを僥倖として嬉しく感じるのである。

いずれにせよ、合目的性の想定は、自然の統一を回復しうるための保証となるわけでも解決となるわけでもない。それは、目的論的判断力もまた反省的判断力であるかぎり、当の自然秩序の統一（そしてカント哲学そのものの体系的統一）を、フィクションによってもなお、反省的判断力の解決不可能な困難のもとで発見しなければならないという要請、やはりなお判断力の自己立法的構造の不確実性のもとで判断しなければならないという要請を、いっそう厳しくわれわれに突き付けているのである。

6　法なき法

反省的判断力の構造にみられる自己立法の困難は、当初、カントの批判哲学を舞台化している「法廷モデル」によって解決されるかにみえた。しかし他方、「法廷」の形象は、カントにとって法の本質とは何かという根本的な問いを提起するようにわれわれを促す。カントのいう法は理性法則に等しいが、それは一定の「自然法」を前提としたものであった。すなわち、ここでは「自然」が、法の範型となっている。言い換えれば、法は、自然との類比関係《アナロジー》のもとでのみ把握されるのである。しかしカントにおいて「自然」は、つねに「感性的自然」と「理念的自然」とに分裂した形で現れる。自然が二重化したままであるかぎり、当の範型は、理性法則と自然法則、自由と自然、感性的自然と叡知的自然といった諸々の二項対立の媒介ないし架橋という問題を、解決すべく抱え続けることになる。

すでに繰り返しみてきたように、こうした媒介や架橋の問題は、『判断力批判』が明確に提起していた問題にほかならない。つまり、反省的判断力の問いである。しかし、このように反省的判断力が問題化されたところでもはやそれ以上進めないのだとするならば、結局のところ、われわれの問いは一巡することになるだろう。反省的判断力の自己立法的な不確実性という困難を解決するように思われたからこそ、われわれはカントの『純粋理性批判』の批判概念にまで立ち戻り、法の本質についての問いを提起していたからだ。だが、われわれの答えは、反省的判断力の問題は不可避にして不可欠であり、かつ、その困難を直接に解決する手立てはけっして与えられることがない、ということである。そこには、カントの批判哲学の全体系の比重が集中しており、したがってまた反省的判断力の働きをどう理解するかが、カント哲学全体の存立にとっての鍵となっている。しかし、にもかかわらず、当の反省的判断力は、いかなる所与の法にも依拠することなく、自己自身が立法する法に依存することでしか、その不確実性のもとでしか、判断を下すことができないのである。では、いったいどのように考えればよいのだろうか。

反省的判断力が従う法とは、定義上それ自身に先行するいかなる意味も基礎も権利も持ちえない法である。もしそれがなにか他の上位の審級に依拠し、所定の判断を命ずる規定根拠をもつのだとすれば、もはやそれは反省的な判断ではなくなってしまうだろう。それは規定的な判断となってしまうだろう。われわれとしてはそこからさらに議論を進めて次のように言おう。反省的判断力の法とは、それ以外のいかなる他の正当化もなしに作用する法であり、要するに〈法なき法〉である、と。

これは、たんなる法の不在、無法状態なのではない。反省的な判断力は、媒介や架橋の最終的な役割を担うべく、結局のところ、あらゆる法の根底で作動する力である。法というものがともかくも存在するかぎり、いかなる法であれ法というものがわれわれの世界において実際に効力をもつかぎり、あらゆる法が現に作用するその瞬間ごとに、反省的判断力が、媒介する力として、みずからに固有の法を立法している。固有の法を課す、そのような立法を介してはじめて、判断は判断として成立するのであり、法は法として作用するのである。言い換えれば、この立法には、たんに剥き出しの法外な力ではなく、媒介の法が伴うのであり、だからこそそれは、たんなる無法ではなく、無法の法である。

もちろん無法と言われるかぎり、反省的判断力の立法する法は、まったく闇雲に、恣意的にのみ打ち立てられるだけだとひとは思うかもしれない。しかし、その恣意性＝無法性は、法以前の「始源」として到達可能な認識なのではない。それは、立法の後に、すなわち判断力が立法し可能にした当の法の世界のなかから事後的に想定されるほかはない。したがって、もはやそれが厳密には恣意的かどうかもわからないという無法性のうちに、さらには、その無法性そのものの抹消のうちに、反省的判断力はつねにすでにみずからの法を打ち立ててしまっているのである。その意味でこの法はいったん打ち立てられた後では絶対的な権威をもつ。これが〈無法の法〉、〈法なき法〉ということの意味である。

判断力の法のこのような次元をひとたび考慮に入れるならば、カントのいう法そのものの意味が一変することになるだろう。カントのいう法は、形式的な普遍主義ないし厳格主義ゆえに無力であるどころか、実際には、まさにその抽象的な形式主義において判断力の法、判断力の〈法なき法〉があらかじめ織り込まれているがゆえに、どこまでも強力な法であると解釈することができるからだ。どういうことだろうか。

すでに見たように、ヘーゲル＝ハーバーマス的な観点からすれば、カント倫理学の形式的な普遍主義は、法の「適用問題」に答えようとしない、ないしは――本章もこれまでたどってきたように――答えるのに失敗しているという点で、いわば律法主義的な硬直化に陥るのであり、後世の哲学者たちによる批判の標的となってきた。しかしカントがそもそも『実践理性批判』で追究していたのは、法の適用問題というより、法そのものの普遍的な基礎づけという正統化の問題であった。ヘーゲル＝ハーバーマス的に言えば、ここには適用問題が看過されている、あるいは根本的に欠如している、ということになるのだが、カントにとって、普遍的な基礎づけの要請に答えることはほとんどそのまま「適用問題」に答えることでもなければならなかった（そのかぎりで実践的判断力の問題は副次的な意味しかもたない）。はじめから適用問題を立てることは、法の普遍的な基礎づけの要請を放棄することになってしまう。ごく単純に言って、法が無条件に普遍的な正統性をもつなら、どのような個別的ケースに対してであれ普遍的に適用しうるとみなすのがカント倫理学の立場なのである。

たとえば、カントが「実践理性の批判における方法の逆説」（KpV 62）を解明しようとしている一節に眼を向けてみよう。カントによれば、「その逆説とはつまり、善や悪の概念が道徳法則に先立ってではなく（一見したところでは、善や悪の概念がこの法則の基礎に置かれなければならないようにさえみえるが）、むしろ逆に（ここで実際になされるように）道徳法則の後で、道徳法則を通じて、規定されなければならない、という逆説である」（KpV 63〔強調原文〕）。たしかに、道徳法則の普遍的な正統性を基礎づけるためには、その法則の根拠となる善悪の概念が知られていなければならないように思われる。何が善いか悪いのか、その本質が知られていれば、それを根拠として、道徳法則が普遍的に定式化することができるというわけだ。そのとき、善悪の概念は、道徳法則以前の段階で探究されなければならないことになる。しかし、カントが「逆説」として主張するのは、善悪の本質をアプリオリに知ろうとすればこそ、その本質は、法則そのものとして、何が善悪なのかがその内容が知られる前にさえ、はじめに規定されなければならない、ということである。「なぜなら、これから決定することになるものを、あらかじめ決定されたこととして規定するのは、哲学的な手続きのあらゆる根本規則に反するからである」（KpV 63）。

もし善悪の概念が、それに先立つような道徳法則によっては規定することができず、逆に当の法の根拠であり、法以前の段階で知られなければならないとするならば、すなわち、その基礎づけを法の外部に求めるとするならば、その基礎は、法則化しえない、たんに経験的な根拠（そのつどの心理状態ないし快不快の感情など）のうちにしか存在しないことになるだろう。結果、道徳法則は、アプリオリな根拠をもちえないことになるだろう。しかし、カントは次のように問いかける。善悪の概念が、道徳法則の根拠として役立つだけで、それに先行する法則によって規定することはできないという前提は、はたして本当だろうか。そうではなく、善悪の概念そのものを規定するアプリオリな道徳法則の可能性が存在するのではないか。

このような可能性から出発して、逆に「道徳法則がはじめて善の概念を、善がその名に端的に値するかぎりにおいて、規定し、それを可能にするということ」（KpV 64）を明らかにしたことがカントの大きな功績である。こうした純粋な実践的法則としての道徳法則、言い換えれば「意志をアプリオリかつ直接的に規定し、この意志に適合してはじめて〔善悪の〕対象を規定するような法則」（KpV 64）、かかる法を特徴づけているのは、その形式性である。すなわち、善悪の実質的な内容如何にかかわらず、それに先立つ形式、そうした形式としての純粋な道徳法則こそ、善悪の概念を規定する。道徳法則に備わるこのような純粋に形式的な特徴が、いかなる状況においても法が適用可能になるという普遍主義的な主張を基礎づけるのである。カントは次のように述べている。

> 法則から一切の実質を、すなわち意志のあらゆる対象（規定根拠としての）を除き去ると、法則について残るのは普遍的立法のたんなる形式だけである。ある理性的存在者は、かれの主観的‐実践的原理すなわち格律を、同時に普遍的法則と考えることがまったくできないか、それとも格律のたんなる形式が――格律はこの形式によって普遍的立法にみずからを適合させるのであるが――そうした形式がそれだけで格律を実践的法則にすると想定しなければならない〔……〕。（KpV 27）

かくして道徳法則の普遍的立法は、善悪の実質的な内容を取り去った「たんなる形式」にのみ、その根拠をもつことができる。もはや法は善に依存するのではない。何が善か悪かは、法を超えてはアプリオリに知ることができないし、知られるべきでもない。ここでは逆に、善が法に依存するのであり、それゆえ、法は法それ自身の形式以外の何ものも根拠とすることがなく、いまやそれ自体において実効性をもつのである。法は法という「たんなる形式」をもつからこそ法である――これ以上遡行不可能なこのトートロジーの、道徳的内容をもたない空疎さにもかかわらず、ではなく、その空疎さゆえにこそ、カントはその形式性のうちに道徳法則の普遍的な正統化の究極的な根拠を看て取ったのであり、それ自体では何も命じることのない、この無内容な形式そのものを道徳の根本法則としたのである（この根本法則の意識を、カントは「理性の事実」（KpV 31）と呼んでいた）。したがって、カントは述べている、「形式的な法のみが、すなわち理性に格律の最上の条件として、理性の普遍的立法の形式しか命じない法のみが、アプリオリに実践理性の規定根拠であることができる」[19]（KpV 64（強調引用者））。

カントの法は、究極的には何も命じないということを内在化した法であるかぎり、何も命じないという「無」がそのつど命令の内容として実質化されざるをえないというパラドックスを孕んでいる。繰り返すが、こうしたパラドックスは、当の法を無力にするわけではない。カントのいう法がどこまでも普遍的で強力なのだとすれば、それは、この法がそのような「無法」をあらかじめ含むことによってこそ、普遍的な効力を保ち続ける法だからである。この法は、みずからの命ずる内容を認識不可能なままに宙づりにしておくことで、あらゆる事例に対して普遍的にその効力を発揮するという至上の法なのである。

もちろんこのように理解された道徳法則は、それ自体としては抽象的な形式であり、判断力によって媒介されることがなければそれ自体何ものでもなく、実現されることもない。しかし判断力による媒介は、特定の事例においての法の個々の適用にかかわるだけであり、つねに有限で一回的ないし偶然的な関係にとどまっている。それゆえ、判断力は自身の法の命令に十全に従うことができない。つまり〈何も命じない法＝無そのものを命じる法〉に従うことは部分的に可能ではあれ、端的に従うことはそのものとして達成不可能なのである。[20] だからこそ、判断力は、当の法に従い損ねるという誤りの可能性を構造的に孕んでいる。しかしこのような可能性は、法そのものの不完全さを意味しない。むしろ法は、そうした誤りの可能性ないし命令の達成不可能性によってこそ、それ自身から個々の判断を隔てつつ超越し、みずからの普遍的な効力を保ち続けるのであり、そして、ふたたび判断力に対してみずからへの服従を強い続けることができるのだ（「お前は法への服従がまだ不十分である。ゆえにもっと服従すべきだ」等々。ここで想起されるのは、カフカの「掟の門前」における法のイメージだ）。

かくして、判断が自己立法することでみずから従わなければならない（適用の）法は、法そのものとは一致することはできないにもかかわらず、法そのものは、みずからの達成不可能性（形式性、無内容性、超越性）のうちに、この判断力の法を予期し含んでいたことになるのである。判断力は法を実現し損ねることによってこそ、つねにあらためて実現するよう駆り立てられることになる。法の権威はこうして持続するだろう。

しかしながら、それはいまだ事態の片面にとどまっている。強調の力点を反転させて、ただちに次のように言うべきだろう。すなわち、法が命令を下し、みずからの効力を発揮しうるのは、当の判断が法に十全には従うことができないという根本的な不可能性（判断の有限性）の構造に、法が負っているかぎりにおいてである。つまり、法の実現は、どこまでも個々の判断にそのつど依存しなければならないことに変わりはないのだ。法の効力は、判断の有限性、すなわち、判断行為の一回性、偶然性、特異性によってしか存在しない。この有限性なくしては、判断すべきことは何ひとつなくなってしまうだろう。そのとき実行される判断とは、各々の判断にとっては、むしろつねに当の法を積極的に無視するというラディカルな決定でなければならないのであり、と同時に、みずからがその法に従っていたことになるであろう関係を創出するという決定でなければならないのである。そうでなければ、判断が反省的な仕方で下されることはなくなってしまうであろう。要するに、判断する自由がそもそも存在しえないことになってしまうであろう。

判断は法の名のもとに下されることを求め、法はと言えば、決定としての判断のうちにみずからが実現されることを求めている。「判断する哲学」としてカントの批判哲学を構成する「決定の思考」のエレメントを、まさしくこうした判断と法との関係に、われわれは標定することができる。

*

ここまでをもって結論づけよう。反省的判断力に内在する自己立法のアポリアは、当の判断が批判そのものの可能性を構成するかぎりで、カントの批判哲学の全体の構造に浸透している。たしかにカント自身の思い描いていたのは、批判哲学を創設すべき「理性の法廷モデル」が、人間理性を、自然状態の野蛮から、法的状態の平和へと導くというひとつの目的論的な構図であった。しかし、われわれが以上でみてきたのは、カントのいう法がそもそも自然との類比関係におかれることで二重化しており、その分裂の架橋や媒介のために、あらためて反省的判断力の問題を提起し続けるということ、それゆえその点で、カントが切り札としている「理性の法」は、判断力に伴うアポリアを解決するものとしては与えられていない、ということにほかならない。それだけではない。実際には、カントによる道徳法則の定式を介して、法の理解そのものが一変することになるのだ。すなわち、カントの法は、判断力のアポリアに徹頭徹尾とりつかれているがゆえに、あるいはむしろ、そのようなアポリアをあらかじめ包含するかたちで、それ自体が到達不可能な法として、解消不可能なダブル・バインドにおいて呈示されているのである。つまり、それ自身の「普遍的立法の形式しか命じない法」、法自身があらゆるものに開かれてあるべし、という命令を下す法がそれである。この法は、とくに何も命じないことによってこそ、あらゆるものに対して普遍的にみずからの効力を発揮するという、純粋形式としての法である。

してみれば、理性批判としての哲学は、理性の法を媒介することによって、野蛮な自然状態を平和へと導くどころか、まさに当の法的状態そのもののうちで、ひとはいっそう厄介な闘争状態に差し戻されるのではないだろうか？　理性の法は、それを媒介する判断力に固有のアポリア、そのかぎりで法が解決できない法自身のアポリアによって、理性批判＝哲学の支配そのものを逸脱することになるのではないだろうか。要するに、哲学は理性の法にいやおうなく訴えながら、まさにそのことによって理性の法に裏切られ続けるのではないか。

それゆえ問題なのは、このようなアポリアにもかかわらず、哲学が人間理性を、法のもとで、法廷という場で批判し、理性能力の正当な基礎づけをなしうるとみずから主張するさいの特権だということになるだろう。ジャン＝リュック・ナンシーはかつてそのような哲学の特権が行使される法廷について、次のように述べていた。


実際にはどのような法廷が、みずからに先行する法への準拠なしに、制定されることになるのだろうか――それが例外の法廷というのでなければ？〔……〕lex〔法〕がけっして厳密にlogos〔ロゴス＝理性〕の等価物ではないということを押し進めることができるならば、次のように言うことは不可避となるだろう。すなわち、あらゆる法的制度＝制定は、最終的には、どんな仕方であれ、例外の体制に即して、それゆえ、法が排除するはずの当の形式に即して働くことになる、と。法のおそるべき両義性は、原理的に、国家から免れると同時に、原理的に、例外の法廷という可能性そのものを開くことのうちにあるだろう。多くの点で、カントの企てはまた、その大胆さによって、形而上学の例外の法廷を代表している。(21)

カントの批判哲学が、哲学の特権の正統性を、法の名のもとに主張すればするほど明らかになってくるのは、そうした特権の正統性であるどころか、みずからを当の法から除外し当の法を独占しようとする「例外の法廷」の力である。こうしたナンシーの議論を引き継いでデリダも述べていたように、「この法廷の能力ないし暴力（ベンヤミンならともかくもGewaltと言ったであろう）は、この力が自己自身に固有な法以外のいかなる法によっても保証されていないということに由来する。そのような固有の法によって、この力は、それ自身に絶え間なく先行することにより、法の前と後に同時に存する」のである。[22] この「例外の法廷」のうちに浮き彫りにされるものこそ、結局のところ、カントが道徳法則として厳密に定式化した、法そのものの神秘的な権威、哲学が――そして「国家」さえも――けっして支配することのできない、法の峻険たる到達不可能性である。[23] 哲学はこの法的次元によって制限されつつ、それを克服せんとして、逆にそれによって賦活されている。

判断力の法は、根本的な自己立法における〈法なき法〉として、その純粋な形式のもとに、こうした「例外の法廷」に組み込まれた法の力を顕在化させるのであり、そのことにおいて、カントの批判哲学のうちに胚胎した、隠された「決定の思考」を指し示す。それは、カントの哲学が「判断する哲学」として一貫して試みていた、哲学のうちで哲学には還元しえない法的次元への眼差しにほかならない。だが、この眼差しはこの次元をけっしてそのものとして「見る」ことはできないし、当の法はけっして現前することがない。というのも、この法的なものの権威は、判断の自由を介して、まさに法として固有に法的なものの抹消、あるいはむしろその退隠としてのみ垣間みられるにすぎないからである。法は、もはや判断の基準であることを止め、もはや（規定的）判断が不可能となり、判断が決断と化すその瞬間にこそ、否定的に――純粋形式として――立ち現れる。法は、判断をあらかじめ正当化しうる権威ではない。それは、当の判断がけっして正当化しえない不可能性において決断を強いるという仕方で、判断を試練に曝すのである。

二　判断の崇高

判断の基準となる法が与えられていないにもかかわらず、まさにそのような法の不在を法としてこそ判断は下されなければならない。このような判断のアポリアに対して、法の不在における「判断力固有の原理を発見する」（KU 169）こと、この課題からひとは、カントの『判断力批判』の主要な問題圏に踏み込むことになる。すでに見たように『判断力批判』は、反省的判断力の概念を提起することによってこの課題に着手した。しかしながら、カントがこの企てを実際に軌道に載せることができたのは、まさに「美的判断」をめぐる探究の意義を見いだしたことによってである。すなわち「美的判断」こそ、反省的判断力が特権的な仕方で試される場面なのであり、この「美的反省的判断力」の探究こそ、判断力批判の「最も重要な部分」（KU 169）なのである。カントが見いだしたこの地点から、第三批判の探究は、実質的に始動したと言ってよい。

『判断力批判』の前半部は「美的反省的判断力」の批判にあてられている。しかしながら、アポリアにおける判断の問いがそこでどのように現れてくるのか——そもそも適切に現れてくるのかどうか——はまったく自明ではない。たしかに、それは反省的判断力から美的《エステティック》判断力の批判へといたる経路で問われている。しかしこのことは、判断のアポリアが、何らかの美学《エステティクス》とみなされたカントの趣味判断の理論内部の一問題へと還元され解決されうるということではない。そうではなく、そこから帰結するのは、ある内在的な美学批判としての両義性、つまり一方で判断の問いが美学を経由せねばならない必然性、他方でそれが美学を破綻させるにいたるラディカルな否定性、これらが交錯し合う両義的な効果である。先取りして言えば、それに対する応答こそ、美のなかにありながら、美を超過し、美に還元できない何ものかを見いだそうとする崇高の思考だ、ということになるだろう。本章の課題は、判断のアポリアをめぐる問いを通して、そのような崇高の思考へといたる諸段階を明らかにすることである。

1　反省的判断力から美的判断力へ

あらためて反省的判断力から始めよう。『判断力批判』において、判断のアポリアはまず、反省的判断力の困難として見いだすことができる。そこでは判断力一般は「特殊なものを普遍的なもののうちに含まれているものとして思考する能力」（KU 179）であり、これは、すでに述べたように、規定的判断力と反省的判断力とに区分される。すなわち、一方で「普遍的なもの（規則や原理や法則）が与えられていて、特殊なものをその下に包摂する判断力」は「規定的〔bestimmend〕」、他方で「ただ特殊なもののみが与えられていて、判断力がこのもののために普遍的なものを見いださなければならない」という判断力は「反省的〔reflektierend〕」と定義される。『判断力批判』が扱うのは後者である。反省的な判断にとっては各々に個別的なケースしか存在せず、それを包括し規定すべき一般的な法則がない。つまりそこではいわば「事例が先行している」[1]。反省的判断力は、事例の特殊性にのみ基づき、不在の法を普遍として見いだすという発見の原理を担わなければならない。

反省的判断力の困難は、たんに不在の法を発見せねばならぬことにあるのではない。真の困難は、そうした発見の要請が規定的判断力にも及ぶということ、それが一般に判断力固有の性格を表しているということである。すなわち、反省的判断力は、規定的判断力と並んで同じ種に属する対の一方を成しているのではない。規定的判断力は、反省的でもなければならない。規定的判断に反省的な契機が必要とされるのである。これが判断のアポリアに属することである。どういうことか。

　ジル・ドゥルーズは『カントの批判哲学』において「腸チフスがどのようなものであるか（つまりその概念）は知っているが、それを特殊な一症例のなかで見定めたこと（つまり判断ないし診断）はない医者」の例を挙げて、こう説明している。なるほど、この医者はその病気の概念を知っているのだから、われわれは医者の診断に規定的判断の一例を認めようとするだろう。「しかし与えられた特殊な一症例に関しては、概念そのものは与えられていないのである。すなわち、それは蓋然的であるか、もしくはまったく無規定である。実は、診断は、反省的判断の一例なのである」[2]。この特殊な症例にとっては、たしかに概念が与えられてはいるのだが、規定的なのは「治療法の決定」にとどまる。「困難な点は、これを適用する（患者それぞれに応じて〔投薬や手術の〕さまざまな禁忌がある）ことに存するのである」。

　ドゥルーズの挙げる例はたんに、規定的判断の事例が、医者の「診断」全体にではなく「治療法の決定」に限定されるべきだ、ということを意味しているのではない。ここでの要点は、所与の概念をそのつど適切に適用することの困難それ自体である。それゆえ、ひとまず「診断」全体に対して「治療法の決定」が規定的であるとしても、この決定にとって概念を適用する次元が介在している（でなければ「決定」する必要がなくなる）かぎり、判断の反省的な契機の必要性は、この規定的判断そのもののうちに残り続けるのである。このことを、判断と事例の関係の問題として見てみよう。

判断の関わる事例は、けっしてたんなる普遍的な法則や概念の特殊化に尽きるわけではない。事例（医者がそのつど診断する症例）は、それぞれに個別的で具体的な状況のもとで、その特殊性（腸チフスの概念から分析的に導出される諸症状）に還元できない単独性、特異性をそなえている。事例とはつねに一回きりの、この事例のことだ。そのかぎりでそれは、特別な事例、いわゆる特例であり続ける。この意味で事例は、絶えず例外的なままにとどまっている。ひとつの事例が例外的であるのは、まさにそれが普遍のもとへと包摂され範例化されるべき当のものであるから、という理由による。もし個々の事例がどこまでも例外的で特異な残余を含んでいなければ、それはそれ自身すでに事例ではなく別の（下位レヴェルの）概念や法則であったことになるだろう。もはや事例は事例ではなかったことになるだろう。事例（example）が事例であるかぎりで、全面的に範例的（exemplary）であることはないのだ。事例にはこうした逆説がある。したがって、判断が或る事例に下されるものであるかぎり、それは厳密には、つねに特例や例外についての反省的判断を含んでいることになる。言い換えれば「事例についての判断は、普遍的なものを尺度とするが、この尺度をただ適用するのではなく、みずからこの尺度の規定に加担してもいる。つまりこの尺度を補い、かつ修正するのである[3]」。かくして「反省的判断力は、規定的判断力においては隠されたままであった根底を現れさせ、解放する[4]」。

反省的判断力の困難は、まさにこの「根底」に直面することにある。そこに、判断力を他の諸能力（とりわけ悟性と理性）から分離し「判断力固有の原理」を究明しようとする『判断力批判』の企図が立ち上がるのである。たしかに『純粋理性批判』においてカントは、そうした判断力の困難をすでに察していた（B 171-5「判断力の超越論的理説」緒言）。判断力は「特殊な才能であって、まったく教えられず」、「その欠如は、いかなる学校教育も補うことができない」「天賦の資質〔Naturgabe〕」に依存しているとされる。しかも「判断力の欠如は本来、愚鈍〔Dummheit〕と呼ばれるものであり、このような欠陥には、まったく救助の途がない」。にもかかわらず、判断力の教育不可能な本性ゆえに「きわめて博識な人々が、その学問の使用において、まったく改善の余地のない欠陥をしばしば垣間見せることに出くわすのはなんら異とするにあたらない」。いかに博覧強記を誇る者であれ、あるいはカントの言うところでは、それぞれの専門において知識を習得したいかに立派な医者や裁判官や政治家であれ、「それらの規則の適用にあたっては、容易に誤りを犯すことがある」。そのとき「愚鈍」に陥らずに済む保証はどこにもないのである。

『純粋理性批判』の企てた「超越論的論理学」の特権は、それがこうした「判断の過誤（lapsus judicii）」を防ぐための手立てとなるということにあった。というのも「超越論的論理学」は「規則のほかに、規則が適用されるべき事例を、同時にアプリオリに示すことができる」と見られていたからである。しかし『判断力批判』の企図は、まさにそのような見通しが不十分であると認めることから出発する。つまり、悟性が概念に即して統轄する認識能力の枠内に判断力を囲い込んでおくことは不可能であり、判断力がそれだけで、悟性からも理性からも独立したひとつの能力として考察されるべきだということ、そのかぎりでアプリオリな原理として探究される必要があるということを想定するのである。この原理は、カントの哲学体系においては「悟性と理性のあいだで中間項をなし」（KU 168）、「一方の領域から他方の領域へと橋を架け渡し」（KU 195）、「純粋理論理性から純粋実践理性への移行を可能にする」（KU 196）ものであるだろう。結果、カントは先立つ二つの批判（『純粋理性批判』『実践理性批判』）を統合し、「私は私の全批判作業を閉じる」（KU 170）と宣言することができるだろう。

判断力をそれ自体として探究する必要がひとたび想定されるならば、この探究の課題は、次のようなものとなる。判断力の原理はあらかじめ与えられた規則としての諸概念に依拠することはできない。概念一般は悟性の側に属しており、判断力はただそれらの概念を使用し適用することしかできない。「それゆえ、判断力はそれ自身で或る〔特異な〕概念を提示しなければならないのであって、この概念は、それによって本来いかなる事物も認識されるのではなく、ただ判断力自身のために規則として役立つ概念」（KU 169）でしかない。「この規則は主観的であり、判断力は自己自身を規範とする。そして、判断力はそうせざるをえないのである。さもないと、もうひとつ別の審判能力を、無限に召喚せねばならなくなるだろう」(5)。だが、この主観的な規則は、それにもかかわらず、判断力が固有のアプリオリな原理として分離されるかぎりで、普遍的な客観性をそなえた判断に妥当すべく要求されているのである。したがって、判断力は主観的かつ客観的な規則を自身の原理としなければならない。

このような矛盾した表現に窺われる探究の明白な困難にもかかわらず、それでもなお判断力がひとつの独立した原理として「批判の特殊な部門」（KU 194）のもとに考察されなければならないのは、いったいなぜか。それは『判断力批判』が、反省的判断の下される或る特権的な場面を、判断力の原理の批判的探究における「最も重要な部分」（KU 169）として見いだしたからである。それが「美的と呼ばれる判定、つまり自然や芸術における美と崇高とに関わる判定」である(6)。

美的判断は、主観的規則に従うかぎりで「諸物の認識にまったく寄与しない」が、それでも判断の固有な能力であるかぎり「何らかのアプリオリな原理に従う」のであり、それが直接関与するものこそ「快不快の感情」である。判断力がアプリオリに法則を指定できる「心の能力ないし素質」（KU 177）として登場するこの「快」の独特な身分に注意しよう。美的な判断が「美的〔ästhetisch〕」であるのは、この判断が対象の認識にではなく、主観の感情（aisthēsis）に関わるからである。この感情が「快」とされる（快の主観性）。しかしそれも独立した一能力としての判断において見出されるかぎり、この快はあくまでその純粋性において現れるのであり（「関心なき快」や「反省の快」（KU 292）とカントは呼ぶ）、感覚感官の私的で個別的な享受や性向を満たすものであるわけではない（快の客観性）（だからこそ、判断力の固有な原理の探究が可能になる）。主観／客観の両極に分裂せざるをえない判断力の困難が、そのままこの「快」の身分に反映される。『判断力批判』の記述全体は、この両極のあいだの距たりに促されつつも、しかしそれによってつねに引き裂かれながら、ジグザグの道をたどることになるだろう。

2　カント美学？

このような仕方で『判断力批判』において反省的判断力が美的判断力として捉え直されたことには、いったい何が賭けられているのか。その意味はけっして小さくない。これはたんに、今日美学と呼ばれている学問分野が判断力の問いを経由することでカントの哲学体系の内部で正当な場を得るにいたった、というようなことではないし、とりわけバウムガルテン以後の哲学的美学がカントを通してようやく批判的に基礎づけられた、というようなことでもない。ジャン＝リュック・ナンシーが述べるように「カントは、第一哲学と名づけうるもののただ中において感性論《エステティック》の権利を認めた最初の人である。しかし彼はまたまさしくその理由のために、哲学の一部分あるいは一領域としての美学《エステティック》を破棄した最初の人でもあるのだ。以後ひとも知るように、カント美学なるものはない」（「崇高な捧げもの」DS 40〔五二〕）。

『純粋理性批判』の「超越論的感性論」冒頭の註記において、カントは、バウムガルテンの『美学〔Aesthetica〕』を高く評価しながらも、ひとつの「趣味の批判」として「美に対する批判的評価を理性原理の下にもたらし、その評価の規則を学に高めようとする」試みが「その源泉から見てたんに経験的たるにすぎず」、「この努力は無益である」と厳しく斥けていた（B 35-6）。第一批判では「Ästhetik」は、「感性の学」として、その語源的な意義において理解される。それは、カントにとってはまず、認識の対象が空間および時間という直観の形式にしたがって現前する諸条件としての「超越論的感性論」を指している。

しかし、だからといって、このことから『判断力批判』における「カント美学」の成立をただちに否定することはできない。なぜなら、すでに触れたように、『判断力批判』において美的判断力が「美的《エステティック》」であるのは、それが「快不快の感情」に直接に関わるからにほかならず、第一批判における「超越論的感性論」の「感性的な《エステティック》」意味合いにおいて「諸物の認識に寄与するわけではまったくない」（KU 169）からである。[7] 美的なものの快は純粋であり、実のところ「あらかじめ感性的なもの〔aistheton〕としてわれわれの関心や興味を引きつけてはならないという美しい対象〔美的なものの対象〕ほど、感性的《エステティック》でないものはないのである」[8]。『純粋理性批判』と『判断力批判』とでは「Ästhetik」の意味が異なる以上、「カント美学は存在しない」というナンシーの断言はさらなる説明を必要としている。フィリップ・ラクー＝ラバルトはナンシーの議論に異議を唱え（というより修正を加え）つつ、『判断力批判』に「美しい対象から受け取られた快の理論、崇高な（感動の）情動の理論」を認め、「体系的で完全なカント美学は歴然と存在する」ことを確認している。『判断力批判』第一部において「美を判定する能力」として探究される「趣味判断の理論は、まったくのところ、十八世紀に美学と呼ばれていたもの」であり、「その題名（名称）を変えても（概念に対しては）何の違いもない」（「崇高なる真理」DS 114-5n〔一一〇―一一〕）。

たしかに『判断力批判』の諸節が「美学」としてみずからを積極的に提示するのを忌避していたということは

事実である。『判断力批判』の第一部は「美的（ästhetischen）判断力の批判」と題されており、たんに「美学（Ästhetik）」であるのではない。『判断力批判』の手稿として残された「第一序論」を参照すれば明らかになるように、カント自身、Ästhetikという表現が「あまりにも広い意義を持つ」ため、「理論的認識に属していて論理的（客観的）諸判断に素材を提供する直観の感性をも意味しかねない」（XX 247）ことに注意を促していた。つまりこの名称は、やはり第一批判の「超越論的感性論」のためにとっておくべきだとカントは考えていたのである。実際、第三批判では、判断力に対する形容詞として「ästhetisch」という語が用いられるにとどまり、原則としてÄsthetikという名詞表現は用いられていない[9]。

にもかかわらず、すでに述べたように『判断力批判』では「美的なもの」へのアプローチが、（第一批判では認められていなかった）独特の「快不快の感情」の意味において新しく定義されている以上、カントの用語法上の配慮――Ästhetikという名称を第一批判の「超越論的感性論」に割り振る代わりに、第三批判では「美的（ästhetisch）」という形容詞表現の使用にとどめること――は、必ずしも十分とは言えないだろう。実際、テクストを精査すると、「判断力の超越論的Ästhetik」（KU 269）や「反省的判断力のÄsthetik」（XX 249）といった表現が見いだされるのであり、カント自身の用語法には微妙な揺らぎがある[10]。要するに『判断力批判』は『純粋理性批判』とは違った意味でのÄsthetikの可能性を切り開いており、単純に美学を否定しているわけではないのである。ラクー＝ラバルトが「その題名（名称）を変えても（概念に対しては）何の違いもない」と強調したように、カント本人の意図とは別に、そこには、れっきとしたカント美学が成立する場があることは否定しえない（実際、美学を学ぼうとする者にとって『判断力批判』以上の古典があるだろうか）。

こうした事情を考慮すれば、『判断力批判』の日本語訳においてästhetischが、「感性的」でも「美学的」でもなく、「美感的」と（いささか不器用に）翻訳されねばならなかったことの理由も、容易に理解されるように思われる。ある訳註では、ästhetisch が「美や崇高を中心とする「趣味の批判」の課題を適切に表現しうる「広義の美的情感的」と解されたうえで、その簡略形として「美感的」という訳語が選ばれたとの説明がある[11]。われわれとしてはさらに踏み込んでこう説明しよう。「美感的」という訳語は、『判断力批判』において、一方では快という主観の感情への関連（感性的）を、他方では同時代の美学的問題系への関連（美学的）を、双方同時に示唆しつつ、それ自体が「美学」へと転化しないようその名を忌避しようとした『判断力批判』の企図を反映するものである、と。どういうことか。

繰り返すが、『判断力批判』が趣味判断の問いを引き受けているかぎり、美学をそれ自体として斥けたとみなすのは適切ではない。にもかかわらず、同じ『判断力批判』は「趣味のいかなる客観的原理も可能ではない」（第三四節）と依然として主張しなければならなかった。第一批判から第三批判にいたるあいだに「カントが、aesthetics という語と美しいものとの関係について考えを変えたということは明らかなのだが、カントにはけっして揺らぐことのなかった論点があった。つまり、カントは（趣味の批判としての）aesthetics が、けっして体系的な研究領域の名ではありえなかったし、今後そうなることもありえないだろうと確信し続けていたのである」[12]。

こうした美学（という名）の忌避は、結局のところ、判断力がつねに反省的契機を含まざるをえないという困難、すなわち、美的判断の成立が主観／客観に分裂した「快」の本質的に不安定な身分を通して見いだされざるをえないという内的な困難に由来している。いまや「カント美学は存在しない」というナンシーの言明は、より厳密に受け取られるべきである。『判断力批判』が「快の感情」を美的なもの固有の審級として定義していたかぎりで、カント美学はたしかに成立する余地がある。しかし他方、まさにこの「快」の身分の不安定性ゆえに、

『判断力批判』は同時に、美学の可能性そのもののなかで、美学に対する危機＝批判的な契機を導入せざるをえないのだ。「カントにとっては、いずれにせよ、このような〔美学の〕忌避は、もしそれが行われているとすれば、美学それ自体の内部にある」(DS 115n〔二一一〕)。ラクー＝ラバルトはこう続けている。「要するに、私なら美学の「忌避〔récusation〕」という言い方はしないだろう。そうではなくて、美学の崩壊〔effondrement〕があるのだ、と言うだろう」。そして美学の内部から「美学を破綻させ、その地盤そのものを打ち壊す」と言われるものこそ、次に見るように「崇高」の名のもとに予告されていた当のものなのである。

3　美と崇高のあいだ

「美的判断力の批判」中の「美的判断力の分析論」は「美の分析論」と「崇高の分析論」から成っている。しかしながら、ここで美と崇高は、一見したところ、同等の扱いをまったく受けていない。それ自体が趣味判断の理論として提示されている「美の分析論」とは異なり、「崇高の分析論」は、カントによって、美的判断力の分析論にいささか唐突に付け足された「たんなる付録」(KU 246)の身分しか与えられていないのである。たしかに崇高の感情として挙げられているのは、尊敬、賛嘆、畏怖の念といったものであり、カントが「自由な愛顧〔die freie Gunst〕」と呼ぶ美の純粋な快からすれば、こうした崇高の感情は、結局は道徳的なものであるような非‐美的な関心と混じり合っているように見える。実際、標準的なカント解釈においては「崇高の分析論」がそのものとして評価される場合であっても、せいぜいが「カントの人格性の核をなす道徳的パトス[13]」に結び付くものとして（美的快とは別の）道徳感情へと還元され、美的判断力の問いにとっては外的な観点から見出されるにとどまるだろう。

そもそも崇高が重視されないことには哲学史上の理由がある。プラトン以来の西洋形而上学の伝統が教えるのは、崇高が美との関係において否定的に見いだされるかぎり「崇高とはただたんに美の反対概念にすぎない」ということ、「美の観念が（精神的な）内容と（感性的な）形式との形象的な合致〔adéquation〕――これこそ芸術の〈理想〉である――によって定義されるやいなや〔……〕、崇高すなわち精神的内容への形式の不適合は、当然のことながら、固有の意味での美や芸術の契機より以前にある契機として思考されざるをえない」ということである（DS 116-8〔一六一―五〕）。ラクー＝ラバルトは、このような美に対する崇高の位置がヘーゲル美学において頂点に達し、「崇高がまさにある仕方で美の過剰であるとしても、それはただ欠陥によってのみそうなのであり、言ってみれば実際のところ、美こそが、崇高の「止揚」であり、崇高の真理である」ことを疑いの余地なく論証している。たしかにカント自身の説明では、美と崇高を区別するものは、まずもって自然の対象の形式（Form）との関連の有無である。「自然の美しいものは対象の形式にかかわり、この形式は限定を旨とするが、これに反して崇高なものは〔……〕無形式な対象においても見いだされることができる」（KU 244）。そして、こうした対象の形式性は、構想力〔想像力〕（Ein*bild*ungskraft〔*imagination*〕）という人間の表出能力、つまりは形像化の能力との関連のもとに置かれることになる（第二三節以下）。美と崇高の問題系がつねにこうした「形相《エイドス》的呈示」の用語で把握されるかぎりで、カントは一定の形而上学的所作を反復しているにすぎないようにみえる。

だが崇高を、このような、いわば形相美学（eidesthétique）[14]――つまり（プラトンに始まりヘーゲルが確立した）美学そのもの――の枠内に閉じ込めておくことができるとする考えは、はたして正当だろうか。翻ってみれば、美のなかにありながら、むしろ美の形相的な把握には還元できないもの――ボワローが「いわく言いがたいもの

(je-ne-sais-quoi)」と述べたような——のうちに、言い換えれば「それなしには美が美でなくなるだろうところのもの、あるいはそれなしには美が美でしかなくなるだろうところのもの」(DS 49〔六四〕)のうちにこそ、崇高は見いだされるのではないか。要するに、崇高のうちには、美学そのものがそこから出発して可能となっている「形相的呈示」に基づくのではないような美的-反省的判断の可能性があるのではないだろうか。現代の崇高論のあらゆる試みは、崇高をその特有性において論じようとするかぎり、そうした問いを引き受ける必要があるだろう。そこに賭けられているのは美学の(不)可能性そのものであり、実際、前節では「カント美学」との関連で、判断力のアポリアをめぐる一連の困難を見いだしていたわれわれは、そのような問いを余儀なくされている。以下の二つの節では、それぞれ美と崇高との関係をめぐって、おおむね対称的な二つの方向を提示することによって、カントの崇高論へと考察の焦点を移すことにしよう。

4　美の不可能性

あらためてここで第1節で提起されていた問い、主観／客観の両極への分裂として見いだされた判断力の困難をめぐる問いに立ち戻ろう。そもそも『判断力批判』の課題は、判断力を、悟性からも理性からも独立したひとつの能力と認めたうえで、そうした能力間における移行のアプリオリな原理として打ち立てることであった。美的判断力が直接関わる「快不快の感情」は、その純粋性において判断力の原理を立証するものとして期待されている。このことはまず、美を判定する趣味判断において考察される。「これは美しい」という判断は、「これは好ましい」といった私的な快適さや個々人の感覚感官の傾向性を満たす言明を意味しているのではない。「美しい」

という判断を下すには「裁判官を演じる」(KU 205) ようにふるまわねばならず、事象そのものの存在にはいかなる関心も引かれてはならない。そうすることでこの判断は、万人に妥当する普遍性を要求するのである。にもかかわらず、この普遍性はあくまで主観的である。というのも、判断が関わる対象はどこまでも個別的で特異なこのもの、一回的な事例にすぎず、この判断は、客観的基準としてただちに役立つような、いかなる概念にも依拠しないからである。すでに述べたように、美的判断は「認識にはまったく寄与しない」(KU 169)。こうした条件においてのみ「関心を欠いた純粋な快」は生じるとされる。

「主観的な普遍性への要求」(KU 212) という分裂した表現からしてすでに、趣味判断に含まれている困難が察せられる。ヘーゲルによれば、カント哲学は、主観性と普遍性とのこうした分裂を解決しうる合一点(Vereinigungspunkt: cf. KU 341) の追究が必要であると感じていただけでなく、この合一点を明確に認識し引き出してみせることができた。だが、ヘーゲルが強調するのは、この合一点が同時にカント哲学の欠陥を示してもいるということである。すなわち、カントは「主観と客観の対立を前にして足踏みしてしまう。なるほど、概念と実在性、普遍性と特殊性、悟性と感性の対立を抽象的に解決するものとして理念を告げ知らせはする。しかし、この解決と和解がまたしてもたんなる主観的な解決にとどまり、それ自体真の現実的な解決にはならないのである」[15]。言い換えれば、カント哲学の問題は、この解決が結局は「無限に繰り延べられた当為」[16] 以上のものではない、という点にある。後にガダマーはこの特徴を「カントの批判による美学の主観主義化」[17] としてあらためて展開したが、こうした主観主義が『判断力批判』の企図をあらかじめ限界づけているとみなされるのである。そして、このような評価が、ヘーゲルからハイデガーの『芸術作品の根源』にいたるまで『判断力批判』の支配的な解釈を決定してきた[18]。

しかし、形相的呈示という美学的枠組みの外で美的判断力の可能性を探るのだとすれば、主観／客観の分裂として見いだされた判断力の困難のもとにふたたび立ち止まってみなければならない。カントの美的判断力の解釈には、もうひとつのルートが用意されている。ハイデガーはカントに一定の主観主義の偏見があることを認めながらも（『芸術作品の根源』）、他方「関心なき快」をめぐって（ショーペンハウアーのカント解釈の犠牲になっている）ニーチェの誤解を指摘する文脈において、そうしたルートへの決定的な一歩を踏み出していた。その一節を引こう。

「関心」の誤解にひかされて、関心を除去すれば対象へのいかなる本質的な関わり合いも立ち消えになるという謬見が生じる。実はその反対が真実なのである。対象そのものへの本質的な関わり合いは、いわゆる「関心なき」によってはじめて働き出す。人々は、そのときはじめて対象が純粋な対象として現れ出てくるということ、この出現〔dieses in-den-Vorscheinen-Kommen〕が美なのだということを見ていない。しかし「美しい」という言葉は、このような出現の輝きにおける現象を〔das Erscheinen im Schein solchen Vorscheins〕指しているのである。(19)

ハイデガーのこの一節に読み取られねばならない本質的な論点とは、カントのいう快の没関心性についてのいわば存在論的な解釈である。すなわち、快の「関心なき」が、存在者を形相的に呈示し現前させようとするものであるどころか、そうした現前の中断の操作だということ（広義の「現象学的エポケー」と言っておこう）、このような還元の後になおも残る「輝き出ること〔Scheinen〕」そのものが、美と呼ばれているということである。(20) イデア的な光の彼方（あるいは手前）で、いわば存在の煌めきとなるような美を読み取るハイデガーの指摘には、ラクー＝ラバルトが言うように「カントが〔……〕美の非‐美学的（非‐形相的）な規定にきわめて接近している」という可能性が垣間見えるのである。[21]

デリダは、おそらくこうした方向——脱形相的な中断の操作——を、「あらゆる関心なき〔*ohne* alles Interesse〕」といったカントの言い回しに見いだされる「～なしに〔sans〕」の効果そのものに注目することで徹底させることができた。デリダによれば「関心なき快」とは、それ自体としてはもはや「ほとんど何も残っていない」ものであり、「物も、物の現存も、私の現存も、純粋な客観も純粋な主観も、〈存在するもの〉のいかなる関心も残っていない」もの、実のところ「経験が不可能である」という快にすぎない。[22] この不可能性は、とりわけカントが美の条件として特徴づけた契機のひとつ、「目的なき合目的性」（KU 228）という定式のうちに看て取ることができる。この合目的性は（合目的性という）語の定義が客観的な妥当性を要求しているにもかかわらず、美的判断の条件であるかぎりで、あくまで主観における快の感情にしか関わるものではない（つまり客観的な「目的がない」）。結果、次のようなパラドックスに見舞われる、とデリダは述べる。「合目的性〔finalité〕、つまり方向づけられた動きがなければならない。それなくして、美は存在しないだろう。しかし、方向づけるもの（すなわち、起源づける目的＝終わり〔fin〕）は欠如しているのでなければならない。合目的性なしには美は存在しない。だが、もし何らかの目的がその美を規定すべきであるとするならば、やはり美は存在しないだろう」。[23]

実際、合目的性とは、その方向づけを定める目的があってはじめて有意味なものとなる。にもかかわらず「目的なき合目的性」を美の条件とするカントの定式をいかに理解すればよいのか。デリダによれば、これは、結局のところ、美が客観にも主観にも、目的にも合目的性にも、そういった両極それ自体には本質的な関わりがないことを示している。デリダが美として見いだすのは、合目的性を目的から切断する「なしに〔sans〕」という欠如化の作用そのものである。「純粋な切断の「なしに」における縁取り〔bordure〕、「目的なき合目的性」の「なしに」こそが重要である[24]」。つまり、目的と合目的性を欠如において媒介する「なしに」の切っ先は、そこから出発してはじめて目的を目的化すると同時にふたたび特定の目的から分離しうるような、合目的性一般の輪郭を縁取る純粋な可能性であるということをデリダは強調するのである[25]。

美的判断力の契機がこうした「なしに」の否定の積み重ねのなかで、対象の形相＝形式（としての目的）からの「純粋な切断」のなかで否定的に見いだされるかぎり、美はそれ自体としては際限なく後退していく。というのも、美の条件はいまや、当の対象から美を可能にするものが引き退いてゆくという作用そのもののこととして理解されるからである。ここに示唆されているのは、美というカテゴリーの根本的な不安定さ、壊れやすさ、脆弱さ、移ろいやすさ、といった性格である（それを「美のはかなさ」といった常套句で要約してしまえば、むしろ事の本質を覆い隠してしまうことになろうが）。美が形相の美学、美学そのものに取り込まれてしまう手前には、瞬間のエステティクス、消失のエステティクスであるような何ものかがある。この点で、カントの「美的判断力の批判」は、美的対象の喪失の経験として、あたかも美に対する絶え間ない喪の作業として読まれることになるだろう[26]。

ならば、美的判断とはいったい何なのだろうか。それは判断であるかぎり、「それは美しい」といった命題を通じて、対象の述定、対象への性質の帰属を行わなければならない。他方、この判断が美的であるかぎりで、「それは美しい」と述定するやいなや、当の対象から美は退いてしまっているのであり（むしろその退隠そのものとして垣間見られるだけである）、そこに美を帰属させることができないのである。「ここ、つまり奇妙な身分にある繋辞のなかに、« c'est beau »〔それは美しい〕というときの « est » のなかに」、もはや美ではありえないもの、美以上の何ものかがないだろうか。この繋辞の「奇妙さ」を通じて「美的判断の二つのあり方のうちのひとつである崇高の様態は、実は一切の美的判断の起源であり、それゆえ、美および崇高それ自身の起源となるのではないだろうか[27]」（DS 80〔一一一―一二〕）――ようやく「判断の崇高」が問われるように思われる。しかし、おそらくわれわれは美の不可能性を通じて、すでに崇高の問題系に入り込んでいたのである。

5　可能性としての崇高

美が「純粋な切断」として認識対象から絶対的に後退することが意味しているのは、諸能力の移行の原理となるべき趣味判断の理論のまっただ中にふたたび大きな深淵が開いてしまうということである。実際、カントはそのような深淵を埋め合わせるためのさまざまな手続きを提案している。『判断力批判』第五九節の「象徴的表象様式」についての議論は、その典型例として読まれるだろう。そこでは「美しいものは道徳的に‐善いものの象徴である」とされる。「道徳的に‐善いもの」は、カントの用語では「理性理念」に属し、いかなる感性的呈示にも適合しえない「超感性的なもの」である。しかしながら、それについての直観的な類比物《アナロゴン》を用いてそれを間接的に表出することは可能なのであり、この類比物こそ「象徴」である（カントは専制国家の類比物として「粉引き器」を例に挙げている）。美はこのような意味で「道徳性の象徴」だとされるのである。

こうして、いったんは絶対的に退いたかに見えた美の内実が、道徳への関心によって引き留められ満たされる。

周知のように、このような美から善への移行は、「人間の美的教育」（シラー）という議論へと通じている。つまり、美を良く感じ取ることのできる感受性を育てれば、善く行うことのできる道徳の教化《モラル・カルチャー》（徳育）に役立つのであり、美的な共通感覚《コモン・センス》と文化＝教養＝陶冶主義《カルチュラリズム》の連携が、ありうべき共同体のエートスを形成するというわけだ。しかし、カントの議論に賭けられている倫理‐政治的な含意を見失わぬようにしよう。そもそも『判断力批判』において「美的判断力としての趣味能力の探究は、趣味の形成や開化〔Kultur〕のためになされるのではなく（なぜなら、こうしたことは、このような探査が一切なくても、以前と同様にこれからも進んでいくであろうから）、たんに超越論的な意図においてなされる」（KU 170）と述べられていた。この「超越論的意図」は、特定の文化の善に応えるような特定の趣味の形成を目指すものではないし、両者が両立するともかぎらないのである。

実際、こうした超越論的な次元で両者が問われているかぎり、美から善への類比《アナロジー》は、美から善を推論することとは同じではない。「ひとは二つの異種の事物にかんして、まさにそれが異種であるという点において、一方を他方との類比に従って思い描くことができるが、しかしそれらが異種であるという点からして、一方から類比に従って他方へと推論することはできない」（KU 464）。類比によって推論はできない。類比の構造が形式的に前提としているのは、媒介される二つのものの根本的な異種性である。むしろこの異種性によってこそ類比の可能性が生じている。もしこの異種性がなければ、はじめから類比を行う必要はなくなるだろうし、分析的な導出によって推論するだけで済むだろう。

この点で類比は「AであればあるほどＡである」[28]というミメーシスの逆説的な構造を呼び寄せさえする。つまり、類比の構造がその反面において示しているのは、美が善の象徴であればあるほど、善は美にとってはますます決定的に到達不可能になる、ということなのである。「美を〈善〉の象徴として立ててしまえば、深淵を乗り越えると称する所作のなかで、逆に深淵をふたたび穿つことになってしまう」（DS 181〔二六三〕）。リオタールが念を押して述べているように「結局「美しいと同様に善いものである」と唱えることはできても、「美しいならば、それは善い」（あるいはその逆）を唱えることはできない。美学的倫理学も美学的政治学も、こうした留保によって、前もって権威を剥奪されているのである」（DS 154〔二二七〕）。

崇高もまた、超感性的なものとしての理念の表出＝呈示（Darstellung）に関わっている。しかし象徴の間接的だが積極的な表出とは対照的に、崇高の表出様式は（類比を必要としないかぎりで）直接的だが消極＝否定的な表出にとどまる。というのもそれは、主観のうちの理性理念に対する感情を、自然の客観的対象への感情と取り違える詐取（Subreption）によって成立する表出だからであり、「詐取」でありながら表出たりうるのは「理性理念が、たとえそれに適合したいかなる呈示も可能ではないとしても、まさに自分を感性的に呈示させるこの不適合性によって鼓舞され、心のうちに喚起されるからである」（KU 245）。つまり、崇高の表出とは、感性的には呈示不可能という、理念への及びがたさ＝到達不可能性こそが、むしろそのようなものとして理念を消極的に呈示するよう促す、そうした否定の論理に基づいた表出なのである。

たとえばカントは「ローマの聖ピエトロ寺院に一歩踏み入れた見物人を襲う狼狽もしくは一種の当惑」（KU 254）を説明して、それが「彼の構想力が、ある全体の理念に対して、それを表出するのに不適合であるという感情」だと述べている。ここで表出の能力たる「構想力は、この感情のうちでその極大に達し、それを拡大しようと努力するにもかかわらず、自分自身のうちに逆戻りする」。そのような拡大に伴う緊張や抗争はもちろんそれ自体としては不快であるが、そうした努力を促す点では理性理念の「超感性的使命」にとって合目的であり（KU 258）、その意味で「不快を介してのみ可能であるような快」（KU 260）が惹き起こされる、というのである。

崇高の表出は、かくして呈示不可能なものの呈示（リオタール）と要約されることになる。であるならば、あくまで象徴として善を間接的にしか呈示できなかった美とは異なり、むしろ美から善への移行を可能にする美的判断として、崇高は、否定的表出の論理を通して、超感性的なものの適切な表出となるのだろうか。原則的に、以下の点が問われるように思われる。

a　まず確認しておかなければならないのは、崇高についての判断は、美についての判断と同様、私的な感覚傾向に基づいた感官判断でもなければ、アプリオリな概念に基づく論理的に規定的な判断でもない、いかなる関心も欠いた美的‐反省的判断だということである。美的な快は、崇高に関する判断であれ美に関する判断であれ、関心なき快であり、厳密に言って、超感性的なものの関心（理性の関心）に服従することはない（たとえこの関心との関連が、崇高の「不快の快」にとって機縁をなすのだとしても[29]、その表出は依然として否定的＝消極的である）。

b　美と崇高との根本的な差異は、カントによれば、美が対象の形式に関わっているのに対し、崇高は、無形式な対象においてさえ見いだされるという点にあった（第二三節）。ところで、われわれが（ハイデガーおよびデリダに即して）注目してきたのは、美を対象の形相にしたがって把握することが「関心なき」美的判断の構造からみて十分ではなく、むしろ美は形式からの「純粋な切断」であり、そのかぎりで対象から引き退いてゆく、そうした不可能性において見いだされるべきものである、ということであった。したがって崇高が、上に述べるような「呈示不可能なものの呈示」として要約されるのであるならば、崇高とは、そうした不可能性における美の積極的な別名であったということになるだろう[30]。

c　であるならば、美と崇高とは、たんに、同じ美的判断力における別種の表出の二様態とみなすことはできない。ましてや崇高は美の「たんなる付録」なのでもない。崇高は、対象の形相＝形式を前提としない表出の可能性に関わるかぎりで、美の可能性の条件であると同時に、美が形相的に規定されることの不可能性の条件でもある。つまり、美があくまで対象の形式との関連で定義された上で、かつ形式からの後退として見いだされるのだとすれば、崇高ははじめから、形式の発生の条件としての、形式の構成と解除の作用そのものとしての〈形式化されざるもの〉（これはたんに無形式なものというより形式化可能性のことである）に関わるのである。崇高は「あらゆる呈示を可能にする限界がはじめて作用するところ」にあり、一言でいえば、美と崇高との区別は「超越論的な差異」[31]を成す、ということである。

d

「呈示不可能なものの呈示」における否定の論理はどうなっているのか。崇高の表出が本質的に〈形式化されざるもの〉に関わるのだとしても、形式化不可能なものを形式の破綻や破壊、形式からの「純粋な切断」という仕方で逆説的に見いだす以外に「呈示不可能なものの呈示」は可能だろうか。つまるところ、いかに否定的な表出であれ、形式への参照は不可欠であり、そのかぎりで、崇高ではなく美と名指されるのがふさわしい、ということになるのではないか。形式化不可能なものは形式化不可能であり、呈示不可能なものは呈示不可能であるという、この上なく単純なトートロジーを、あるいは端的に、呈示不可能なものがあるということ（ceci qu'il y a de l'imprésentable）[32]を、形式への参照なしに——この「なしに」さえもなしに——いかにして呈示すればよいのか[33]。

　こうした点は、本章の議論から導かれる新たな問題提起と仮説の骨子である。美と崇高の関係をめぐっては、第三章においては構想力の問題に即して、第四章において美的形式の問題に即してふたたび取り上げ、さらに掘り下げることにしたい。いずれにせよ、あらためて問われなければならないのは、呈示不可能な一切を否定的な呈示可能性へ転化することのできる「詐取」の論理、崇高なものの表出をめぐるこの否定的論理であり、したがって究明されるべきは、まさにこの論理のリミットなのである。

*

以上をまとめよう。判断のアポリアについての問いは、反省的判断の遍在性を経由して、美的判断力の問題系へと通じている。そこでわれわれが見出したのは、美についての判断を可能にするものは、それ自体として美的形式をもつ対象であるよりも、むしろ崇高と呼ばれるべき何ものかだということである。およそ判断とは、いくばくかの美的－反省的な契機を構造的に含んでいるのであるならば、結局のところ、いかなる判断も何かしら崇高であり、少なくとも崇高でありうるのである。このことが意味しているのは、判断の崇高が、それ自体として崇高な稀有のものであるどころか、むしろきわめてありふれた事態であるということだ。判断は日々下されている。判断の崇高が、崇高についての判断の考察を通じて明らかになるのだとすれば、その帰結は次のようなものだろう。すなわち、美的かつ反省的な判断のあらゆる困難にもかかわらず、あらゆるアポリアのただ中で、しかしそれゆえにこそ、判断は日々下される。そしてそこに、崇高と呼ばれる何ものかがある。

もちろん「どのように判断するのか」という問いは依然として残り続ける。しかし少なくともここで理解せねばならないのは、この崇高が、判断の根本的な批判的契機を指し示しているということだ。崇高の思考がそう呼ばれるに値するとすれば、まさにこの契機に照準を合わせるかぎりにおいてである。それは、美的であるが、反－美学的である。崇高という脱形相的な呈示様態を通じて美学の枠組みが根底的に揺るがされているのだとしても、これはたんに伝統的に「美学」と呼ばれている学科内のみの問題なのではない。カントにおいて「美的なもの」についての判断力の問いが、そもそも知ることと為すこと、悟性と理性、認識原理と実践原理との関係を分節＝連接する結節点（「中間項」や「橋」）の探究として立てられていたことをふたたび思い起こそう。実際こうした問いは、歴史的には美学という学科のうちにではなく、ヘーゲル美学の確立以前に、とりわけ哲学と文学（学問と芸術）のあいだをめぐる問いとして、フリードリヒ・シュレーゲルのロマン主義詩学にまで明確に遡ることができるし、[34]二〇世紀ではベンヤミン、アドルノ、ブランショといった批評家がこうした伝統に連なる人々であることは言うまでもないだろう。

　本章で部分的に触れた二〇世紀後半のフランスの哲学者たちは多かれ少なかれそうした認識のもとに『判断力批判』の再読を企てていたのであり、さらに下れば、ポール・ド・マンは北アメリカの大学の比較文学科における文芸理論の展開にそうした歴史的な位置を認めていた。[35]漠然と批評《クリティック》と名づけるほかないようなこうした言語の様態は、いかなる特定の学問分野に還元されるよりも以前に、諸学の境界線上で、判断力の批判《クリティック》に関わっており、判断の批判＝危機的《クリティック》な契機である崇高の瞬間を露呈させることによって、所与の美学的形式の解体と転位とをもたらすことができるのである。批評＝批判は、それ自体としてはいささかも美学的な言説ではない。それは『判断力批判』と同様、美的な次元に深く関わりながらも、その内在的な批判＝吟味という点で徹頭徹尾、反‐美学的である。これを「美学の政治化」（ベンヤミン）と呼ぶのだとすれば、それはまさに判断の崇高によって可能になるのである。

Ⅱ 崇高

構想力と美的形式の問題

三　構想-暴力

1　中間者としての構想力

カントは『純粋理性批判』において、構想力を「心のもつ、盲目だが不可欠な機能」（A 78/B 103）として導入した後、「直観のうちに対象が現前しなくても、対象を表象することのできる能力」（B 151）と定義している。日本語の「構想力」という語は、周知のように、ドイツ語の Einbildungskraft（phantasia ないし imaginatio の対応語としての）がカント以後に担った独特の含意を踏まえて用いられるようになった語であり、そのかぎりで、より一般的な「想像力」という語とは区別されるべきものである。想像力（imagination）と言う場合、通例、眼の前には存在しないものを心のなかに像（image）として想い描くことと理解され、イメージを形成する能力、いわば「形像力」のことを指す。不在の対象を呈示しうる能力という点に限れば、「構想力」についてのカントの定義も「想像力」と同じものと考えてさしあたり差し支えはない。広義の想像力は、過去に経験した感覚の再現・想起としての想像力と、経験の自由な再編によって虚構的対象の感覚表象を新たにつくり出す想像力とに大別することができ（カントは前者を「回想的〔zurückrufend〕」、後者を「創作的〔dichtend〕」想像力と呼ぶ〔『人間学』第二八節〕）、後者については通常、消極的には（ともすると現実逃避的な）空想や夢想へ、積極的には（芸術家の独創性のように）人間精神固有の創造的なインスピレーションの発露等々へと結びつけられることになるだろう。

カントの「構想力」が広義の想像力と区別されなければならないとするならば、それは、カントがそうした想像力に権利上先行するものとして、人間の認識一般の成立にとって不可欠な超越論的機能を、想像力のうちに認めたからである。すなわち、感覚からとってこられた素材としての「内容を、悟性の概念に（認識のために）調達する」（『人間学』同節）という機能、『純粋理性批判』に即して言い換えるなら、感性的直観にもたらされた多様を認識の諸要素としてとり集め「一定の内容へとまとめ上げる」（A 77-8/B 103）という綜合の機能を、構想力は担うのである。このことの要点とは、構想力が、あらゆる経験に先立って、経験そのものを可能にする超越論的綜合だということである。つまり、この綜合は「われわれに可能な直観の対象への悟性の最初の適用」（B 152〔強調引用者〕）として（構造的な意味で）はじめて感性と悟性を媒介するのである。この媒介がなければ経験の統一は解体し「諸表象の盲目的な戯れ、すなわち夢にも劣るもの」（A 112）となってしまうだろう。感性を悟性にむけて規定するこの超越論的な綜合には、たんに不在の対象の像を形成するという以上の構想力の自発的な働きがある。こうした自発性を強調して、カントが「生産的構想力〔productive Einbildungskraft〕」と呼んだことは周知の通りだ。『純粋理性批判』の第一版（一七八一年）では、構想力は「すべての認識の根底にアプリオリにある人間の心の根本的能力」（A 124）とされ、構想力の働きは、たんに経験の想起や再編としての像形成の能力ではなく、「あらゆる認識の可能性、とりわけ経験の可能性の根拠」（A 115）にまで高められるのである。

他方、以上のような生産的綜合の自発性にもかかわらず、構想力は直観の能力としてあくまでも感性の側に属しており、受容的な性格を持ち続けるということに留意しておく必要がある。構想力が「受容的」であるという場合、まず(1)構想力による感覚表象の形成作用が、直接感官には与えられていない不在の対象を直観しうる

（つまり受容する）ということ、また(2)この作用がひとつの綜合としてどれほど創造的で根源的にみえようと、つねに過去に感官が受け取った素材（直観の多様）に依存しなければならないということ、この二点の含意がある。後者については、カントは「七色のうちで赤色をかつて一度も見たことのない人に、この赤色の感覚を理解させることは決してできないし、生まれつきの盲人にはいかなる色の感覚もまったく理解させることはできない」（『人間学』第二八節）という例を挙げている。このときカントが明確にしているのは、生産的構想力が「以前にわれわれの感官能力に与えられることがけっしてなかったような感官表象をつくり出すことはできないのであって、ひとはその表象の素材をいつでも指摘することができる」ということである。不在の対象を描き出すことのできる構想力の働きは、当の感覚表象を一見自己創出的に直観しうるのだとしても、対象の実在そのものを無からつくり出す（creatio ex nihilo）ような神的な力や知的直観のように創造的であるわけではない。「自身の像形成のための素材を感官からとってこなければならない」という点で、構想力はどこまでも感性に依存しているのである。

構想力は、一方で直観の能力として感性のように作用し（受容的）、他方で綜合の機能として悟性のように作用する（自発的）。構想力の性格をすぐれて特徴づけているこの二重性は、構想力が結局のところ感性と悟性を媒介するという働きにその本質があるのだとするならば、むしろ当然だと言えるだろう。構想力をこうした中間的能力とみなすこと自体は、アリストテレスがすでに『デ・アニマ』において想像力（phantasia）を感覚（aisthēsis）とも思考（noēsis）とも異なるものでありながら両者に依存しているような中間的な作用と規定していたように（427b）、何ら特殊な見方であるわけではなく、カントもまた形而上学の一定の伝統に忠実だということを示しているにすぎない。しかしながら、感性と悟性という「心の二つの源泉」（A 50/B 74）を人間の認識の根幹とした『純粋理性批判』の基本的枠組みのなかでは、構想力の中間的な身分は両者のあいだで動揺し、十分に明確な規定を与えられることがないだろう。構想力は心の不可欠な機能とされながらも、その由来は結局のところ明らかではないのである。第一版では構想力は、いったんは感官（感性）と統覚（悟性）に並ぶ第三の主観的な認識の源泉とされたが（A 115）、第二版（一七八七年）では構想力の生産的綜合は「感性に対する悟性の働き」（B 151）のうちに組み込まれ、構想力の自発的な契機に関する記述は後景に退いてしまう。すなわち「超越論的構想力はもはや感性と悟性をそれらの可能的統一において根源的に媒介する自立的な根本能力として働くことはなく、いまやこの中間能力は、いわば孤立して固定された心の二つの根本源泉のあいだで失墜する[1]」。

ハイデガーの『カントと形而上学の問題』が、こうした第一版と第二版の異同のうちに「カントによる超越論的構想力からの撤退」を指摘したことはよく知られている。中間者としての構想力が「不安にさせる不可知なもの」は、カントが形而上学の基礎づけの徹底において垣間見た深淵（Abgrund）であり、ハイデガーは、そこからあらためて「感性と悟性という二つの幹の根」としての超越論的構想力の再解釈と再錬成へと向かった。とはいえ、ここでは『純粋理性批判』の「純粋悟性概念の超越論的演繹」において構想力が扱われる際の複雑な問題には立ち入るつもりはないし、それを論じたハイデガーの企てをそれ自体として検討の中心にするつもりもない[2]。本章は、構想力が中間能力として置かれた以上のような背景を踏まえたうえで、カントにおいて構想力がそれ自体としてひとつの独立した能力ではないのだと認めることから出発しよう。構想力は直観の能力として（下級能力と呼ばれる）感性を起点としながら、結局は『純粋理性批判』では悟性に仕えることで（「悟性が内官に与える綜合的影響」B 154として）しか認識一般を可能にすることがない。構想力の根本的に従属的で媒介的な機能は、以下に見るように、実のところ『判断力批判』において理性との関係に置かれるとき、極限にまで酷使されることでその本性――筆者はそれを「構想-暴力」と名づけたいと思う――を露わにするだろう。構想力はおそらくそれ自身としては何ものでもないが、まさにその代補的な本質によってこそ、みずからの「不安にさせる不可知なもの〔das beunruhigende Unbekannte〕(3)」の威力――その賭け金は構想力の自由である――を最大限に発揮するのではないだろうか。

2　構想力と理性の抗争

まず『判断力批判』における構想力の基本的な役割を素描してみよう。すでに見たように『判断力批判』の課題はまずもって「美的反省的判断の解明」(KU 266)であり、その局面はとくに「自然や芸術における美と崇高についての判定」(KU 169)として見いだされる。美と崇高という二つの判断を分かつ主要な区別とは、カントによれば、判断対象のもつ形式の有無であり、したがってこの形式性を呈示しうる構想力の働きの違いである。「自然の美しいものは対象の形式にかかわり、この形式は限定〔Begrenzung〕を旨とするが、これに反して崇高なものは、形式を欠いた対象においても――この対象において、あるいはこの対象を機縁として無限定性〔Unbegrenztheit〕が表象される〔……〕かぎりで――見いだされることができる〔……〕」。かくして美しいものはある無規定的な悟性概念の呈示、しかし崇高なものはある無規定的な理性概念の呈示とみなされるように思われる」(KU 244)。一方で、美は悟性と構想力との関係のもとで説明されており、このとき構想力は、判断対象の形式に即してある悟性概念を呈示する(この呈示によって主観に生じる快から美しいと感じられる)のだが、当の悟性概念が無規定であるかぎりで、構想力はみずからの「自由な戯れの状態」(KU 256)を保ったまま悟性と調和する関係に入る。他方、崇高は理性と構想力との関係のもとで規定されており、理性概念（というより理性理念）は構想力にとって直接には呈示不可能な「無限定性」として間接的にしか呈示されえない以上、構想力は理性によって「繰り返し突き放される」（KU 245）なかで理性と「抗争〔Widerstreit〕」（KU 258）関係に入る。美が心の「平静な観照の状態」（KU 247）に結びつく一方で、崇高が「反発と牽引の急速な交替」（KU 258）に置かれた心の激しい動きに結びつけられるのは、こうした諸能力間の対照的な関係に由来している。

『純粋理性批判』とは異なり、『判断力批判』における構想力は、美や崇高を呈示する表出能力（Darstellungsvermögen）として定義されている以上（KU 244）、悟性と理性に並ぶひとつの独立した能力のようにみえる。だが、はたしてそうだろうか。美においては、構想力の「自由な戯れ」は悟性との調和や均衡関係においてしか想定されておらず、構想力の働きが美的対象の形式によって限定を被る（KU 244）という意味では、いわば制限された自由にとどまる。他方、崇高なものの呈示にあって構想力は、理性と「抗争〔Widerstreit〕」（KU 258）状態のもとに置かれ、理性によっていっそう束縛を強いられるように思われる。崇高なものは「形式を欠いた対象においても」構想力によって呈示されると言われているように（KU 244）崇高として呈示されるものは、有形の美的対象ではない。そうではなく、当の対象が「その混沌《カオス》において、もしくはそのきわめて野生的でまったく無規則な無秩序と荒廃において」（KU 246）現れる場合に（カントが挙げる崇高の典型例は、嵐に逆巻く海原、大瀑布、活火山、雷雲、峻険な絶壁、等々の自然現象である）この対象に構想力がけっして到達できないという呈示不可能性が、崇高として呈示されるのである。構想力をしてこうした不可能性（「無限定性」）に直面させる当のものは、自然対象の表象それ自体ではなく、カントによれば「自然の表象のうちへと崇高性を持ち込む心構え〔Denkungsart〕」（KU 246）のうちに求められなければならない。というのも、崇高なものの呈示が――美の場合とは違って――自然対象「について」の呈示ではなく、むしろ「あらゆる可能な対象化を禁じるような光景への応答として生じている」[4]のだとすれば、この呈示が証言するのは、実のところ、われわれの心のうちに見いだされるべき「超感性的なものとしての理性の理念」（KU 258）だからである。理性はこうした意味で、呈示不可能性を通じて構想力に緊張を強いるのであり、その結果、両者は「抗争」状態に置かれることになる。崇高なものの呈示に際して、構想力は「自由な戯れ」を享受するどころか、まさしく理性によってみずからの能力を厳しく否定されるため（そしてこの否定性を間接的に呈示するため）にのみ召喚されているにすぎないかのようなのだ。

構想力と理性のあいだのこうした抗争関係は、しかしながら、理性によって構想力の自由に対して加えられた単純な否定や阻害として理解されるだけでは十分でない。崇高なものの呈示が可能になるのは、まさに当の否定性を表出できるという構想力の自発性が維持されているかぎりにおいてである。美においては、この自発性は、構想力が呈示しようとする悟性概念の無規定性において「自由な戯れ」――美的対象の形式に応じて限定された自由ではあるが――として確保されていた。崇高においては、構想力は美的対象の形式そのものによっては制限を受けないが、まさにそのことが、理性による否定として構想力の自由を奪うという帰結をもたらすだけなのだとすれば、崇高なものの呈示は、実現する以前に破壊されることになってしまうだろう。そうなってしまえば「構想力にとって常軌を逸したもの〔das Überschwengliche〕」（KU 258）が「いわば深淵」を開き、そこで構想力は「自分自身を喪失する」ことになるだろう。その能力を理性によって否定されるにもかかわらず、それでもなお当の否定性を表出すべく、構想力はどのようにしてみずからの呈示能力の自発性を確保するのだろうか。

3　力学的崇高における暴力

カントの崇高論には、理性の卓越性に由来するこうした超感性的な作用を「暴力〔Gewalt〕」という言葉を用いて記述している箇所がある。「崇高なものの感情を〔……〕われわれのうちに惹き起こすものは、その形式にかんしてわれわれの判断力にとって反目的的であり、われわれの呈示能力に適合しておらず、構想力にとっていわば暴力的〔gewalttätig〕にみえる」（KU 245）。そうした暴力性にもかかわらず、というよりそれゆえにこそ、この不適合は、カントによれば、われわれの「心構え」のうちに求められるべき理性の諸理念を呈示するよう構想力を促すというわけだ。こうした暴力性は、理性という超感性的能力が構想力という感性的能力に緊張を強いることで、感性にとって直接には「不快」と感じられるがために、しばしば「理性が感性にふるう暴力」（KU 265, 269, 271）としても記述されている。しかし、崇高の感情にとって重要なのは、こうした暴力がたんなる破壊的な脅威として反発的に感ぜられるだけではなく、理性理念との関連における誘引作用、つまり「同時に魅力的でもある威嚇的なもの」（KU 265〔強調引用者〕）を伴っており、「不快を介してのみ可能であるような快」（KU 260）としても感ぜられるという点である。そうでなければ、崇高の感情がわき起こる以前に、われわれの感性的能力を脅かすこうした暴力は、どこまでも「辛苦や危険や苦境」といった消極的な価値しかもたないことになるだろう。このような暴力が「不快の快」であるのは、カントによれば「ただ感性を理性本来の領域（実践的領域）に適合するように拡張し、感性にとってはひとつの深淵である無限なものを、感性をして望見させる」（KU 265）ことに存している。暴力は、理性と感性の齟齬において構想力を挫くのみならず、その失敗をバネにして構想力を理性に匹敵するものとして増強し、「ひとつの深淵である無限なもの」としての理性理念の呈示へと駆り立てる。この意味で暴力は、崇高の感情にとって構成的な価値をもつことが留意されねばならない。このことをさらに別の角度から検証しよう。

「力学的崇高」についての章の冒頭では、暴力という語は「勢力」との対比で次のように定義されていた。「勢力〔Macht〕とは、大きな障害を凌駕している能力である。この勢力は、それ自身勢力を有しているものの抵抗をも凌駕している場合は、暴力と呼ばれる。自然が美的判断において、われわれにいかなる暴力も行使しない勢力と見られるなら、この自然は力学的に-崇高である」（KU 260）。自然にそなわる勢力が、それに直面したわれわれの構想力（「それ自身勢力を有しているもの」）の抵抗を凌駕し打ち倒してしまうとき、それは暴力へと転化する。崇高なものの呈示の成立にとって、ここでは暴力は、たんに消極的な役割しか果たしていないようにみえる。自然の勢力から暴力的な契機が引き去られたときに、崇高が認められているからである。

だが注意しよう。このとき暴力が除去されると言われるのは、それがひとを物理的ないし身体的な危険や恐怖にさらすものではないという一種の経験主義的な見地、あるいは「われわれは自分が安全なのを知っている」（KU 262）という事実認定の見地においてでしかない。ひとたび心の諸能力にとって純粋に美的な（ästhetisch直感的）観点――『判断力批判』の超越論的企図はまさにその観点の追究にのみ成り立つ――に立つならば、崇高な感情が生じる構造にとって、このような自然の勢力は、まず「暴力的な」（KU 183）ものとして現象しなければならないということがわかる。どういうことか。カントが強調しているのは、自然の勢力の現象とは「われわれが安全な状態にありさえすれば、恐るべきものであればあるほど、かえってますます心を惹きつけるようになる」（KU 261）ということである。「安全な状態」とは、身体的な危険という意味での物理的暴力の除去を意味し、たしかにそのことで端的に「恐れを抱く〔fürchten〕」ことはなくなるだろう。しかし、純粋に美的な観点が問題になるかぎり、自然の勢力は「恐れを抱かれる」ことなしに「恐るべきもの〔furchtbar〕」——この語をカントは fürchten から慎重に区別している——として立ち現れる余地がある。そうしたものとして「恐るべきもの」が心の平静を侵害する場合、それは「恐るべきもの」であればあるほど、その勢力の現象性において、かえって心はそれに惹きつけられ、魅力を感じるようになるのだ。「そしてわれわれはこれらの対象をすすんで崇高と呼ぶ」。こうした自然の勢力は、それでも「恐るべきもの」として心を動揺させ、そのつどわれわれの心的な能力（「それ自身勢力を有しているもの」）の抵抗を凌駕するという点で、先のカント自身の定義に照らして、やはり暴力として機能している。ここで問題になる暴力は「恐れを抱かせる」暴力ではなく、いわば「恐るべきもの」の美的暴力だと言うことができるだろう。つまりそれは、自然がたんなる物理的暴力を行使しないかぎりで、なおも美的判断にとって暴力として現象するところの自然の勢力なのである。

したがって「自然が美的判断において、われわれにいかなる暴力も行使しない勢力と見られるなら、この自然は力学的に‐崇高である」（KU 260）という先の言明は、カントの用いる「暴力」という語の含意を明確に区別するならば、次のように言い換えることができるだろう。すなわち「自然が美的判断において、われわれにいかなる物理的暴力も行使しない勢力、つまり美的暴力と見られるなら、この自然は力学的に‐崇高である」と。このように崇高なものと呼ばれた対象が、この「恐るべきもの」ゆえの魅力を通じて「心の強さをその通常の並程度以上に高め、われわれのうちに〔……〕自然の外見上の全暴力〔scheinbaren Allegewalt〕に比肩しうるという勇気を与えるような抵抗能力を発見させる」（KU 261〔強調引用者〕）のだ、とカントは述べるのである。

かくして暴力は、崇高なものの呈示にとって、感性を脅かし構想力の無能さを暴くという否定的な働きであるのみならず、まさにその働きにおいてこそ構想力を牽引かつ魅了し、その能力の限界にまで拡張し高めるという積極的な働きを担う。この意味で暴力が、崇高にとって不可欠な構成的価値をもつのだということをあらためて確認しよう。ところで、構想力に対するこの二重の暴力は「われわれのうちにあるまったく別種の抵抗能力」を発見させ、それが、そうした暴力に匹敵できるような勇気（Mut）をわれわれに与える（それゆえ「勇気」は、崇高の感情に数え入れるべきものである）のだと言われている。この「抵抗能力」はカントにとって、結局のところ（実践）理性を指し示している。というのも、崇高の感情は道徳感情と似た心の情調＝気分に結びつく（KU 268）とカントが述べるように、ここでは崇高なものの暴力が、理性の法（道徳法則）としての超感性的な理念の呈示へと構想力を駆り立てているからである。この点で、自然の脅威としてその勢力の現象性において見いだされていた暴力とは、自然そのものの暴力ではなく、結果的には「自然の表象のうちへと崇高性を見いだす心構え」（KU 246）に由来するということ、つまりすでに見たような「理性が感性にふるう暴力」だということが理解されるだろう。

崇高なものにおいて「理性が感性にふるう暴力」は、つねに構想力の媒介を必要としている。この暴力は、構想力の限界を暴くとともにそれを拡張するように働く暴力、つまりまずは構想力への暴力として作用するという意味で、理性と感性のあいだでいわば間接的に作用する暴力である。これは、道徳的な感情として理性が感性に直接及ぼす作用からは峻別されなければならない。たしかにカントは、崇高なものへの感情が「道徳的なものに対する心の情調と似た〔ähnlich〕心の情調」（KU 268）に結びつくと述べている。しかしながら、この類似性が前提とするのは、崇高の感情が道徳感情と元来同じものではなく異質のものであること、崇高の感情が道徳感情に対してもつ類似関係においてもなお、両者は混同されてはならないということである。

そもそも崇高なものの判断は、定義上美的かつ反省的な判断である。すなわち、判断する対象の概念にも主観の特定の関心にも依存しない純粋に感性的な判断である。それゆえこれは、道徳法則に即して合目的的で規定的な判断ではないということ、対象をその概念によってアプリオリに善いものと規定するような道徳判断なのではないのだということを含意している。崇高なものについての判断と善いものについての判断とのこうした根本的な相違が、崇高の感情と道徳感情とを区別するのであり、理性と感性のあいだの関係や理性が感性に及ぼす作用は、崇高の感情と道徳感情とでは互いに異なった仕組みをもつのである。道徳的なものにおいて理性は、感性に対し直接規定的に作用するのに対し、崇高なものにおいて理性は、構想力の働きを媒介として感性を間接的に捉える。すなわち「そこでは理性が感性に暴力を行使しなければならない」のだとしても「崇高なものについての美的判断においては、この暴力は理性の道具としての構想力自身によって行使される、と表象されるのである」（KU 269〔強調引用者〕）。

構想力における崇高なものの暴力を、おそらく次の二つの意味で理解しなければならない。(1) 構想力に対する暴力。これは先ほど見たように、理性が構想力にふるう暴力、構想力をその限界で挫折させる（破壊的）と同時にその能力を増強する（構成的）ように働く二重の暴力である。(2) 構想力による暴力。すなわち、前者の意味での構想力への暴力は構想力に内的緊張をもたらし、そのことと連動して構想力が「理性の道具」として感性に対してふるう暴力である。その暴力が感性にとってたんなる不快ではなく、構想力を介して理性理念の呈示へと感性をつなぎ留めるかぎりで「不快の快」と感じられるということはすでに述べた通りだ。

こうしてみると、構想力における暴力の当事者は実際のところ理性と感性であり、構想力は暴力をふるう側でも蒙る側でもなく、理性と感性のあいだで暴力がたんに通過するような中継点にすぎないように思われる。だが事態はそう単純ではない。さらに踏み込んでみるならば、以下に検討されるように、暴力をめぐるカントの崇高論は、構想力の働きに焦点を合わせることによって組織されている。すなわち、構想力は崇高なものの暴力の主体であるとともに対象であり、感性に対する暴力は、崇高なものの感性的呈示を担う「構想力自身によって」（KU 269）行使されるのである。理性理念への関係が「構想力が自己自身に暴力を向け返す(5)」という反照的な構造において見いだされることで、構想力の媒介性は、感性に対する感性の一次的な働きとして前景化するのだ。本章は、構想力（Einbildungskraft）の「力」の主客が二重化したこのような自己暴力を「構想‐暴力（Einbildungsgewalt）」という名へと要約することにしよう。

4　美的総括の暴力とその対抗暴力

「数学的崇高」の章には、構想力が感性（内官）に及ぼす暴力についてカントが説明している次の重要な一節がある。

> ある空間の測定（把捉としての）は、同時にその空間を描くことであり、したがって構想作用における客観的な動きであるとともにひとつの前進である。これに反して、多を思考内容の単一性のうちにではなく、直観の単一性のうちへと総括することは、したがって継起的に＝把捉されたものを一瞬間のうちへと総括することは、ひとつの背進であって、この背進は構想力の前進のさいの時間条件をふたたび廃棄し、同時存在を直観的にする。それゆえ、総括は（時間継起は内官とそれぞれの直観との条件であるから）構想力の主観的な働

きであり、この動きによって構想力は内官に暴力をふるうのであって、この暴力は、構想力がひとつの直観のうちへと総括する量が大きくなればなるほど、ますます顕著にならざるをえない。（第二七節 KU 258-9）

「数学的崇高」の章は、事物の大きさの美的（ästhetisch 直感的）評価にあたって、構想力の二つの働きを区別している。一方は、対象を部分表象においてそのつど直観に受け入れる働きであり、これは「把捉〔Auffassung〕」と呼ばれる。カントが言うように「把捉にかんしてはなんら困難はない、というのも、把捉については無限に進行することができるからである」（KU 252）。この働きは、引用した一節が示すように、ひとつの「前進〔Progressus〕」の過程として、空間的大きさを時間継起において少しずつ捉える働きだと言える。他方は、把捉された対象の諸部分を全体表象において一挙に直観に受け入れる働きであり、これは「総括〔Zusammenfassung〕」と呼ばれる。「総括はしかし、把捉が進めば進むほどますます困難になり、まもなくその極大に、つまり大きさの評価の美的＝直感的に最大の基本尺度に到達する」（ibid.）。把捉は無限に進行するが、総括には限界があり、そのとき「構想力がそれ以上に進むことのできないある最大の大きさ」に突き当たる。

カントはピラミッドの例を挙げている。それによれば、ピラミッドの雄大さに感動するにはある程度近づかなければならないにもかかわらず、近づき過ぎた場合には「美的＝直感的に最大の基本尺度」内に収まらなくなってしまうがゆえに「眼は底辺から頂点までの把捉を完成するのに、いくばくかの時間を必要とし、この把捉においては、構想力が後続する部分を受け入れてしまう前につねに先行する部分が一部消滅してしまい、総括はけっして完結しないのである」（ibid.）。

把捉と総括のこうした区別は、実のところ、そう簡単なものではない。まず両者は別々になされるわけではなく、構想力の美的呈示（大きさの評価としての）にとって複合的な操作であることに注意しよう。把捉はそれだけでは対象の部分を直観的に受容する働きでしかなく、当の対象の大きさの評価に結びつくことがない。把捉された諸部分は、総括の働きによってひとつの全体へ集約されて統合される必要があり、時間系列に沿って把捉を前進的に続けていく場合でも、対象に対してそのつどの把捉に応じた大きさ（いわば暫定的な全体性）が想定されるかぎりで（そもそも大きさをもたないものに把捉は不可能である）総括が行われるのである。そうでなければ、把捉が無限に進行すると述べること自体が不可能になるだろう。把捉が無限に前進するひとつの時間継起によって理解されうるのは（ちょうどカメラのシャッターの区切りが持続的な出来事の一断面を写真のフレームのうちに切り取るように）総括が把捉に付添い、その時間継起にいわばつねに一定のリズムを刻み込むかぎりだと言える。

ところで、引用された一節でカントが「把捉」に対して「総括」の概念をもち出すとき、これはあくまで「美的総括」として考えられているということが銘記されなければならない。カントの説明が必ずしも十分とは言いがたいためにしばしば看過されがちであるが、カントは「総括」にcomprehensio aestheticaとラテン語を添記することでその含意を限定しており（KU 251）、この語句が別の箇所ではcomprehensio logica（論理的総括）に対置されているように（KU 254）カントは実際には二種類の総括を想定している。[6] 把捉に随伴しつつ時間系列に沿って無限に進行しうるのは「論理的総括」の方である。「論理的総括」は、個々に把捉された対象の直観を、数の概念に即してひとつの時間系列へと統一するのであり、それゆえはじめに把捉された部分を保持しつつ、後続する部分へそのつど繰り返し結びつけることによってひとつの全体表象を得ることができる（これは第一批判の演繹論における「再現の綜合」A 100-3 の議論と同型である）。こうして数の概念的綜合に基づくかぎりで「大きさの論理的評価は、妨げられることなく、無限に進行する」（KU 254）。

他方、美的総括は、概念なしに把捉された諸部分を統一しようとする。引用した一節に立ち返るなら「多を思考内容の単一性のうちに」総括するのが論理的総括だとすれば、「直観の単一性のうちへと総括すること」こそ、美的総括である。後者は、論理的総括とは違い、把捉された諸部分を概念に即して時間継起へと系列化することがない。それは把捉の系列を中断し、直観の受容能力が許すかぎりにまで「一瞬間〔Augenblick〕」へと一挙に圧縮して呈示しようとするのである。美的総括が把捉（および論理的総括）の前進する時間条件を「廃棄し〔aufhebt〕、同時存在〔das Zugleichsein〕を直観的にする」と言われるのは、まさにこうした中断と圧縮の瞬間的操作のことを指している。そしてこの一瞬、構想力は直観（内官）の形式である時間条件（線状的に表象される時間継起）から逸脱し引き退くことになるのである。構想力のこの「背進〔Regressus〕」は、それゆえ、把捉の時間継起をたんに逆行することではなく、この時間継起を時間の内部から断ち切って把捉の系列を一瞬へと還元しようとするという点で、超越論的な遡行にも似た働きにほかならない。美的総括によるこの「背進」は、しかしながら、いかなる概念的な綜合からも客観的な認識からも解き放たれた純粋に主観的な操作であるかぎり、基礎づけの含意がある「超越論的遡行」という用語はふさわしくないだろう。それは、美的退隠とでもいうべき準-超越論的な瞬間を指し示すのである。(7)

構想力が時間継起から一瞬引き退くこのような美的背進は、内官のアプリオリな形式としての時間の流れを中断するように働くがゆえに「構想力は内官に暴力をふるう」と言われている。だが、総括すべき対象の大きさが「美的＝直感的に最大の尺度」の範囲内であれば、それは「暴力」として現れることはない。総括される直観の量がこの範囲内にとどまるかぎり、論理的総括の場合と同様、美的総括も把捉の連続的な時間継起と両立し続けることができるのであり、当の「暴力」は潜在的なものにとどまる。というのも、ピラミッドの例を再び引き合いに出すならば、観察者がピラミッドから「あまりに遠ざかった場合は、把捉される諸部分（重なり合った石）が不分明にしか表象されず、それらの表象は主観の美的判断になんら効果をもたらさないからである」。それゆえこの場合、美的総括はそのものとして生じる以前に、論理的総括と混じり合い、結果、構想力は概念的な綜合を通じてしか対象を呈示することができないだろう。(8)

「構想力が内官にふるう暴力」が顕在化するのは、総括される直観の大きさが構想力の呈示能力の限界に接近してくるときである。「この暴力は、構想力がひとつの直観のうちへと総括する量が大きくなればなるほど、ますます顕著になる」（KU 259）のであり、ひとたびリミット（限界＝境界）を超えてしまえば「構想力が〔把捉された〕後続する部分を受け入れてしまう前につねに先行する部分が一部消滅してしまう」（KU 252）ということが起きる。構想力の総括は、このとき呈示すべき全体表象に対処できず、自身の能力の限界を暴かれてしまう。このことから帰結するのは、構想力が、把捉としては無限に前進し続けながら、総括としては美的呈示の限界で背進を引き起こすことによって、把捉と総括とのあいだで二つに引き裂かれてしまうという事態にほかならない。こうして構想力の働きが分裂し把捉と総括の協働が失敗するまさにこのリミットで「構想力が内官にふるう暴力」は最大限に達し、美的総括の契機は、把捉とも論理的総括とも両立しえないものとして露呈することになる。

この議論の要点は、美的総括としての構想力の暴力が、構想力がみずからの能力のリミットにさしかかる局面において最大化しそれ自体として突出してくるということである。だがそこから強調されなければならないのは次の点だ。すなわち、このような暴力の最大化を美的総括の顕在化として取り出しうるとしても、それは、構想力がみずから総括しうる直観の最大量にまで酷使されることで、自身の限界を超えてしまい、その結果当の総括に失敗するかぎりにおいてであるという点、つまり構想力の総括的暴力は、そうしたリミットの侵犯と超出において構想力自身の抵抗に出会うという点である。この抵抗において浮き彫りにされるものは、結局のところ、構想力が呈示せんとして呈示しえなかった絶対的な全体の理念であり、総括の暴力に対するいわば反作用とみなされるべき理性の力である。カントは、構想力のリミットで暴力がせめぎ合うそうした過程を描き出すのに「ローマの聖ピエトロ寺院に一歩踏み入れた見物人を襲う狼狽もしくは一種の当惑」（KU 252）の例を挙げ、以下のように述べていた。すなわち、これは「彼の構想力が、ある全体の理念に対して、それを呈示するのに不適合であるという感情」なのだが、まさにそうした感情が生じるのは「構想力が、この感情のうちでその極大に達し、それを拡大しようと努力するにもかかわらず、自分自身のうちに逆戻りし、だがこのことによってある感動的な適意へと置き移される」（ibid.）そのような過程としてなのである。そしてこの「感動的な適意」が、崇高と判断される美的感情にほかならない。

かくして構想力が内官にふるう総括的暴力は、総括のリミットにおいて「構想力を自分自身のうちに逆戻り〔zurücksinken　後方に沈み込む〕」させるようなもうひとつの対抗暴力に出会うのだが、それは、後者の暴力が、構想力（総括的暴力としての）の無能を暴くとともにその能力をさらに増幅させるような「心の拡張」や「努力」をいっそう促すという仕方においてである。この対抗暴力こそ、前節で見たような、構想力に対する二重の暴力（破壊的かつ構成的）として理性が構想力に及ぼす暴力、すなわち「理性の道具」として構想力がみずからにふるう自己暴力として現れているのだ、ということを強調しよう。

5　構想力の自己犠牲

構想-暴力が指し示すことになるのは、したがって、次のような事態である。まず、崇高なものの呈示において、理性と感性のあいだを媒介する構想力の働きがある。構想力は、媒介者のかぎりでは感性（下級能力）と理性（上級能力）に対して自律的な地位をもたず、感性（直観の受容性）の補足的で代理的な従属物にすぎない。だが、カントの崇高論は、感性が理性に対してとり結ぶ関係を、さらには、理性理念をその呈示不可能性によって呈示するという感性の能力を、構想力の自己犠牲の過程として描き出す。これは、構想力のある種の自発性なしては説明されえないような、暴力の自己反照的な構造として説明できる。すなわち、(1) 構想力が美的に総括しうるリミットを超えようとする瞬間、構想力が感性にふるう暴力は最大値に達し、みずからの感性的条件を廃棄することによって、いわば構想力の自由を確保するのだが、(2) こうした「自由」はしかし、感性形式から解き放たれた構想力が、ただちにその反動から、理性の対抗暴力を構想力自身の自己暴力として蒙ることを代償に得られるのである。この自由の代償は払われるに値する。というのも (3)「このことによって、構想力はそれが犠牲に供するものよりも、もっと大きな拡張と勢力とを獲得する」(KU 269) からである。つまりこのときまさに「構想力の自由が構想力そのものによって奪われるという〔崇高なものの〕感情」を通じて、構想力の自己暴力は、構想力の能力を理性にむけて拡張するよう促すのである。

要約すれば、構想-暴力は、構想力の呈示能力のリミットとの関連で、次の三段階に整理されよう。(1) みずからのリミットを超えつつある瞬間に最大限に働く、構想力が感性的条件を廃棄するという総括の暴力。(2) 構想力がみずからのリミットを超えて呈示に失敗するという構想力の自滅的な暴力。と同時に(3)その犠牲を梃子にして当のリミットそのものを高めるという構想力の自己構成的な暴力。構想‐暴力は、構想力が、自己犠牲の論理を介して、理性への適合ないし理性理念の呈示にむけてスパイラル状にみずからを増強していく三重の構造によって理解されるのである。

このような構造のひとつの重要な帰結は、それが『判断力批判』において「趣味の形成と開化〔Kultur〕」(KU 170)と呼ばれるものの一種の超越論的な原理を説明するということである。というのも「趣味判断においては、自由な状態にある構想力が考察されなければならない」(KU 240)以上、まさに構想‐暴力の構造には、構想力が最大の自由においてみずからを増強してゆく諸段階がすぐれて描き出されているからだ。かくして文化的経験――さらにいえば「啓蒙」――の進行の核心には、つねに美的暴力としての構想‐暴力が、構想力を破滅と再生の試練に曝す犠牲の過程があることになるだろう。

ならば最後にこう問わざるをえない。構想‐暴力が「文化＝開化」の過程として、構想力がみずからを形成し教化してゆくという教養主義(カルチュラリズム)の目的論的原理に組み込まれて理解されるかぎり、もはや「暴力」は暴力とは言えなくなってしまうのではないか。ひとたびこの語の破壊的な脅威を文字通り厳密に受け取るならば、この原理は、次のような危険をつねにみずからの不可能性の条件として留保していると言えないだろうか。すなわち、構想‐暴力が構想力をそのリミットを超えて自己犠牲の試練に曝すとき、構想力の能力を拡張し損なって取り返しのつかないまでに破壊してしまうという危険である。実際、カントは呈示不可能性の限界的呈示としての「崇高なもの」の向こう側に「途方もないもの」というたんなる呈示不可能性の契機を指摘していた(「ある対象が途方もない〔ungeheuer 怪物的な〕のは、この対象がみずからの大きさによって、この対象の概念を形づくる目的〔呈示を可能にする合目的性と解されたい――引用者註〕を破壊する場合である」KU 253）。このような契機は、まさに文化の弁証法的原理には回収されえないような、構想－暴力の徹頭徹尾「途方もない」破壊的な性格を明らかにするだろう。またそれだけに、構想－暴力の構造のうちに残された最終的な剰余として考察されなければならないだろう(9)。

つまり最後に付け加えるべき洞察はこうだ――たしかに構想－暴力の構造は、構想力が理性への適合にむけて構想力を高めるという自己形成の原理（文化の超越論的原理）を説明している。しかしそうであるとするならば、これは、構想力自身がそのような原理から逸脱しこの原理をいっそう致命的に破壊しかねないような威力、構想力の根本的に統御不可能な威力をも、この構想－暴力が高めているのだというかぎりにおいてなのである。いわば「啓蒙の野蛮」（アドルノ＝ホルクハイマー）が表裏をなす、まさにこのような意味においてこそ、構想－暴力は、構想力に対して構成的であるとともにどこまでも破壊的であるような二重の自己暴力だと理解しなければならない。

次章では、こうした構想－暴力が顕在化する美的判断のケース・スタディとして、「吐き気」の問題を取り上げることにしよう。「吐き気」の感情を問うことを通じて次第に明らかになってくるのは、構想力における崇高なものの暴力が、以上に記述された構想力の自己犠牲の論理のうちにけっして回収することができないという可能性である。そのとき「吐き気」は、崇高《サブライム》の否定的呈示の論理が抱えるアポリアを問い直しうるような、パラサブライムな契機として捉え直されるだろう。つまり「吐き気」ないし「嘔吐」において露呈する感性の瞬間的な否認の経験は、それ自体としては表象不可能な感性的なものの臨界においてそれでもなお発動する暴力の経験、いわば、感性的な危機における決定の経験として現れてくることになるのである。

四　吐き気

「吐き気」（独：Ekel／仏：dégoût [nausée]／英：disgust）は、人間の感性的経験のなかで、強い拒否反応を示す感覚である。すなわち、文字通りには胃の内容物を吐き出したくなる気持ち（嘔吐感、嘔気）を指し、一般に激しい嫌悪感、不快感、むかつきを意味する。カントの『人間学』の定義によれば、「いったん摂取したものを食道の最短経路を通じて外に出すという刺激衝動」であり、これは「ひとつの強烈な生命感覚」として人間にあてがわれている。というのも、生命維持のために食物を体内に取り入れるという「この親密な摂取が、かえって動物にとって危険となりうるからである」（第二一節）[1]。したがって吐き気とは、感性が、一方で〈健全に咀嚼しうるもの、体内化可能なもの〉と、他方で〈受けつけないもの、唾棄すべきもの〉とを峻別するという限界の経験である。つまり、生命を脅かす危険を感性的な拒絶において払い除けようとする、危機の経験なのである。この感性的な拒絶においては理知的な推論も概念的な分析も必要とされず、一瞬にして事は決する。吐き気は、なにか異質な他者に直面したときに瞬間的に下される受容／排斥の決定、尖鋭な否認の行為に直接関わっている。

「吐き気」が感性的な否認であるということ、これはしかし、摂食行動において人間の知覚システムや感覚器官の本能的反応として問われるような、たんなる生物学・動物生理学的な問題なのではない。いま引いたカント『人間学』の直後に続くパラグラフを読んでみよう。「ところでまた、思考の伝達において成り立つ精神的摂取

＝享受というものもあるが、しかしこれがわれわれに無理強いされて、しかも精神の糧としてはわれわれに何の益にもならないような場合には、心はこれを厭わしく感じる（たとえば、機知に富み、あるいは楽しくあるべき着想も、千篇一律に繰り返されると、その単調さゆえにわれわれ自身にとって害あるものとなりかねない）。それゆえにそのような強いられた享受をまぬがれようとする自然の本能は、類比によって同様に吐き気と名づけられるのである」。「吐き気」は、人間の自然本能の衝動として生ずるだけでなく、「精神の摂取＝享受〔Geistesgenuß〕」における働きとして、種々の象徴的な意味を帯びた文化現象の次元において生じてくる。たしかに、精神にとっていかなる享受ももたらさない、通り一遍のステレオタイプな考えの反復は、厭わしく、唾棄すべきものと感じられるだろう。カントがここで用いる「享受」という語は、『判断力批判』においては、主観の関心に結びついた快適さや満足の感情を示す術語であるが、それがここでは「精神の享受」として語られることで、この意味での「吐き気」が、まさに「精神」にとっての趣味判断の問いに通じていることを示唆してもいる(2)。そもそも（カントの仏訳において）「吐き気」に相当する語 dégoût からただちに見て取れるように、この感性的な否認は、趣味（goût）の問題、すぐれて審美的《エステティック》な経験にかかわる問題なのである。

ヴィンフリート・メニングハウスの画期的な労作『吐き気——ある強烈な感覚の理論と歴史』（以下E）は、「吐き気」の形象が、十八世紀から現代にいたるまで、西洋近代における文学・哲学・芸術といった、さまざまな表象文化に通底する根本的な経験だということを包括的に描き出してみせた。本書は、ヴィンケルマン、レッシングといった古典主義の文学・思想から、カントを経て、ニーチェ、フロイト、そしてカフカ、バタイユ、サルトル、クリステヴァといった二〇世紀の作家・理論家の著作までを広く検討の対象とし、「過去二百五十年にわたる、吐き気の主要な理論化」（E9〔四〕）をたどり直している。本章では、この研究を前提としつつも、それとは異なる視点から、「吐き気」をめぐる問いが、カント美学＝感性論（エステティクス）の隠れた射程を引き出すものであることを示してみたい。そのためにわれわれは、「かたち（形式、フォルム）」の問題系を手がかりとしよう。「かたち」の問いへと接続されることで、「吐き気」の感性的否認は、美的判断力の理論にとって、どのように現れてくるのだろうか。

1　不定形なもの

イヴ＝アラン・ボワとロザリンド・E・クラウスがパリのポンピドゥー・センターの展覧会（一九九六年）のために著したカタログ『アンフォルム――使用説明書』（以下F）[3]は、「不定形〔informe〕」の概念を積極的に打ち出すことによって、形式／内容の二項対立に拘束された従来の解釈枠から二〇世紀芸術の諸実践を解き放ち、その歴史的布置を書き換えようとした野心的な企てとして知られている。この書物の扉の部分にいわばエンブレムのように掲げられたテクスト、それがボワとクラウスがみずからの企ての起点として選んだ、ジョルジュ・バタイユの「不定形」と題された以下のテクストである。

辞典というものは、語の意味などよりも語の職能を与えるときに、はじめて辞典たりうるのであろう。したがって「不定形な」という語は、そうした意味をもつ形容詞であるばかりか、すべてのものはいずれも形をそなえているべしと一般的に要求することによって、価値下落〔déclasser〕に働きうる用語でもあるのだ。

この用語が指し示すものは、いかなる意味においても権利をもたず、蜘蛛や蚯蚓《ミミズ》のようにいたるところで踏みつけにされるのである。実際、学者たちが満足するためには、宇宙が形をなす必要があろう。すべて哲学というものはそれ以外の目的をもつものではない。つまり存在するものにフロックコートを与えること、数学的フロックコートを与えることが問題なのである。それに対して、宇宙が何ものにも似ておらず「不定形」でしかないと主張することは、宇宙がなにか蜘蛛や痰のようなものであると言うに等しい。(4)

これは、バタイユが一九二九年に雑誌『ドキュマン』において「批評辞典」の一項目として発表したテクストである。ここに現れた「不定形」という術語を再解釈し、アートシーンの諸文脈において理論的かつ実践的に使用しうる概念として提出することが、ボワとクラウスの企ての主要な賭け金をなしている。では、当の「不定形」はどのような意味をもつのか。しかし、この語に対して「意味」や「定義」を積極的に求めること自体が、バタイユによれば誤りとなるだろう。というのも、ここでバタイユは「不定形」の定義を示そうとする手前で、そもそも辞典とは「語の意味」ではなく「語の職能＝仕事〔les besognes〕」を与えるものだという点に辞典の本質を見ているからである。結局のところ、バタイユは「不定形」という語の定義をすることを拒否している、とボワは強調している。つまりここでバタイユは informe という語を、「不定形な」という意味をもつ形容詞としてではなく「価値下落」を惹き起こす働きとして捉えることで、それが実際に使用される職能を示しているのである。「不定形」は——とボワは述べる——「われわれが指示しうるような安定した意味、象徴化可能なテーマ、所与の質であるというより、価値を下落させ、分類秩序を混乱させるという二重の意味において、クラス＝階級価値からの離脱〔declassification〕を可能にするものである。それ自体において、それ自体としては何ものでもなく、〈不定形〉は、操作的な存在をもつにすぎない。つまりそれは、猥褻な語のように、パフォーマティヴであり、その暴力は意味論から来るのではなく、まさにそれが発せられる行為そのものから来るのである。〈不定形〉はひとつの操作なのだ」（F 18〔一八、二〇〕）。

以上のように解釈されるとき、「ある物が不定形である」という判断は、たんに何か輪郭を欠いた、もやもやしたものを描写的に記述する命題なのではない。この判断は、まさにそう発話されることによって、当の物を形をそなえたものに値しない、貶下すべきものとして価値づけ（価値下落させ）、既存の秩序には適合しない分類不可能なもの（分類秩序を混乱させるもの）として放逐せんとする、そのような発話の効果によって理解されるところの判断なのである（言うまでもなくこれは、言語行為論的な観点から説明されている）。実際、本書においてボワやクラウスが取り上げる「不定形な」作品（ポロック、ウォーホル、ロバート・スミッソン、シンディ・シャーマン等）は、たんに形が曖昧模糊とした外見をもつということではないし、そのことを主題としているわけでもない。厳密にいって、端的に形を欠いたもの、無形のものは、作品として同定されることすらないだろう。逆に言えば、「不定形な」作品はなんらかの形をそなえていなければならない。モダニズムの既存の解釈枠にとって侵犯的で攪乱的な形式をもつということ、すなわち、みずからの「内容と形式の対立――これはそれ自体が形式的であり、二項対立から生じる――そのものを攻撃することによって、その虚無と空虚を明言し、モダニズムから袂を分かつこと」（F 16〔一四―五〕）、こうした性格が「不定形な」作品の最小限の形式をなしているのである。このような意味で「不定形」という語は、作品の記述的な形容ではなく、作品の価値づけ（ないし価値下落）そのものに介入する「操作的な」概念となる。

もちろんこれだけでは「不定形」の概念を理解するにはいまだ抽象的な説明にすぎない。バタイユのテクストの後半部を読もう。そこで「不定形なもの」は、たんに「すべての物は形を持つべしという一般的要求」に照らして貶められるべきものであるだけでない。バタイユの記述はもっと具体的だ。形をもつことが、フロックコートをまとうかのように正装によって身なりを整えることとみなされているのに対し、不定形なものは「蜘蛛や蚯蚓のようにいたるところで踏みつけにされる」もの、「蜘蛛や痰のようなもの」として描き出されているのである。このような描写が与えられる背景には、バタイユにとって、不定形なものが、所与の価値観にとっておよそおぞましいもの、唾棄すべきもの、吐き気をもよおさせるものとの強い結びつきにおいて理解されているという事情がある。これは、三〇年代のバタイユがシュルレアリストたちとの論争を通して練り上げていた「異質学(ヘテロロジー)」の構想に由来するものであり、そこでバタイユは知的体系や観念論にはけっして還元されえない「異質なもの」の探究に向かっていた。当時バタイユが書いたと推定される「D・A・F・ド・サドの使用価値」では、この異質学の概要が素描されており、そこに引用されていたのは、次のようなサドの『新ジュスティーヌ』からの一節である。

ヴェルヌイユは脱糞させ、糞を食べ、そして自分のを食べさせようとする。彼が糞便を食べさせた女は吐き戻す、すると彼は彼女が吐いたものを貪り喰う。(5)

このスカトロジーの実践は、まさにバタイユのヘテロロジーを要約するものとして読まれなければならない。(6)食物摂取による体内への同化吸収が「同質性」を達成する働きであるとするならば、それに対して、排泄行為に見いだされるべきは「異質性」である。つまり「異質なもの」とは「同化しえない排泄物であり、定まった形をもたないもの、つまりは観念と一致する形態をもたず、まさに不定形であることがその規定となるようなものである。それは悪臭ふんぷんたる物質であり、不要なもの、何ものの原料ともなりえない物質であり、低劣であるがゆえに注視されず、そして見られる必要がなく、不定形であるがゆえに明瞭には観察されることがない(7)。かくしてバタイユの異質学は、排泄物や吐瀉物のように、そのものとしては同化しえない「異質なもの」を、形を欠いた認知しえない何ものかとして、それ自体同化不可能な他者として受け入れ、肯定することを要求するのである。

「不定形なもの」をすぐれて特徴づける、おぞましいもの、吐き気をもよおすもの、醜悪さに満ち、汚辱に塗れた唾棄すべきもの。その還元しえない異質性において「不定形」の侵犯的で破壊的な力を見いだし、その力を最大限に解放しようとする企ては、バタイユのヘテロロジーの構想から半世紀後、ジュリア・クリステヴァ『恐怖の権力――アブジェクション試論』によって大きな理論的達成をみることになるだろう。「ある食物、汚物、屑、塵芥に対する嫌悪感〔dégoût〕。私の身を守る痙攣や嘔吐〔vomissements〕。汚穢、掃き溜め、不浄から私を引き離し、身を背けさせる反感やむかつき。妥協、優柔不断、裏切りの醜悪さ。これらのものへ私を導いてゆくとともに切り離しもする、魅入られたような不意の動作(8)」――このような作用を惹き起こすアブジェクションは、対象＝客体（objet）の形式を欠いたもの、そのようなものとして切り離され（ab-）投げ捨て（ject）られたもの、排斥し唾棄すべき（abject）ものの働きを指している。クリステヴァは、この「アブジェクション」の主題をめぐって、聖書の記述からセリーヌの文学にいたるまで多様な文献を渉猟し、構造主義以降の精神分析や文化人類学等の知見をふんだんに盛り込みながら、この概念の含意を幅広く展開する集大成的な研究を成し遂げた。

ところで、前述の『アンフォルム』においてロザリンド・クラウスが批判の標的としていたのは、「不定形」

を、まさに吐き気をもよおさせる汚物的対象との結びつきによって理解し、その実体において「アブジェクション」というテーマへと還元しようとする同時代の傾向であった。当時「アブジェクト・アート」としてもてはやされていた流行は、クラウスによれば、「不定形」についてのこうしたテマティックな理解にみずからの根拠を見いだしていたのであり、これは、バタイユに由来する「不定形」の賭け金を著しく損なうものにほかならない。[9]クラウスにとってこのような誤解をもたらした権威こそ、クリステヴァなのである。バタイユの「不定形」概念が、「諸々のカテゴリーを課すことそれ自体への攻撃についてのもの」であるのにもかかわらず、クリステヴァの企ては「ある種の対象をアブジェクト──老廃物、汚物、体液、等々──として回復する」ことへと動機づけられており、「バタイユに反している」。クラウスに言わせれば、「〈これまで貶められていたもの〉が〈特権的なもの〉となるために諸々の身体的実質を特徴づける──そうしたことが「アブジェクション」を援用する芸術にあてはまる──というような方法」は「子供じみたやり口」にすぎないし、「バタイユが支持するようなもの」でもない。にもかかわらず「そのようなやり口をもたらすのを認可することがクリステヴァの企図の深い核心にある」[10]というわけだ。要するに、クリステヴァ流の「アブジェクション」は、身体的実質のうちに「諸々の本質と実体のテーマ系を生み出すという点で、「不定形」の観念との絶対的な矛盾のうちにある」のである(F 245〔二七六〕)。

クラウスのこうしたクリステヴァ批判は、非常に攻撃的なものであり、おそらく過度に論争的な調子を帯びている。実際、クリステヴァの『恐怖の権力』は、たんにアブジェクトな対象の一覧表を作成してテマティックな記述に終始しているわけではないし、アブジェクションがまさにクラウスらが主張するような「不定形」の「操作的」効果として侵犯的に働く要素を分析してもいる。[11]他方、先に見たように、バタイユのテクスト自体が「不定形」という語を、アブジェクトな対象やスカトロジーといったものとの結びつきにおいて説明している以上、クリステヴァへのこうした激しい批判は、いささか公平さを欠いたものだと言わざるをえない。だが、それにもかかわらず、アブジェクトな要素をテーマ的に通覧しようとするクリステヴァの文献学的営為が、バタイユの不定形の概念において真に問題とされていたものの焦点を全体としてぼやけさせてしまっているということも事実なのだ。「不定形」がバタイユにおいて〔語の意味ではなく〕「語の職能」として提示されたものであり、「語のあらゆる意味で脱クラス化する〔価値下落させる〕作用」（F 252〔二八五〕）にこそ、この概念の破壊的な本質があるのだとすれば、クリステヴァのように「不定形」の作用をアブジェクションの主題系へと整理・要約してしまうことは、アブジェクションというカテゴリーを強化しこそすれ、このカテゴリーすらも逸脱し破壊する「不定形」の概念の真価を見定めることにはならないだろう。ボワとクラウスの企ては、多少の文献学上の不正確さという犠牲を払っても、この語が「職能」として担う働きを尖鋭化させることによって、「アブジェクト・アート」が完全に取り込まれてしまっている、意味論的なもの、主題論的なものへの隷属からわれわれの思考を解放（ibid.）せんと試みるのであり、この点では、バタイユの「不定形」概念をその可能性の中心において積極的に継承し読み替えてゆく、最良の試みをなすのだと言うことができる。

問題は、かりに不定形の概念とアブジェクションとの結びつきが否定できないとしても、「吐き気をもよおす対象——汚穢、腐敗物、鬼畜、死骸——から切り離して「アブジェクション」を思考すること」（F 245〔二七六〕）である。そうした試みを説明して、クラウスは「この概念を「変質＝他化」のプロセスとして操作的に思考すること」の必要を主張し、「つまり、このプロセスにおいては、いかなる本質化された固定的な術語もあるわけではなく、たんに力の場のなかでのエネルギー、たとえば、そうした力の場の両極を、まさにいかなる対立項も堅持できなくなるような仕方で記しづける語そのものに働きかける、そうしたエネルギーしかない」（ibid.）ということを強調している。だが、こうした主張の重要性を最大限認めた上で、なおも疑問は残る。こうした主張は事実上維持不可能ではないだろうか。不定形の概念をその「操作的な」効果において捉え、アブジェクションを「吐き気をもよおすもの」から引き離そうとする、こうした主張が権利上どれほど正当なものであろうと、不定形やアブジェクションを、吐き気のような激しい感覚的な意味や実質にまったく依拠することなしに、それ自体として理解することができるのだろうか。不定形やアブジェクションの概念を、純粋な「変質＝他化」のプロセスにおいて捉えることで、あらゆる意味論的ないし主題論的要素をそこから取り去ってしまうとき、われわれはどのような経験に対して「不定形」や「アブジェクション」という語を用いればよいのだろうか。「変質＝他化のプロセス」や「力の場のなかでのエネルギー」に対してだろうか。とすれば、なぜ、そうした語を用いる必然性があるのだろうか、別の語でもいいのではないか。というのも、そうした必然性を説明すべき意味論的要素も主題的要素も、もはやこれらの語はもっていないのだから。だが、これでは順序が転倒しているだろう。そもそもは、そのような「変質＝他化」や「エネルギー」の根本的な経験を説明するためにこそ、「不定形」や「アブジェクション」という語が引き合いに出されていたはずだからだ。要するに、それらの概念から意味論的・主題論的要素を完全に除去し「エネルギー」へと還元してしまうことは、純粋なシニフィアンとしてそれらを理念化し超越論化することではないだろうか。純粋なシニフィアンとして、とはつまり、これらの語が拘束され規定されているはずの、いかなる個別的な状況やコンテクストをも越えた、したがって、そのいかなる個別性にも応答しているわけではない、そうした空虚で抽象的な語として、ということである。

クラウスは、既存のアブジェクト・アートへの批評（ここではシンディ・シャーマンの作品に対するローラ・マルヴィの批評）が、結果的に、アブジェクションのテーマ系（女性の身体に見いだされた傷）へと作品の意味を実体化していることに異議を唱え、その論拠をデリダのラカン批判に求めている。ポーの小説『盗まれた手紙』についてのラカンの分析では「シニフィアンの純粋に示差的な操作と称されたもの」が示されているわけだが、クラウスによれば、デリダは、そうしたものに対して「内密裡に生ずる「意味作用一般の効果」――シニフィエ――の横滑り作用」を攻撃したのだという(F 244〔二七六〕)。だが、こうした援用は、完全に的を外している。というのも、ラカンの主張する「シニフィアンの純粋に示差的な操作」は実のところそれ自体として維持不可能であり、その操作のうちに「シニフィエの横滑り作用」が「散種の力」として不可避的に介入してくるのだ、という論点がデリダのラカン批判の要諦をなしていたからである。[12] デリダは、シニフィエの偶発的な横滑り作用をむしろ積極的な契機と捉えているのであり、いかなる理念化や実体化も受け付けないはずの「シニフィアンの純粋に示差的操作」それ自体を「内密裡に」理念化し超越論化するラカンの挙措をこそ批判していたのである。したがってこれと同じ批判が、バタイユの「不定形」の概念からあらゆる意味論的ないし主題論的要素を除去し、その核心を純粋な「変質＝他化」や「エネルギー」へと要約しようとするクラウスの試みに対してもあてはまるだろう。結局のところ、クラウスがクリステヴァやアブジェクト・アートの流行を批判するなかで理論的に主張しているのは、バタイユの「不定形」概念のラカン的な洗練への要求であるように思われる。すでに見たように「不定形なもの」は、それ自体端的に形を欠いたものや無形のものであってはならず、内容／形式、あるいは形式／無形式といった二項対立そのものを侵犯し動揺させるべき最小限の形式をもつものでなければならなかった。[13] しかし、純粋なシニフィアンという意味の真空状態においてはそのような侵犯的形式は作動しない。この最小限の形式は、なんらかの意味論的な要素を「横滑り作用」によって導き入れることによってしか、機能しないのである。

もちろんボワとクラウスの『アンフォルム』での企てが、バタイユが『ドキュマン』の「批評辞典」で主張していた「語の職能」を提示するという実践を、たんに擁護したり繰り返したりするのではなく、現代芸術のコンテクストに即してまさにパフォーマティヴに再演してみせた優れた試みであることには変わりはない。ただ、われわれが明確にしておきたいのは、「不定形」という「語の職能」を強調し、その意味論的ないし主題論的な実質——アブジェクションや吐き気の対象——を払拭しようとするだけでは、「不定形」が行使すべき、侵犯的で攪乱的な「変質＝他化」の効果はけっして実現されないという点である。要するに、この効果を実現するために、クラウスは、自身が攻撃していたはずの「シニフィエの横滑り作用」を「内密裡に」持ち込まねばならない——いわゆる「行為遂行的矛盾」を犯す——のであり、そうであるかぎり、クリステヴァにおけるような「不定形」のテマティックな要素の回帰を批判することはできないはずなのだ。実際『アンフォルム』を優れた著作にしているのは、この企てが、「不定形」に結びつくべき諸辞項を四つのモティーフ（低次唯物論、水平性、パルス、エントロピー）に大別・整理し、その可能性をアブジェクションの概念には収斂しない仕方で新たに書き換えてみせたからである。にもかかわらず、みずからの試みには、「不定形」の含意をカテゴリー化したり実質化したりする要素がなんら伴っていないとクラウスは主張できるのだろうか。

問題とすべきは、しかしながら「不定形」の概念をひとつの超越論的なシニフィアンとして理念化することでも、それをたんに批判することでもない（というのもそのような理念化はあらゆる理論的作業に不可欠な要素であるのだから）。そうではなく、そのような超越論化を施したとたん、ただちに「横滑り作用」によって回帰してくる意味論的なり主題論的なりの諸要素を、そのものとして受諾し、どのように働かせるがままにすることができるのか、ということなのである。ボワとクラウスがとった戦略は、結果的には、「不定形」の概念をアブジェクションや吐き気の対象からいったん切り離した上で、その可能性を転位させることであったと言うことができる。

以下では、バタイユ＝クリステヴァの系譜で生じた問題系から離れ、「形」ないし「不定形」への問いから「吐き気」の形象が反復されてきた歴史‐理論的文脈を、カント美学の問題系のうちに見定めることにしよう。これは、ボワとクラウスのように「不定形」の概念を「吐き気」の形象からたんに分離するのではなく、むしろカント美学における両者の構造的な連関のうちで、「吐き気」の概念そのものを新たに書き換えるよう、われわれを促すはずである。

2　美の形式

カントの『判断力批判』では、「形」ないし「不定形」の問題は、主観の美的判断として表出される二つの基本様態、美と崇高の差異に直接関わっている。すなわち「自然の美しいものは対象の形式に関わり、この形式は限定を旨とするが、これに反して崇高なものは、無形式な対象においても、見いだされることができる」（KU 244）。『判断力批判』が美と崇高の違いを明確に述べている箇所はそう多くはない。その限られた箇所のひとつであるこのくだりを一読するかぎり、一方で美は、感性的対象の形式的限定によって、他方で崇高は、感性的対象の無形式（不定形）ないし無限定性によって見いだされるということが定義されているようにみえる。つまり当の対象の有形性と無形性が、美と崇高の差異をなすようにみえる。しかし誤解しないようにしよう。そもそもカントにとって、ある対象を美とみなす美的判断が基づいている「形式」とは、「対象の形式」といっても、この対象の認識に結びついた客観的な目的や概念の形式ではなく、「表象の主観的合目的性のたんなる形式」（KU 222）と呼ばれるものである。この形式は、けっして美的対象の〈かたち〉として通常理解されるもの（たとえば事物の明瞭な輪郭、幾何学的規則性や概念形式など）を意味してはいない。どういうことか。

このことを「自由な美（pulchritudo vaga）」と「付随的な美（pulchritudo adhaerens）」という有名な区別（第一六節）に即して説明してみよう。前者は「対象が〈何であるべく定められているか〉のいかなる概念」（対象の目的）も前提されておらず、そうした概念に拘束されていないという意味で自由である。対して後者はそうした概念が前提されており、美の純粋性は、当の対象を規定する概念によって損なわれている。すなわち、カントの定義によれば、「前者の種類の美は、あれこれの事物の（それだけで存立する）美と呼ばれ、他方の美は、ある概念に付随するもの（条件づけられた美）として、ある特殊な目的の概念のもとにある諸客体に付与される」（KU 229）。そこで「自由な美」の具体例としてカントが挙げるのは、自然美として見いだされる野生の「花」や「鳥」「海の貝類」、芸術美としては（いわゆる芸術作品ではなく）「ギリシア風の線描」「額縁や壁紙などにみられる葉形装飾」「さまざまな渦巻き模様」、あるいはせいぜいが「音楽における幻想曲（テーマなしの）」といったきわめて素朴な例である。その例が素朴なのは「それだけでは何も意味せず」、所与の概念に規定されることなく、その表象が端的に主観に与えられるからにほかならない。他方「付随的な美」としては、「人間の美」（男性美、女性美、子供の美等）や「馬の美」「建物の美（教会、宮殿、武器庫、東屋としての）」といったものが挙げられている。そうした美が「付随的」であるのは、まさにその美が従属している人間や馬や諸々の建物の形、それらの概念形式に依存することで成立している美だからである。そのような例にあっては、人間、馬、建物といった概念なしには、美は見いだされることはできないだろう。

だが、カントの挙げる具体例に拘泥しすぎないようにしよう。具体例に即してみるかぎり、「自由な美」と「付随的な美」との区別は、実のところ曖昧だ。カントが「自由な美」として自然界に見いだす「花」「鳥」

「貝」もまた、まさにそのような花や鳥や貝という概念を前提とすることでその美的対象は見いだされているのではないか、そのかぎりで自由な美ではなく付随的な美に堕してしまうのではないか、と反論することはつねに可能だからである。実際、カントは「植物学者」が「花において植物の生殖器官を認識する」ような場合には、この花が「自由な美」ではないことを認めている（KU 229）。だが、カントの強調点は、当の植物学者さえ「趣味によってその花を判断するとき」つまり「その花の自然目的を顧慮しない」場合に、それは「自由な自然美」として判断されうるのだ、ということである。逆に言えば、一見「付随的な美」のようにみえるもの――カントの例では「遊歩庭園」「室内装飾」「さまざまな趣味豊かな什器」（KU 242）――でも、規則性の束縛から解放されて「表象諸力の自由な戯れだけが楽しませるような場合」ならば、「自由な美」に数え入れることができるのだ。したがって、カントにおいて、美についての判断が基づく「対象の形式」とは、いかなる意味においても、当の対象の輪郭を縁取る形、より一般に、その対象を規定している意味形式や概念形式なのではない。ましてや、カントのいう美の形式を、たとえば幾何学的な図形性や数学的規則性としての形式（あるいは形式主義的な美）として理解することは根本的に誤りとなるだろう（実際カント自身「コショウ畠」の「合規則的な美」に対置させて「一見無規則な野生の美」――「森」「暖炉の火」「さらさら流れる小川」――の方を純粋な美として説明している。KU 243）。

カントが美的判断の形式として強調する要点は、判断の対象から、所与の概念形式や認識の枠組みをすべて取り払い、いかなる予断や関心も前提とせずにそれを受けとめるという主観の側の態度変更に存している。この態度変更を通じて下される美的判断の「形式」は、対象の客観的な目的概念として〈何であるべく定められているか〉をアプリオリに規定した概念規定の形式ではなく、徹頭徹尾そうした概念形式を欠いた形式性、客観的な目的概念を欠いた端的に主観的な形式性であり、カントによれば「純粋に主観的な合目的性」としての「たんなる形式」と言うべきものである。これは、所与の形式を取り外すという態度変更の、「形式」、形式解除そのものの「形式」と理解することができるだろう。だがこれは、きわめて奇妙な「形式」だ。というのも「形式」という語が、定義上 forma finalis（目的形相）として与えられる以上、すなわち、それ自体は捉えどころのない多様な物質＝質料をなんらかの限定や規定によってかたどるものとして、結局のところ、なんらかの概念や目的や意味の枠組みとしてはじめて理解される以上、一切の目的や概念を排したところに形式というものは積極的には考えられなくなってしまうからだ。にもかかわらず、この「純粋に主観的な合目的性の形式」をカントが「目的なき合目的性」（KU 227. etc.）として特徴づけたことはよく知られている。これは、概念なき概念性、形式なき形式性ともパラフレーズしうるような否定的＝消極的な形式であり、敷衍すれば、形式を解除されていることの形式、形式から自由で形式が戯れていることの形式、そのような意味で、積極的な形式を欠いていることの形式、不定形なものの形式なのである。これはしかし、けっして形式の端的な不在や不定形そのものを指し示しているのではない。判断の対象から、概念や認識の形式をすべて取り払い、いかなる予断や関心も紛れ込まないようにするという主観の態度変更自体が「美の形式」を可能にするわけではない。美の形式は、そうした主観の態度変更を条件としてはいるが、態度変更し所与の概念形式を消去しさえすれば、美の形式が立ち現れてくるというわけではないのだ。

　美的判断がみずからの根拠としているこのような「形式なき形式性」はそれでもやはりなんらかの「形式」性、否定的な形式であるかぎりでの「形式」をもつ。では、いったいどのような「形式」なのだろうか。この否定的な形式は、そのものとして積極的に定義づけられることをあらかじめ拒否するのだが、にもかかわらず、そこに「形式」が語られようとしている以上、言うなれば、形式がそれとして見いだされたとたんに、そのせいでみずからを消去してしまうような自己退隠的な形式なのだと考えることができるだろう。つまり、美の形式とはまさに当の形式が解除され引き退きゆく運動そのもののこととして理解されるのである。[14] このような、いわば形がみずから解きほぐれるような形式としての美的対象は、さきに言及したようなカント自身の例、「森」「暖炉の火」「さらさら流れる小川」「ギリシア風の線描」「葉形装飾」「さまざまな渦巻き模様」「唐草模様」といった例――それらはどれも明確な輪郭や用途をもたないはずのものだ――のうちに、あるいは「庭園における英国趣味」や「家具におけるバロック趣味」（KU 242）とさえ述べられている美についての表現のうちに、その近似的な事象が示されているだろう。しかしそれらはどこまでも近似的な例でしかない。そのような具体例としてあらかじめ提示しうる現実の現象的な対象は、所与の概念や意味の形式によってつねにすでに媒介されざるをえないからである。そうした例は例として積極的に提示されるやいなや、美の形式が排除しなければならないはずの〈何であるべく定められているか〉のアプリオリな規定をたちまち招き寄せてしまう。そのような仕方であらかじめ予期されたところには美の形式はけっして見いだされることはないのである。

美は、たんなる形式の不在ではなく、それでもなお形式の不在の「形式」として指し示されるからには、まったく予期されていないというわけではない。だがその「形式」は、概念や目的の規定的な形式をもつものではない。それは、出現するやいなやもはやそれ自体としては見いだすことができないという不可能な「形式」なのだが、にもかかわらず、そのような形式が出現してくる可能性だけはつねに予期することができるという、いわば「約束」（KU 216）としての形式、約束であるかぎりでの美なのである。こうしたアポリアの形式そのものとしての美は、実のところ、「天象」として煌めくや消滅する美（アドルノ[15]）、芸術作品を遮る「美の影」（アガンベン[16]）や美的本質からの「純粋な切断の〈なしに〉の痕跡」（デリダ[17]）としてしか捉えられない美として、現代の美学理論のうちにさまざまな仕方で変奏されている[18]。ここではその広がりを追う余裕はないが、もしカント美学を「美の形式主義」として語ることができるとすれば、それは、明確な形式をもった対象——自然の対象であれ芸術作品であれ——を規範とするような（古典主義的）形式主義なのではなく、むしろ、あらゆる所与の形式を拒絶するところにしか「美の形式」は成立しないということを主張し、徹底して未知の形式のみが問題となるような、脱形式的な形式主義にほかならない。美が感性的対象の形式的限定に結びつけられるとき、カント美学にとって、つねにそうした「形式」をめぐる賭け金があるのだということが銘記されなければならない。

3 崇高の無形式

美と崇高の違いについて述べた『判断力批判』の一節に戻ろう。「自然の美しいものは対象の形式に関わり、この形式は限定を旨とするが、これに反して崇高なものは、無形式な対象においても、見いだされることができる」（KU 244）。前述されたのは、カントにとって、美の形式、感性の対象を美と判断させる形式が、まさに当の形式を見いだすことができないという不可能性を条件としているということであった。したがって美的対象の形式は、美にとって必要であるにもかかわらず、美において積極的な形式として見いだすことができない。他方「崇高なものは、無形式な対象においても、見いだされることができる」。この「無形式な対象においても」の「も〔auch〕」に注意しよう。これは、崇高がたんに無形式なものに関わっているだけでなく、逆に形式をもった対象に「も」関わっていることを示している。美についての判断が有形な対象に関わっており、美の有形性はしかしそれ自体として見いだすことができないのだとすれば、美のこの不可能性は、まさに、崇高なものが美の形式に「も」関わっていることにおいて、崇高についての判断が解決するのだと考えることはできないだろうか。というのも、美の形式が、当の形式そのものが解きほぐれるような消極的な形式なのだとすれば、崇高についての判断は、まさに無形式＝不定形なものに積極的に関与することによって、美についての判断を媒介しその根底で支えうるように思われるからである。「崇高なものが、無形式な対象においても見いだされる」とはしかし、どのようなことなのだろうか。

問題の一文は以下のように続いている。「つまりこの対象において、あるいはこの対象を機縁として、無限定性が表象され、しかもこの無限定性の総体がこの対象に付加されて思考される〔hinzugedacht〕かぎりで、崇高なものは、無形式な対象においても、見いだされることができるのである」（KU 244）。注意しなければならないのは、崇高なものが「無形式な対象において見いだされる」と言われる場合、それは「無形式な対象」そのものが崇高と呼ばれているわけではないという点である。美的判断において、感性的な対象に関して美や崇高として表出することは、構想力（想像力）の役割であるが、崇高なものの判断では、この表出能力としての構想力が、なにか無形式＝不定形な対象それ自体を崇高として表出すると考えられているわけではない。厳密に言って、この対象は「機縁として〔durch dessen Veranlassung〕」役立つにすぎない。崇高として表象されると言われているのは「無限定性〔Unbegrenztheit〕」である。それは、もはや感性的ないし美的な対象ではない。カントの言葉に従えば、われわれの心のうちにそなわる「理性の諸理念」であり、「いかなる感性的な形式にも含まれていることはできない」（KU 245）という人間の「超感性的使命」（KU 257）であるとされる。カントはこれを、人間の精神能力の「品位」（KU 262）や「卓越性」（KU 261）とも言い換えている。要するに、崇高と呼ばれるものは、なんらかの無形の感性的対象ではなく、そうした対象の表象のうちへと崇高性を持ち込む「心構え〔Denkungsart〕」（KU 246）に由来するものなのであり、そうであるかぎり、感性の対象としては直接には表出されないがそれでも思考すべき何ものかとして、感性の限界を超越した「理念的なもの」や「無限なもの」（KU 254）を指し示している――そのようにカントは考えるのである。

こうした理念的なものの「無限定性」が構想力によって崇高として間接的に表出されるさいに、「無形式な対象」が「機縁として」役立つとはどういうことか。この対象について、カントは一連の例を示している。すなわち、嵐に逆巻く海原、大瀑布、活火山、雷雲、峻険な絶壁（KU 261）、静かな大洋、満天の星空（KU 270）といった自然現象の眺めがそれである。しかしカントは、建築物（教会〔KU 252〕、ピラミッド〔ibid.〕）や言語芸術（ユダヤの律法書〔KU 274〕、イシス神殿の碑文〔KU 316〕）といった人工物に対しても、その例を見いだしている。なかでも「ローマの聖ピエトロ寺院に一歩踏み込んだ見物人を襲う狼狽もしくは一種の当惑」として生ずる崇高の感情についての一文には、崇高なものの感性的な表出に「無形式な対象」が「機縁として」役立つという仕組みを描き出す、ひとつの要約的な説明が与えられている。

なぜなら、それ〔当の見物人の狼狽や当惑〕はここでは、みずからの構想力が、ある全体の理念に対して、それを表出するのに不適合であるという感情であって、構想力はこの感情のうちでその極大に達し、それを拡大しようと努力するにもかかわらず、自分自身のうちに逆戻りし、だがこのことによってある感動的な適意へと置き移されるからである。（KU 252）

したがって「無形式な対象」が「機縁として」役立つとは、当の対象をその総体において構想力が首尾よく表出できないという不適合、つまり呈示不可能性ないし表象不可能性が、構想力をしてみずからの感性的な限界に直面させ構想力の働きを挫かせるだけではなく、そのことによってむしろ、みずからの感性的限界を超えた、なにか「超感性的」で「無限なもの」を構想力に崇高として表出させる（「ある感動的な適意」を与える）という、そのようなプロセスへと通じている。

「無形式＝不定形なもの」はそのものとしては表象できない。しかし構想力はそのような対象化・形式化を禁じるような何ものかにあえて対峙しその表出に失敗することによって、この不可能性を梃子にして、有形のものについての感情よりも高次の感情（「ある感動的な適意」）へとみずからを委ねることができる。それは、構想力がみずからを犠牲にして試練に曝すことで、かえってこの試練を通じてみずからを鍛え拡張するというプロセスであり（KU 269）、そこに得られる感情が、結果として「超感性的なものとしての理性の理念」に対して応答し、この「無限なもの」を間接的に表象していたことになるのである。このことが、崇高なものの感情として、つまり崇高の表出として描き出されているわけだ。

カントは「無形式な対象」が「機縁として」役立つこの表出のプロセスを、「ただ間接的にのみ生ずる快」や「不快を介してのみ可能であるような快」の成立過程として、あるいは「生命諸力の瞬間的阻止」と「それにただちに続く生命諸力のいっそう強力な発出」（KU 245）のプロセスとして、さらにはまた、心のうちに見いだされるべき超感性的使命を、無形式な自然対象の表象において取り違えるという「詐取〔Subreption〕」（KU 257）の働きとして、さまざまな仕方で記述している。いずれにせよ、ここに現れているのは、理念的なものであれ、無限のものであれ、感性的には〈表出＝呈示不可能なもの〉を、表出の失敗やその不可能性を介して、否定的＝消極的に表出しようとする、ひとつの弁証法的な論理である。(19) あるいは、構想力が自己犠牲を介して、みずからの有限な感性的能力を超えた〈表出＝呈示不可能なもの〉へと間接的に到達しようとする、供犠の論理である、と言ってもよい[20]。当の「無形式な対象」はまさに無形式であるがゆえに客観的には表象されることができないが、しかしその不可能性がむしろ高次の段階で〈表出＝呈示不可能なもの〉としての超感性的な存在を喚起し、それを消極的に表象することを可能にしている。そのかぎりで、この崇高なものの表出の論理にとって「無形式＝不定形なもの」は――それ自体は「機縁」でしかないとしても――ひとつの根本的な契機をなしているのである。

かくして「無形式＝不定形なもの」は、カント美学の表象体系の内部で説明されることになるだろう。美の形式が、当の形式が解きほぐれてゆくような形式解除の、不定形な形式というアポリアにおいてしか見いだされないとしても、つまり美が、ひとつの積極的な有形性としては表象されえないのだとしても、崇高の弁証法的な表出論理は、この美の形式の不定形性を媒介することによって、理念的なものや無限という超越的なものの存在へと美を関係づけ、その不定形性に対してひとつの否定的な形式を、美の形式として与えることができる。このとき、崇高なものは、まさに美の形式が解きほぐれてしまい、カオスと化す手前で、その統一性を裏側から支えていたことになるだろう。それゆえもはや、形式性／無形式性という対立を、美と崇高の違いに重ね合わせることは誤りである。美的判断における美と崇高の差異は、形式／無形式という相互に排他的な並列関係によって理解されるのではない。美の本質においては、形式なき形式が戯れており、それを不定形な形式として表出する可能性は崇高なものの側にあるのだ。崇高は、美の形式がまさしく否定的な形式として見いだされるための超越論的な条件をなすのであり、美しいものの成立には、つねにその不定形な形式を縁取るように、崇高なものの論理が働いていたことになるのである。「ただ美しいだけの、つまり輝くだけの美は、半ばしか美しくない」（フェヌロン）――たんに美でしかないような美は、もはや美しくはない。美はその形式を超えたところに、みずからの他者を介して赴くことによってのみ、美しくあることができる。崇高はまさに美の他者として、美を美として可能にする美以上ないし美以下のものとして、美を媒介するのである。

4　パラサブライムの反美学

以上から、『判断力批判』において「崇高の分析論」が美的判断力の分析論全体にとって「たんなる付録」（KU 246）の地位しか与えられていないにもかかわらず、カントの崇高論は、表出不可能なものを否定的に表出するという弁証法的な論理を与えるかぎりで、カント美学の表象体系の全体にとって、ある中心的な役割を担っていることがわかる。すなわち、崇高論は、表象の外部（表象不可能なもの）を体系内部へと表出することのできる内化作用（我有化）の働きを担うという点で、その表象体系を組織する超越論的原理とみなすことができるのである。周知のように、リオタールは、こうしたカントの崇高論に特権的な地位を与え直し、それを「呈示しえないものがあるということを呈示しようとする試み[21]」と要約することでアヴァンギャルド芸術の命法へと定式化していた。たとえば、絵画であれば「見えるもののうちでの見えないものへの間接的で、ほとんど捉えがたい暗示[22]」、「表現しえぬものの証言[23]」という「否定的呈示」ないし「抽象的呈示」にこそアヴァンギャルドの責務が課されているというわけである[24]。もちろんカントのテクストが明示的に述べるところでは、崇高論は『判断力批判』の論述のなかで周縁的な位置づけを与えられているにすぎず、そもそもカント美学にあっては、芸術美よりも自然美が美的判断の対象の範例であり、しかもそれが趣味判断の問いとして観賞者・注視者の側から説き起こされているという事実は否定できない。このため、リオタールによる崇高論の「応用」は、しばしば批判の標的になってきた[25]。だが、以上のようなカント美学の表象体系の内的な構造に即してみるかぎり、崇高論は「美の形式」が孕むアポリアに一定の解決を与え、当の表象体系を動的に構成することのできる組織化原理をもたらしているのであり、そのような観点からすれば、リオタールが崇高論を特権化したことは十分に正当化しうる立論だと言える。

たしかに、カント美学にとって美と崇高のあいだの区別は依然として根本的なものだ。美の形式の表出には崇高の論理が介在するという意味で、美のうちに崇高なものが見いだされるのだとしても、美に対してはなんらかの感性的対象がその形式を与えなければならない一方、崇高はその根拠を主観の側の「心構え」のうちにしかもたないという点で、美と崇高はやはり峻別されなければならない。しかしそれにもかかわらず、カント自身も問題としているように、芸術美の観点、さらには芸術作品の創造者である天才についての観点から美的判断の対象を考察するならば、こうした美と崇高の区別はかぎりなく曖昧になってくるのであり、むしろその創造の原理は、崇高の表出論理をモデルとしていることがわかるだろう。カントによれば、未知の芸術表象を産出する天才にそなわった心的能力は、「美的理念」を表出する能力と説明される（第四九節）。この「美的理念」というのも、一方で、なにか「経験の限界を超えて横たわっているもの」つまり「理性理念」の表出に達しようと努力するのであるが、他方でそれを「いかなる概念も完全には適切であることができない」直観の表象として達成しようとするかぎりで、この「美的理念」は、超感性的なものの否定的な表出という（崇高の）論理のうちで理解されることになるのである。「詩人は、浄福界、地獄界、永遠、天地創造など、見えないものの理性理念をあえて感性化しようとする」（KU 314）。こうした事情から、カントが引き合いに出す芸術表象の例（太陽の光を描写した大王の詩やイシス神殿の碑文など）は、たんなる美しい芸術作品というより、崇高なものとして記述されることになる

（KU 315-6）。したがってリオタールの崇高論は、芸術の創造原理を問題としているかぎりで、『判断力批判』のそのような可能性を追求したものと評価することができる。

美しいものは、なんらかの与えられた感性的対象を前提としており、その形式（とはいえ未知の自由な形式）を判定し観賞する能力（趣味）しか必要としない。他方、当の感性的対象を、美術や芸術表象として産出すること（美的理念の表出）は、天才の業であり、そこに介在するのはやはり崇高の表出論理なのである。以上のような仕方で、カント美学に明示的に見いだされる強調点を転倒させること、すなわち、美に対して崇高を、自然美に対して芸術美を、その観賞者に対して創造者を強調すること、結局のところ、崇高論を、カント美学の表象体系を組織する超越論的原理として位置づけ、その弁証法的論理によってカント美学のアポリアに対して一定の解決を見いだしてゆくこと――こうしたことは、しかしながら、正当化しうるのだろうか。それは『判断力批判』の論述構成に対して、カントのテクストそのものに対して、著しい不正を働くことではないか。それはもはや、カント美学から逸脱し、その基本的な枠組みを歪曲してしまうことになるのではないだろうか。

おそらくそうだろう。それはもはやカントではないのだろう。というのも、崇高の弁証法的論理によってカント美学を再構成することは、こう言ってよければ、カントの崇高論に胚胎するヘーゲル的思考を顕在化させる作業となるであろうからだ。つまり、超感性的なものの前におかれた感性の有限性のうちに踏みとどまるという、いわば彼岸と此岸の堅固な二元性がカントの本来の論述を特徴づけているのだとすれば、崇高論はむしろ、そのような否定性から出発することでそれを思考の積極的な媒質とみなし、感性の有限性（直接性）を無限なもの（絶対知）へと揚棄する企てとして現れてくるのである。そのかぎりで、これは、カントの姿をまとったヘーゲル主義であり、ヘーゲル以後のカント美学であるだろう。逆にいえば、カントの崇高論は、その後に連なるドイツ観念論の体系を完成したヘーゲルの思弁的弁証法の雛型とみなしうるということだ。実際、崇高論を含め、『判断力批判』の争点となっている諸問題は、カントとヘーゲルのあいだで揺れ動く(26)。いずれにせよ、こうしたヘーゲル主義の嫌疑を認めた上で、なおも重要であるのは、カント美学が少なくとも、その崇高論に力点が最大限におかれることで、ある種の弁証法的原理を導入し、その表象体系の根本的な綻び（美の不可能性）を縫合することができる、という点である。『判断力批判』の明示的な文言に反するようにみえるにもかかわらず、ここにはじめて、カント美学の表象体系は完成することになるのである。

だがしかし、本当にそれですべてなのだろうか。そのような弁証法が首尾よくカント美学を成就し完結させることになるのだろうか。カントのテクストそのものがとどめている論述の不完全性は、弁証法の縫合可能ないし縫合すべき綻びとしてしか与えられていないのだろうか。むしろそれは、その弁証法の論理そのものに即して、その限界を内側から画すような形象を書き込んではいないか。つまり、その表象体系には取り込まれないもの、ひとつの〈表象不可能なもの〉としてすら取り込まれない絶対的に表象不可能なもの、この取り込みの作用（我有化）そのものを拒否する、もはや美でも崇高ですらもないものを記しづけてはいないだろうか。それは何だろうか。いったいそんなものがあるのだろうか。

吐き気――まさに吐き気が、カント美学において、そうしたものの場を指し示すのである。問題になるのは「ある種の醜さ」である。カントは、芸術美についての一節において、美術（schöne Kunst）が「自然のうちで醜かったり不愉快にさせるような諸事物でも美しく描き出す」という点に長所があると述べており、その説明によれば「復讐、病気、戦禍」のような、それ自体は「痛ましい」消極的な感情を呼び起こすものであっても、美術は美しい描写のうちに、たとえば「絵画において表象することができる」。むろんここに見いだされるのは、直接には不快な感情を呼び起こすものを、美術＝技術という人為的な否定性〔間接性〕を媒介としつつ、美的な快として表象可能なものへと取り込んでゆく、あの〔崇高の〕論理の働きである。だが、カントによれば「ある種の醜さだけが、自然に即して表象されることはできないのであって、もしそうするといっさいの美的適意を、したがって芸術美を台なしにしてしまうが、それはつまり吐き気〔Ekel〕をもよおさせるような醜さである」（KU 312）。

美的判断にとって、定義上、美は快として、醜いものは不快として表出されるが、美術は醜いものを媒介することで、その否定的な感情を芸術美の快〔崇高なものの「不快の快」と論理的な同型物である〕へと転化し吸収することができる。しかし「吐き気をもよおさせるような醜さ」だけは、そのような転化の運動を徹底して拒否するのだ。カントは以下のように続けている。「なぜなら、この異常な、まったく想像に基づく感覚においては、対象はいわば、われわれが極力〔mit Gewalt〕それに反抗するにもかかわらず、あたかも享受を強要するかのように表象されるから、対象の芸術的表象はわれわれの感覚においてすらこの対象の自然からはもはや区別されず、そこで前者〔芸術的表象〕はその場合に美しいと見なされることは不可能だからである」（ibid.）。「吐き気」に結びついたこの醜さ、この不快のなかの不快の表象は、それでもなお、ひとつの感情の享受として生じている〔享受されなければそのような感情が生じたこともわからないだろう〕。しかしこの感情があまりにも「異常で、まったく想像に基づく感覚」として、激しくわれわれの感性に突き刺さってくるものであるがゆえに、あらゆる媒介によって不快を快の体系のうちに取り込もうとするわれわれの表出能力のどんな暴力〔Gewalt〕をもってしても、それを制圧することはできない。だからこそ、この感情は、純粋な嫌悪を惹き起こす感情として、まさに端的な否定性＝消極性そのままで、われわれに享受を強要してくると言われるのである。それは、絶対的に否定的な感情、どこまでも反発や唾棄しかもたらさない感情なのである。

デリダは、七〇年代の比較的知られていないテクスト「エコノミメーシス」において、まさにこうした「吐き気をもよおさせるもの〔le dégoûtant〕」のうちに、カント美学の表象体系が同化しえない「絶対的に排除されたもの」の場を読み取っていた。実のところ「吐き気」そのものは、純粋な不快として、もはや快の体系へと同化されえないものであるが、にもかかわらず、そうした「同化されえないもの」として、そのような純粋な反発の感情として、当の表象体系に、いまだ享受の痕跡を残していると言うことができる。だが、そうした感情において「吐き気をもよおさせるもの」として体系から吐き出されたもの（le vomi 反吐）それ自体を考慮してみるならば、それは、もはや「消極的な快の対象、表象によって救われる醜さの対象という地位も授けられない」というばかりではない。デリダによれば、それはまったく「表象不可能」である。さらに「その特異性において命名不可能」でさえある。というのも、それをどんなかたちであれ表象したり命名したとたん、その表象体系の相関物として――たとえ純粋に不快なものであっても――たちまち制御可能な対象になってしまうからである。「吐き気をもよおさせるXは、感性的な対象として告知されてしまえば必ず、すぐさま目的論的なヒエラルキーのなかに引きずり込まれる。それゆえそれは、感覚－不可能にして理解－不可能、表象不可能にして命名不可能であり、つまりは体系の絶対的他者なのである[27]」。

「吐き気」の純粋に否定的な感情は、美的な表象体系そのものに反発し、不快を快に転化しうる表出の論理そのものを拒絶するように働く。そのようなものとして当の体系から「吐き出されたもの＝反吐」は、体系の絶対的な他者として端的に表象不可能なものであるだろう。もはや「表象不可能」とさえ言えないほどまでに全面的に不可能なものだろう。それは、体系の他者として超越論化することや理念化することさえもできないようなまったき他者である。「この不可能なもの」――それゆえ、デリダはこう結論づける――「それはなんらかの事物、すなわち感覚可能なもの、理解可能なもの、なんらかの感官や概念にもたらされるであろうものである、と言うことはできない。もしそう言うとすれば、それはこれこれという意味の下へ、しかじかの概念の下へ落下することになるだろう。ひとはそれをロゴス中心主義的な体系のうちで――名のうちで――名指すことはできない。体系としては、それを吐き出すしかなく、そこにおいてみずからを吐き出すしかない。それは何かと言うことさえできない。そんなことをすれば、反吐を食べ始めることになってしまう、あるいは絶対的に違うことではないのだが、反吐を吐き出し始めてしまうだろう(28)」。

カント自身は「吐き気」を『判断力批判』のなかで、ほとんど通りすがりに一度だけこの語を書き込んでいるにすぎないのだが、にもかかわらず、この「吐き気」は、カント美学の構造に内的な観点からして、嫌悪の純粋な否定的な感情として、当の表象体系のなかで絶対的に表象不可能なもの（「反吐」）の場を告知するのである。この不可能なものは、不快を快へと吸収し、外部を内部へと同化するカント美学の表象作用そのものから吐き出されるかぎりで、この同化作用の最中にあってさえ、体系の内部と外部の境界線上に残された澱のようなものとして、かろうじて浮き彫りにされるしかないだろうが、それ自体は、まさに当の表象体系の同化作用にとって〈同化しえないもの〉であるために、絶対的に不可視のままにとどまっている。しかしこの不可能な残滓によってこそ、カント美学の表象体系は、同化しえない絶対的に不快の感情を通して不意撃ちを食らうのであり、結果、けっして成就・完結することのない、絶対的にオープンエンドの体系として、しかも当の表象体系の、その同化作用そのものの変形可能性とともに理解されることになるのである。

こうした「吐き気」のように、カント美学の表象作用を構成する崇高の表出論理のただ中にあって、まさにその内側から崇高論の臨界点を指し示している感情を、われわれは「パラサブライム（parasublime）」と呼ぶことにしたい。[29] 崇高（サブライム）に付された「パラ-」という接頭辞は、辞書が示すところでは「beside（〜のそばに、傍らに）」と「beyond（〜を超えて）」との二重の含意があり、合成語として「異常」「不適切」「欠陥」「従属」「不規則」「混乱」などを意味する言葉を形成する。[30] この「パラ」は、崇高の失錯（parapraxis）であり、崇高に寄生しつつ（parasite）、その表出論理を麻痺させる（paralyze）。それは、崇高なもののもとで、まさに崇高の傍らにありながら、当の崇高から逸脱しそれを超え出てゆく、そのような二重の動き（*beside* and *beyond*）を言い表す名となるだろう。

　だが、依然として問いは残る。「吐き気をもよおさせるような醜さ」は、実際どのような醜さなのだろうか。「吐き気」が、ある絶対的に否定的な感情とみなすのだとすれば、相対的な不快、快に転化しうる不快と、吐き気の絶対的な不快との境界線はどこに引かれるのだろうか。どのように両者の区別は決まるのだろうか。そもそもそうした区別を明確に打ち立てることができるのだろうか——すでに述べたように、カントは『判断力批判』において「吐き気」という語をごく控え目に記したにすぎず、こうした問いに対する直接的な記述はほとんど与えていない。他方、問いの対象自体が、そのような問いを拒否するだろう。「反吐」が絶対的に表象不可能なもの、本来命名すら不可能なものとして否定的にしか理解しようがないのだとすれば、それを吐き出す「吐き気」の絶対的な嫌悪の感情は、けっして相対的な不快からの連続的な程度の違いとして理解されるべきものではない。それは、まさに出来事として、不快の絶対性において端的に生起するしかないものであり、それ以上の規定は受けつけないはずのものだからだ。それにもかかわらず、カントが記していたように「吐き気」の感情そのものは、主観に強要された享受としてその表象をとどめているかぎりで、「吐き気をもよおさせるような醜さ」がどのようなものか、当の「吐き気」はどのような感情なのか、カントに即して問う可能性は依然として残されている。

メニングハウスは、カントが「吐き気」という語を使う場面について『人間学』やその遺稿および他の諸テクストにまで精査することで、それがさまざまな含意で用いられていることを例証し、カント的「吐き気」の感情に相関的な諸感情（憎悪との区別、笑いとの対照、羞恥やアンニュイといった感情との関連）の布置というべきものをもたらしている（『吐き気』第三章）[31]。また「吐き気」という語にこだわらなければ、カント美学の表出論理が問われているかぎりで、快に転化しえない不快の感情、純粋な反発のパラサブライムな感情の契機を、別の文脈から、探し出してくることも可能だろう。たとえば、対象に対する魅力を排除しない恐れ（Furcht）の感情から区別された驚愕（Schreck）、すなわち「適意を見いだすことが不可能である」ような恐怖、おののきの感情がそれである[32]。それゆえ「吐き気」の諸相が、そうしたさまざまな感情によって照らし出されるかぎりで、「吐き気」に連なるような否定的な感情のリストをさらに詳細に描き出してゆくこともできるだろうし、さらには、そうした諸々の感情のあいだで、どれが「吐き気」としてより激しいものなのか、どれがより吐き気をもよおさせるか、といった程度の差異によって一定の序列を打ち立てることができるかもしれない。そしてそれに応じて「吐き気をもよおさせるような醜さ」の表象――まさにカントはそれをめぐって、数学的崇高の形象としては「巨大なもの」と対比させて「途方もない＝怪物的な〔ungeheuer〕もの」（KU 253）と名指していた――に連なる諸表象を、さまざまな幅をもって見つけ出してくることもできるだろう（たとえば「ツングース人が自分の子どもたちの鼻から鼻汁を一息に吸って飲み込むところ」VII 178[33]）。

しかし、メニングハウス自身も言うように「カントにあって、ヴィンケルマンからヘルダーまでになされた吐き気の美学内的な分化はいくつかの基本線に還元される一方、「吐き気」そのものは、美「学」の外で多様化する。吐き気は、ひとつのマジックトークンとして、すなわち、弁別区分、決定行為、美学 - 食養生的な最終基礎づけの強力なオペレーターとして、あらゆる哲学的分野を循環するのである」（E 188〔二三二―三〕）。「吐き気」にまつわる感情や表象の分類や転用は、権利上際限のない企てとなるほかはない。この企ては、醜いもののインフレーションを、相対的なアブジェクションの氾濫と濫用をもたらし、つまるところ、絶対的な「吐き気」の排除――吐き気そのものの吐き出し――に行きつくように思われる。

それゆえ、最後のアポリア。この「吐き気」が最終的に吐き出すもの、それは、当の吐き気が吐き出すところのもの、吐き気をもよおすものそれ自身を絶対的に表象不可能なものとして維持する可能性である。つまり、あらゆる超越論化や理念化を拒否するというみずからの絶対的な不可能性の地位そのものを超越論化することの可能性にほかならない。要するに「絶対的に排除されるのは、反吐ではなく、まずもって、反吐を次のように代理することの可能性、すなわち、表象不可能で、命名不可能で、理解不可能で、感覚不可能で、同化不可能で、猥褻な、まったき他者によって反吐を代替することの可能性なのである[34]」。

吐き気は、いわば「超越論的な吐き気」としてその絶対的な否定的感情の極によって定義されながら、他方ではつねにひとつの享受として、特定の感情として現れざるをえない。吐き気の究極的な対象は、まさにそのような絶対的な否定性の極そのものなのである。かくして「吐き気」はつねにあらためて、相対的で個別的で特定の否定的な感情として、吐き気とは別のものが入り混じった不純な感情の数々として回帰する――不快である。不安である。気持ちが悪い。気色が悪い。気味が悪い。うっとうしい。おぞましい。厭悪する。忌み嫌う。嫌忌する。忌避する。嫌気がさす。反感を覚える。疎んじる。うんざりする。気に入らない。気に食わない。鼻持ちがならない。胸糞が悪い。悪心がする。むかむかする。むかつく。キモい。ウザい。キショい。唾棄する。反吐が出る。虫唾が走る——等々。

5 apatheia

「吐き気をもよおすもの」——アブジェクション——は、バタイユからクリステヴァへといたる系譜において「不定形なもの」として見いだされた後、ボワとクラウスによって、形式／不定形の問題系そのものから放逐されたのだとすれば、カント美学においては、美と崇高の差異をめぐって、依然として「形式」との関連を保ちつつ、いっそう複雑で否定的な契機として現れる。そこで美は、形式そのものが解きほぐれる形式によって説明される一方、崇高は、美の不定形性を否定的に形式へと媒介する論理によって理解されることになる。崇高は、美の不定形な形式を表出し、美的形式の可能性の条件をなすのである。だが、吐き気は、崇高による美的表出の論理、すなわち、不定形を形式へ、不快を快へと内化する表象の弁証法的作用そのものを拒絶する。パラサブライムというべきこの「吐き気をもよおすもの」は、そのとき、美的表象の体系から吐き出されたもの（反吐）として、形式でも不定形でもない反美学的なもの、つまり、絶対的に形式化不可能な〈怪物的なもの〉である。しかし吐き気が、主観にとって享受可能な感情であるかぎり、当の「享受を強要する」かのように「強烈な生命感覚」として、さまざまな様相のもとで、主観のうちに回帰してくることになるだろう。吐き気は、みずからを超越論的なシニフィアンとして理念化することの可能性そのものを吐き出すのである。したがって、そうした意味ではたしかに、吐き気は、個々の文脈でそれぞれ限定的な負荷を担った歴史的な形象として主題化すべきものとなる。メニングハウスの『吐き気』は、はじめに述べたように、バタイユからクリステヴァへといたる線はもとより、カフカやサルトルの「嘔吐」等をも包括しながら、吐き気の一般的な系譜学を描き出している点で、「吐き気」という歴史的形象について画期的な研究を達成した。しかしながら「吐き気」が崇高の表出論理そのものを拒絶する(反)弁証法的な形象であることにあくまで注意深くあり続けるならば、メニングハウスの研究には、ひとつの重大な欠落が残されていることがわかるだろう——つまり、ヘーゲルである。[35]

ヴェルナー・ハーマッハーの長大なヘーゲル論『プレーローマ』は『自然哲学』を読解した諸節において、ヘーゲルの「吐き気」概念の機能を精密に分析し、吐き気が、有機体の消化過程として現れたヘーゲルの思弁的弁証法を内的に限界づけるものであることを明らかにしている。[36] この吐き気それ自体は、精神の弁証法的進行にとって脇に追いやられているにすぎないのだが、まさにそうした排除を通じてこそ、どこまでも執拗につきまとう、形式的で抽象的な他者として、当の精神が目指す純粋な自己関係のなかに残存し続けるのである。ハーマッハーはヘーゲル弁証法の論理にあくまで忠実につき従うことを通じて、当の弁証法にとって構造的に不可視である「吐き気」の運動を粘り強く追跡している。そして、そこから描き出されるものこそ、ヘーゲル以後、ニーチェがツァラトゥストラの吐き気に訴えることで暗示していたところの、西洋形而上学の全歴史を内側から縁取っている絶対的なリミットにほかならない。ヘーゲルの「吐き気」——カントの「吐き気」が「強烈な生命感覚」として定義されていたのとは違い、それは、払い除けたつもりが何度も憑いて振りほどくことのできない亡霊的な形象、そのようなものとして弁証法の過程をそのつど繰り返し歪めてしまう反復的な形象である。それは、ごくごく瑣細な契機にすぎず、爆発的なカタストロフにも悲劇的なカタルシスにも革命的な蜂起にもけっして結びつくことはないが、ひとはそれを、精神の弁証法的進行を内部から徐々に蝕むような腐食作用として思い描くことができるかもしれない（それこそは、実のところ、バタイユが本来企図していたヘーゲルの「低次唯物論」的転倒、あの「老練なるモグラ」に通じる動きではないだろうか）。

カントの崇高論を仔細に読み進めてゆくと、表出不可能ないし超越的なものを否定的に表出するという、快と不快との、牽引と反発との弁証法的緊張による「感動」（賛嘆、尊敬、戦慄、畏怖、熱狂、等）において崇高の感情が特徴づけられているだけではなく、まさにこうした弁証法的な運動そのものを宙づりにするような「無感動」すらも、カントは崇高のうちに数え入れていることに気づく。「諸理念による諸力の緊張」がもたらす「熱狂」の心の動きに対比してカントが言うのは「（これは奇妙にみえるが）変転しないみずからの諸原則に決然と付き従う心の無情動（apatheia, phlegma in significatu bono〔良い意味での粘液質〕）すらも崇高であり、しかもはるかに卓越した仕方で崇高である」（KU 272）。その理由をカントは「この無情動が同時に純粋理性の適意をみずからの味方に持つから」と素っ気なく述べるのだが、純粋に美的な観点に即して、それが「奇妙にみえる」にもかかわらず、なぜそうした無感動すらも崇高に含めなければならないのかについて、カントは必ずしも明らかにしているとは言いがたい。だがここには、まさに崇高の表出の論理のただ中で、その弁証法的な論理そのものに介入する、ある種の受動的否認、ミニマルな感性的拒絶というべき、感覚の微細な動きが認められるのではないだろうか。それを「無情動な吐き気」と呼ぶことは不可能だろうか。おそらくは、あらゆる感覚に開かれることでむしろ最も研ぎ澄まされた無感覚として現れてくる冷醒さ、静謐にして晴朗でさえあるような「吐き気」として。カントが続く頁で「すべての社会からの離脱もなにか崇高なものとみなされる」（KU 275）と記すとき、そこに語られているのは、そのような「吐き気」の何ごとかであるように思われる。

通常それに向かう素質が齢を重ねるにつれて多くの善良な人間の心になじんでくる一種の（きわめて非本来的にそう呼ばれているが）離人症〔Misanthropie 人間嫌い〕があるが、これは好意にかんしては十分に博愛的であるものの、長年にわたる哀しい経験によって、人間にたいする適意からはるかに遠ざかっているのであり、隠遁への性癖、人里離れた所領地で暮そうという空想的願望、あるいはまた（若い人々の場合に）ロビンソン・クルーソー風の小説家や詩人がうまく利用することを知っているような、他の人々に知られていない島で少数の家族とともに自分の生涯を送ることができたらという夢見られた幸福は、こうした種類の離人症を証拠立てるのである。虚偽や、忘恩や、不正や、われわれ自身が重要で重大とみなしている諸目的でありながら、それらを追求するさいに人間自身がおよそ考えられるあらゆる禍いを互いに加えあうといった、子供じみた事柄は、人間が意欲しさえすればそうなることができるものの理念とまったく矛盾し、人間をより善いものとみたい生き生きした願望にまったく対立しているから、人間を愛することができないのでせめて人間を憎まないために、一切の社会的な喜びを断念することが小さな犠牲にすぎないようにみえるのである。この哀しみを〔……〕人間は人間自身に対して加える〔……〕（KU 276）。

Interlude　物質的崇高

1　崇高の否定的表出

これまでの議論をあらためて確認することから始めよう。繰り返しみてきたように『判断力批判』の美的判断力の理論において、崇高は、表出不可能なものの否定的＝消極的（ネガティヴ）な表出（Darstellung 描出＝呈示）とみなされている。表出不可能なものとはすなわち、カントにとって、理性理念（Vernunftidee）としての超感性的なもの、つまり道徳的に善いもののことである。こうした崇高を説明するために、カントは「広大な、嵐に逆巻く大洋」を例のひとつとして取り上げている（KU 245）。実際、われわれが海のこうした眺めを「崇高だ」と呼ぶことにとりたてて違和感はないだろう。カントもたしかに「その眺めはもの凄い〔gräßlich〕」と認めている。だが、カントが注意を促すところでは、このような眺めはそれ自体としては「崇高と呼ばれることができない」。重要なのは「心がこうした眺めの直観によってそれ自身崇高な感情へと規定されるべきだとするならば、すでに多くの理念によって心が満たされていなければならない」という点である。というのも、崇高なものが真の意味で見いだされるとすれば、「それは、心が感性を離れて、いっそう高次の合目的性を含む諸理念と関わるように刺激されることによる」（KU 246）のだからである。

このときまずもって留意せねばならないのは、崇高が、感性的なものと超感性的なものとの関係、それなくしては理性に対する構想力（想像力）の適用がもはや考えられなくなってしまうような関係から理解されているという点である。要するに「崇高なものの本質はたんに関係のうちにあるが、この関係のうちで、自然の表象における感性的なものは、こうしたものの可能な超感性的使用に役立つものとして判定される」（KU 266）。

崇高の本質を形づくるとされるこの関係を特徴づけているのは、関係の否定性である。理由は二つ。(1) そもそも「文字通りに受け止め、論理的に見るならば、理念的なるものは表出されることはできない」（KU 268）。崇高なものの表出が否定的であるのは、この表出が定義上もっぱら美的（ästhetisch）で非規定的な（つまり反省的な）判断によってのみもたらされなければならないからである。道徳的に善であるような何ものか（理念的なもの）は、非‐美的な関心を生み出さざるをえず、したがって判断される対象の美的な性質を損なうことなくしては、直接的で美的な表出に関わることができない。美的判断が、理念的存在を直接に表出することは不可能である。(2) この（論理的）否定性は、しかしながら、美的判断に含まれる適意（Wohlgefallen）と調和するような間接的な表出の可能性をすでに示唆するものである。というのも、この適意は、非感性的な関心に、あるいはむしろ、理念的存在へ到達しようとする、理性の「メタ美学的」[1]関心に結びつくことになるからである。このことはもうひとつの否定性、ある種の弁証法的な否定性へと通じている。どういうことだろうか。

たしかに最初の段階において、道徳的な関心を抱かせる善の感情そのものは、けっして美的な表出と混同されてはならない。だが、美的表出が道徳感情から峻別されるべきだとしても、崇高なものの判断を構成している没関心性は、カントが「心構え〔Denkungsart〕」（KU 274）と呼ぶものに即して、より高次のレヴェルで、この判断を道徳感情へと関わるように依然として方向づけているのである。要するに、次の段階において生じるのは

「美学的に言って、道徳的な善によって生み出された関心がひとつの非感性的な関心でありうるとしても、これはむしろ、当の判断が美的な判断にとどまっているからこそである[2]」という逆説的な事態なのである。この「メタ美学的」関心は「感性的ではないが、それでも美的表象に添えられうる関心、その構成的な没関心性を損なうことなく添えられうるという関心」とみなすことができる。

2　穹窿と水鏡

『判断力批判』の、とりわけ「美的反省的判断の解明についての一般的な註」において、カントはこのメタ美学的な関心を、主観内に道徳感情を呼び覚ますものとして論じている。しかしカントが道徳感情を引き合いに出すのは、それをもっぱら美的観点から崇高の表出へと関連づけるためである。繰り返せば、判断の主観にとって道徳的に非感性的な関心のもとに喚起されうるのは、逆説的なことに、崇高なものについての判断がそれ自体としてはたんに美的にとどまっているかぎりにおいてである。「たんに美的である」とは、判断の対象を、いかなる概念性や意味付与や目的論的含意も前提とすることなく受け止めなければならないということである。純粋に感性的であることによって、むしろ超感性的な理念（道徳性）が否定的に指し示されるという構造がある。

問題はしかし、その先である。判断の対象がいかなる目的も関心も含んではならないとすると、では、何が崇高でありうるのだろうか。冒頭でわれわれは「広大な、嵐に逆巻く大洋」の例に触れていた。この同じ「一般的な註」においても、カントは、美的判断の没関心的な性質を、はっきりと自然物に関連づけている。この崇高なものの例が、二つの自然の風景（空と海）である。いささか長くなるが、以下にその決定的な箇所を引用しよう。

だが、その前に、こう問うておかねばならない。崇高なものについての判断にとって、いかなる目的論的な含意（結局のところ、いかなる概念や関心や意味づけ）も介在してはならないのにもかかわらず、なぜ自然物はそれでも崇高だと判断されうる余地があるのか？　ごく素朴な疑問として言うなら、それらはやはり自然のうちに見いだされる事象であるかぎり、自然のあれこれの概念（たとえばまさに「広大な大洋」という概念）を依然として伴わざるをえないのではないだろうか。

美が対象の形式に関わり、対象の限定に由来するものであるのに対し、崇高は、カントによれば、無限定性の表象として無形式な対象においてさえ見いだされると言われている（KU 244）。しかし、いかなる自然であれ、判断の対象は、主観にとってはなにがしかの有限な形式や概念規定を伴わざるをえないはずだ（そうでなければ、判断の対象は消滅する）。だとすれば、どのように崇高なものがそれとして生みだされるのか、あるいはまた、判断の美的な純粋さにおいて超感性的な理念を喚起するという先述の否定の論理がどのように作動し始めるのか、ということは、けっして自明ではない。いかなる概念や意味づけも欠いた無限定な「自然そのもの」を崇高の例として見いだすのに、カントはいかなる説明を与えているのだろうか。

〔……〕星をちりばめた空の眺めを崇高と呼ぶ場合は、この眺めの判定の根底に理性的存在者が住む諸世界の概念を置き、われわれが頭上の空間を満たしていると見る明るい諸点がそれぞれの世界の太陽として、それらに対してきわめて合目的的に設定された軌道を動いている、と見てはならないのであって、この場合にひとはこの空を見る通りに〔wie man ihn sieht〕、たんに一切を包括する穹窿〔ein weites Gewölbe 広大な丸天井《ドーム》〕として見なければならない。こうしてわれわれは、純粋な美的判断がこの対象に付与する崇高性を、たんにこうした表象の下におかなければならないのである。同様に、大洋の眺めも〔それを崇高と見るときには〕われわれがあらゆる知識（だが知識は直接的な直観のうちには含まれていない）で豊かにされてそれを思考するような具合に眺めてはならない。たとえば、大洋を水棲動物がいる広大な領域であるとか、陸地のために大気を雲で満たす水蒸気を貯えた大貯水池であるとか、あるいはまた、諸大陸を互いに分離させるが、にもかかわらず大陸間のきわめて重要な交通を可能にする要素であるとか思考するような具合に眺めてはならない。なぜなら、これらはただ目的論的な諸判断を与えるだけだからである。そうではなくて、ひとは詩人がするように〔wie die Dichter es tun〕、大洋をたんに、実際に眼の眺めの示す〔was der Augenschein zeigt〕がままに、たとえば静かな大洋を見るときには、大空によって限られているだけの明るい水鏡〔Wasserspiegel〕として、荒れているときは、すべてを呑み込もうと脅している深淵として、にもかかわらず崇高と認めることができなければならない（KU 270f〔傍線部は原著による強調。傍点強調と原語添記は引用者による〕）。

傍点で強調された語句に注目しよう。カントは、崇高なものの対象としてはいかなる概念や関心や意味規定も逃れるようなものを指し示さなければならないのにもかかわらず、「一切を包括する穹窿」や「大空によって限られているだけの明るい水鏡」などと記すことによって、実際に具体的な記述を与えてしまう。穹窿も水鏡も、もちろん、具体的な事物を指示するある種の概念である。美的判断にとっての対象は本来概念化されえぬままでなければならないのだから、単純に言えばこれは不適切な記述だということになるだろう。しかしまさにここでカントは概念化不可能なもの、記述しえぬもの、名指しえぬものに対してなにがしかの言葉を与えなければならないのであり、こうした説明は必然的にメタファーにならざるをえない。というより、ここには説明されるべき対象にとっての本義、固有の意味さえも明らかではない以上、もはやメタファーですらないような、ひとつの根源的な形象が問題となるのだ。それをあえてカントは「穹窿」や「水鏡」と名指した。これをどのように読み、考えるべきなのかは、読者にとって大きな謎として残されることになる。

3　建築術的視覚と物質的視覚

　ポール・ド・マンは「カントにおける現象性と物質性」と題された論文で上に引用した一節に立ち止まることによって、二種類の視覚《ヴィジョン》を区別し、この視覚がいかにしてカントのいう上述の風景に直面するのかを論じている[3]。本章では、いま述べた問いに対するひとつの有力なアプローチとして、この一節についてのド・マンの読解によって引かれた線をたどってみることにしよう。そうすることにより、カントのいう崇高にとって、これらの風景の例がいかなる含意をもちうるのかを考察することが、本章の中心的な課題となるだろう。

　ド・マンによれば、問題の一節に読み取られるのは、次の二種類の視覚である。一方で、建築術的視覚。カントがここで記している「際立った知覚とは、大空や大洋を建築術的な構築物としてみる見方である。大空は、屋根が家を覆うように、地上の空間全体を覆う穹窿なのだ」(AI81〔一四七〕)。そして「海の水平の広がりは、水平線によって仕切られた床のようなものであり、この水平線というのも、世界という建物を包囲しその境界を区切るような天球の壁のことなのである」(ibid.)。たしかに、このとき想定される構想力は、最も包括的な規模における自然についてのものであるかのように思われるが、しかし「実際は、自然を自然としてなどまったく見ておらず、むしろひとつの構築物、つまりは家屋として見ているのである」（AI 126〔一三二〕）。

他方で、カントが「眼の眺め〔Augenschein 外観〕」と呼ぶ純粋に美的な視覚。ド・マンがカントのもち出す未開人の例を取り上げているように、野生人は、ひとつの家屋を見るときそれが何に用いられるのか知らずにたんに眺めている。それと同様、カントのいう大洋と大空を見る視覚は、根本的に非目的論的な視覚とみなされるのであり、それらの対象において見いだされるいかなる目的や関心からも袂を分かつものである。ド・マンによれば、この視覚にとって「事物が眼に相対するのは、それらが心にではなく、眼そのものへの現れという畳語性《リダンダンシー》においてなのである」。ドイツ語の Augenschein は、Augen（眼）と Schein（見かけ）の合成語であり、それが意味するところは、「眼が眼そのものとして、かつ眼に現れたものとして同語反復的に二度名指される」

（AI 82〔一五〇〕）という純粋に眼に映り込んだ視覚のことにほかならない。ド・マンは、この種の視覚をいかなる知的な含意も象徴的な含意も欠いたものとして特徴づけるべく、物質的な視覚と形容するのである。

視覚のこれらの二つの契機は、しかしながら、一見して両立するようには思われない。というのも、もし建築術的な構築物がたんに非目的論的で純粋に美的観点から考察されるのだとしたら、それは自身の建築構造のいかなる概念も欠くことになり、建築術的なものとしては崩壊し、その構築の瓦解にいたるだろうからである。とすれば、崇高なもののいかなる建築術的視覚も、理念を超感性的なものとして呈示するいかなる表出も不可能となるであろう。では、そのような建築術的な視覚は、いかにして、他方で物質的視覚と呼ばれているものと両立しうるようになるのだろうか。このとき「カントにおいて建築術的なものとはどのようなものなのか」（AI 125〔三三一〕）。あるいはむしろ、ド・マンのカント読解において「建築術」は何を意味するものとなるのか。要するに、カントにおけるこれら二つの視覚のあいだの明白な齟齬を、どのように考えるべきなのだろうか。

この問いに答えるには、ド・マンが「物質的」と呼ぶことで導入している純粋に美的な視覚についてさらに掘り下げてみる必要があるだろう。ロドルフ・ガシェが適切に述べているように「ド・マンの語るたんなる視覚は、たんなる直観と同一視することはできない」(4)。ド・マン自身が当の視覚を説明するにあたって、カントの『論理学』で述べられている「たんなる直観」(bloße Anschauung) と混同しているように思われる (AI81〔一四八〕) としても、両者の違いははっきりさせておかなければならない。内容なき思惟は空虚であり、概念なき直観は盲目であるとした『純粋理性批判』の有名な一節 (B 75) が教えるように、諸能力は相互に独立したままで個別に働くのではない。概念なきたんなる直観は実際には直観ではまったくない。それゆえ「未開人」が家屋を何に用いるのか知らぬままにたんに見ているとき、この視覚は、直観のみの知覚や家屋という概念規定の欠如を含意するのではなく、すでに認識の形式的な次元への否定的な関係を前提としているのである。

そもそも崇高なものについての判断は、構想力と理性とのあいだの一致を含む諸能力の戯れに立ち会うものである。したがって、ド・マンが「Augenschein (眼の眺め)」として強調するような、カントのたんなる視覚は、それが崇高なものに関わるや否や、もはや現象的に規定的なものを見るのでもなければ、もっぱら直観によって捉えられた「質料そのもの」を見るのでもない。そうではなく、その眼差しは実際には、それ自体としては不可視のもの、非現象的な何ものか、というのはつまり、それによって諸能力間の関連が視覚にとってはじめて可能になる、そうした不可視のものに向けられているのである。この盲目性は、カントの語句では「たんに一切を包括する穹窿」や「大空によって限られているだけの明るい水鏡」といった、それ自体は不可視であるような総体性のイメージによって否定的に言及されている、といってよいだろう。要するに、そのような盲目性がその否定性において意味するのは「Augenschein が、最小限に現象的な仕方における現象性の綜合だ」(5) ということである。この意味においてこそ、ド・マンは当の視覚を「物質的」と名指すのであり、これを物それ自体を純粋に直観しているといったように受け取るとすれば誤解となるだろう。実際、これは「現象的」という語に対立するものとして、ド・マンが「思いついた唯一の語」（AI 82〔一五〇〕）でしかないという理由で、むしろ消極的にもち出された語にすぎない。

以上の観点から、ド・マンのカント読解において、一方での建築術的視覚が、他方での物質的視覚といかにして両立しうるのかについて答えることができるだろう。物質的視覚は、厳密に言って、それがなにか「物質」それ自体を見るということではない。それは不可視のものを「見ている」、あるいはむしろ、それによって視覚それ自身がはじめて可能になるような不可視の条件に直面する、ということである。つまり、視覚の物質性が指し示しているのは、みずからの視覚性そのものを構成する構造的盲目性なのである。この物質なき物質的視覚は、根本的に現象性を物質性へと還元する非目的論的な視覚だとみなされることで、あらゆる概念的構築を斥けるという破壊的性質をもつのであるが、まさにそうであるからこそ、現象的構築をあらためて産出するための最小限の可能性の条件を指示するものなのである。(6)

ド・マン自身は、実のところ、物質的視覚がこのような意味で（再）構築的性格をもつということ、つまりその現象的構築の最小限の綜合を含意するのだということを十分に説明しているわけではない。しかしながら、物質的視覚のうちにひとたびこうした構築的要素が認められるならば、強調の順序を逆転させることで、同じことが建築術的な視覚についても言えるだろう。建築術的な視覚が定義上有意味なのは、この視覚が構築された何ものかの像を含意するかぎりにおいてであるけれども、ド・マンによれば、ここでカントの「建築術的なもの」に伴う含意は、同時に、それがそうした現象的な綜合ないし構築を結局は達成することができないという最終的な不可能性にいたるということである。どういうことか。カントの「建築術」に含まれる両義性を解明するために、ド・マンは『純粋理性批判』の「純粋理性の建築術」の章を引用することから議論を始めている。

> 全体とは分節されたもの（articulatio）〔gegliedert〕であって、集積物ではない。全体は内的に（per intus susceptionem 内へ摂取することによって）増大するものであるが、外的に（per appositionem 付加によって）増大するものではない。それはあたかも、各部分〔Glieder〕が添加されることによって成長するのではなく、均斉を保ったままそれぞれの部分がその目的に向かって次第に強く有能ならしめられることによって成長してゆく、動物の身体のようなものなのである。（B 861）

カントはここで建築術的なものを、体系の有機的統一、言い換えれば「多様な認識がひとつの理念のもとに統一されたもの」として定義しており、これは、恣意的に寄せ集められた諸部分として「たんなるラプソディ（ごた混ぜ）」とカントが呼ぶものとは明確に区別されている。ド・マンが強調するように、この統一は有機体の用語で把握されており、カントが「さまざまな肢体と各部の全体として身体のメタファーを繰り返し用いる」（AI 88〔一六〇〕）ことからもそれは確認される（Glieder はド・マンによればこの語のあらゆる意味で理解されなければならず、社会組織の成員《メンバー》の含意もある[7]）。だが、ド・マンが明らかにするのは、身体についてのこの有機体メタファーが『判断力批判』におけるカントの言明そのものにしたがって機能不全に陥るということである。すでに引用した空と海の美的視覚についての指摘の直後で、カントは人間の身体に議論を移している。

〔空や海と〕同じことが人間の形態における崇高なものや美しいものについても言うことができるのであって、その場合われわれは、人間のすべての肢体がそのために現存している諸目的の概念を、判断の規定根拠として振り返って見てはならないし、また、たとえこれらの肢体が諸目的の概念と矛盾しないということが実際に美的適意の一必要条件であるとしても、そうした目的概念との合致をしてわれわれの〔そうした場合はもはや純粋ではない〕美的判断に影響を与えさせてはならない。（KU 270〔強調原文〕）

われわれの問いは、いかにして〔自然を眺める〕建築術的な視覚を非目的論的、非概念的、つまりは美的パースペクティヴから引き受けることができるのか、ということであった。右の一節で強調されているのは、人間の身体が機能上伴っている目的概念と、美的判断の対象としての身体像との厳格な分離である。しかし、後者は前者から影響を受けてはならないのだとしても、だからといって、このことは建築術がただちに不可能になり、それが「たんなるラプソディ」へと崩壊することを意味するわけではない。詩人が眺める空や海でさえ依然としてある種の建築物として記述されていたように、カントは人間の身体のうちにその目的概念に依存しないかぎりで美や崇高を見いだすという可能性そのものは認めている（でなければ、カントのいう崇高なものへの視覚は端的にいかなる対象も持ちえなくなるだろう）。『判断力批判』からの右の引用が示しているのは、カントのいう建築術的な視覚が、みずからの建築術そのものと矛盾を来しているというより、この視覚において「〔これらの肢体が〕いまだ分節化されている〔gegliedert〕ことがもはやまったく確実ではない」（AI 88〔一六〇〕）ということなのである。この視覚は、建築術をその不確実性においてなおも想定するのであり、そのかぎりで身体の目的概念は、美的判断からたんに分離されているのではなく、その分離のもとで美的判断と危うい離接的な関係をとり結んでいる。

そしてこの関係にこそ、物質的視覚と建築術的視覚のあいだの最小限の両立可能性が確保されるのである。カントの導入した身体のメタファーについて、ド・マンはこう結論づけている。

要するにわれわれは、自分の足や手や爪先や胸や、モンテーニュがおどけて「わが部分殿〔Monsieur ma partie〕」と呼んだものを、詩人が海を地球上におけるその地理的位置から切り離して見るように、身体の有機的統一から切り離して、それ自体として考えなければならないのである。言い換えればわれわれは身体を、ヴィンケルマンよりははるかにクライストに近い仕方で解体し切断せ〔mutilate〕ねばならない(8)。もっともわれわれが近づいている暴力的な結末は、両者のいずれにも起こったのだが。われわれは自分の肢体を、まるで未開人が家を見たときのように、いかなる目的や用途からも切り離して考えなければならないのである。

（AI 88〔一六二〕）

要約しよう。カントが『判断力批判』における一節で「Augenschein〔眼の眺め〕」と呼んでいる純粋に美的な視覚は、視覚についての二つの契機、すなわち、建築術的な契機と物質的な契機を孕んでいる。一見して、これらは互いに斥け合うように思われる。しかしながら、以上で説明されたように、これらの視覚は次の点で整合的である。つまり、両者ともに、現象的構築の最終的な達成を不可能にすると同時に、その同じ構築にとっての最小限の可能性の条件を指示しているのである。建築術的視覚が、その構築の最小限の可能性からその達成の不可能性へと議論の強調点を移すことで理解されるとすれば、物質的視覚は、その逆、構築の達成の不可能性から構築そのものの最小限の可能性へと強調点を移すことで理解されるだろう。両者は表裏の関係にあり、こうした両義的な仕方で現れる純粋に美的な視覚にとっての表出様態を、物質的崇高と呼ぶことにしよう[9]。

ド・マンは、こうした視覚の「物質的」本性を描き出すために、寸断された身体のイメージ、すなわち、身体の有機的統一から切り離された断片的な肢体のイメージを援用している。そのような試みは、たしかに「いまだ〔ドイツ〕観念論者のロマン主義的企図、つまり〔フリードリッヒ・シュレーゲルが企てた〕漸進的な普遍詩作の断片的カオスの企図についての「唯物論的」ヴァリエーションと解釈する[10]」ことができる。だが、この試みが歴史的にどのような仕方で位置づけられようと、その賭け金として最小限理解しなければならないことは、それが、美学的カテゴリーの根底的に不安定な特徴を突き止めることによってそこに内在する批判力を明らかにしているのだということである。「『判断力批判』の全体的企て、つまり美的なものへの惜しみない傾倒が、体系の建築術的統一を保証するような組織化を達成するためであった」ことを喚起しながら、ド・マンは次のように結論づけている。

もしも美的なものの分析論が終わる寸前、崇高を論じる結論部において、建築術が自然ばかりでなく身体の分節化をも物質的に解体するものとして現れたとすれば、このときこそ美的なものを妥当なカテゴリーとしては解除する瞬間を記し付けることになる。超越論哲学の批判力はそうした哲学の企図そのものを解除し、そこでわれわれの手に残されるのはたしかにイデオロギーではなくて〔……〕ひとつの唯物論なのだが、カントの後継者たちはまだそれに立ち向かおうとしたことがない。こうした事態が生じるのは、哲学的な精力や合理的な力の不足のためではなく、まさにそうした力の強さや一貫性の結果なのである。（AI89〔一六一―二〕）

ド・マンがカントの唯物論として最終的に示していることは、美的なもののカテゴリーが身体の寸断や不具（mutilation）が引き起こされるほどにまで徹底化されるなら、建築術的視覚もその美的純粋さにおいて物質的な崇高にいたるということである。物質的な崇高とはつまり、これによってカント美学、ひいてはカント哲学の全体――というのもその体系的分節は『判断力批判』によればひとえに美的なものの解明にかかっているのだから――がそれ自身の企図を解除ないしは脱構築せざるをえなくなるという当のものにほかならない。「Augenschein〔眼の眺め〕としての美的視覚の純粋な物質性」（AI 88〔一六二〕）をカント美学の脱構築にとっての決定的な指標とみなすために、最後に、ド・マンがカント読解に導入している「物質性」はいかなる帰結をもたらすことになるのかをとりいそぎ指摘しよう。

4　美学イデオロギーの批判にむけて

冒頭でわれわれが考察したのは、いかにして崇高なものが超感性的なもの、つまり道徳的な善の表出となりうるのか、ということであった。すでに見たように、崇高における感性的なものの超感性的なものへの関係は、たんに否定的にとどまっている。超感性的な理念はあらゆる美的判断の「メタ美学的」起源として機能すべきものだが、このことが可能になるのは、逆説的にも、当の判断が純粋に美的にとどまっているからこそ、である。それゆえ、判断が自身の根拠を規定的に説明するようなものにけっして依存できないままであるからこそ、である。この不可能性ゆえに、かえって理念的存在が浮き彫りにされると言われるのである。ここに崇高なものにおける否定的表出は成立することになる。

では、こうした崇高における否定の論理が、カントおよびド・マンの読解に即して、既述のような、崇高なものを見る視覚の問題として捉え返された場合、どうなるのだろうか。

先に得られた帰結は、まずもって、視覚の物質性である。つまり、視覚として崇高なものの判断を構成する美的な契機が、その純粋さにおいてある種の物質性を含むということである。この物質性は、美的な判断にとって根本的な両義性として立ち現れた。すなわちこれは、判断の美感性（視覚性）そのものの限界を画すと同時にあらためてその美感性を可能にする契機だということができる。この契機は、先に述べたように、視覚の現象性を根底的に解体すると同時に、その同じ現象性を再構築する綜合の最小限の条件を指し示している。結果、美的なものが孕むこの両義的な契機によって、崇高における否定の論理は、ひとつの完結不可能な構造として理解されざるをえない。というのも、この両義性は、まさに美的なもののカテゴリーの不安定性を意味しているからだ。この不安定性によって美的なものの純粋さはつねに侵犯され汚染されることを余儀なくされている。

かくして感性的なもののリミットにおいて超感性的なものが否定的に表出されるという弁証法的な論理は、その否定性が絶対的なものにまで高められることで、超感性的なものへの到達可能性を示唆するにとどまらず、その到達不可能性をもみずからの本質的な構成の条件としていることがわかる。言い換えれば、超感性的なものへの否定的な到達という可能性は、絶対的な到達不可能性によってあらかじめ構造的に媒介されていなければならないのである。そしてこの到達不可能性によって、感性的なものと超感性的なもの、崇高なものと道徳的に善であるものとのあいだの適切な関係は、究極的に決定不可能になる。美が道徳性の象徴である（『判断力批判』第五九節参照）という点から、かつてシラーが主張したように美的教育によって文化や社会の秩序を陶冶することを目論む（「人間の美的教育について」参照）としても、以上の帰結は、倫理と政治の美学化という企てを最終的に不確実なものにするだろう。

物質的崇高とは、こうした状況のもとで、美的判断を超感性的なものへの到達不可能性においてなおも生じさせる、表出の原初的な様態のことを指す。このときド・マンは「物質的〔material〕」という語を、カントの「現象的〔phenomenal〕」という語にたんに対立させて用いているのではない。というのも、この語は「たんに「思いついた」にすぎず、それはあたかもこの視覚の特異なまでに異例の本性を指し示すには適当な語、固有の語が欠如している」[11]といった次第だからである。そもそもド・マンにとって、先に見たような、カントの有機体メタファーにおける身体の寸断ないし不具化という事態は、いうなれば言語の四肢切断（dismemberment）、すなわちカントのテクスト自身における合目的的な意味のあらゆるユニットの断片化に対応している。なぜなら、カントのテクストのより字義的な次元に対するド・マンの読解が示すように、身体の寸断ないし不具化は、たんにカントの純粋な美的視覚の徹底化（現象性の還元）によってもたらされるだけではなく、カントのエクリチュールそのものが孕むシニフィアンの恣意的な物質性によって実践的に遂行される——あるいはむしろ（言語行為論から借りられてきた）ド・マンの言い回しを用いればパフォーマティヴに断言されるものだからである。そのようなものとしてこれは「いかなる有機的および美学的全体化に対しても、いかなる美学的形式に対しても〔……〕散文的な抵抗の場」[12]となるのだ。そうでなければ、美学的カテゴリーを解除するはずのカントの唯物論それ自体が、今度は高次の「美学」（崇高の否定性の美学[13]）を構成し始めてしまうことになるだろう。

この観点からこそ、ド・マンの「文字や音節の戯れ」への一見したところ瑣事に思われるような細部への固執を理解しなければならない。すなわち、ド・マンがさらに注目するのは「言われた事〔das Gesagte〕に対する言い方

〔Art des Sagens〕」の次元なのであり、たとえばそれは「「驚嘆〔Verwunderung〕」と「賛嘆〔Bewunderung〕」というドイツ語のあいだの近接性」あるいはまた「「適合（性）〔Angemessen(heit)〕」と「不適合（性）〔Unangemessen(heit)〕」という二つの語の、恒常的でついには混乱をきたす交替関係」（AI 89f〔一六三〕）という点に読み取られることになる。かくして、物質的崇高についてのド・マンの読解は、カントの「要諦《ボトムライン》」として「文字の散文的な物質性」（AI 90〔一六三〕）を発見するにいたる。

ド・マンが「美学イデオロギー」と呼ぶものは、美的なものの既存のカテゴリー（ひいては美学一般に負う規範・秩序のすべて）を恒久化する幻想を産み出すことによって、物質的崇高の孕むこうした根本的な両義性ないし決定不可能性を抹消する企てに存している。美学イデオロギーとはいわば「偽の意識の審級であり、その真の機能は〔美的判断の〕まやかしの安定性と権威を確保することにある」[14]。ド・マンが真の芸術家とは政治家だとみなすゲッベルスの解釈を参照しつつ示したように（AI 154f〔二八四〕）[15]、こうした両義性の脅威を回避し抑圧しようとする試みは、美学が全体主義のイデオロギーへと引き寄せられる作用の核心に位置している。「美的なものが歴史の現実に働きかけるよう駆り立てる最も強力なイデオロギー的動因のひとつとして依然としてわれわれの関心を惹くのはまさに政治的権力としてである[16]」とするならば、われわれが崇高の美的-政治的な関与性を理解することになるのは、まさしく物質的崇高が美学イデオロギー批判の礎石であるべきものだという事実によってなのである。

III

美的－政治的

美学化と決断主義への抵抗

五　政治的判断力

第Ⅰ・Ⅱ部は、カントの『判断力批判』に焦点をあて、アポリアにおける判断力の問題を、美的判断力批判の文脈で練り上げることが試みられた。その結果、反省的判断力から美的判断力へといたる経路において、判断を構成する「美的なもの」が、美学の可能性の条件でありながら、所定の美学的カテゴリーには還元されない批判的な契機を宿していることが明らかになったのであり、そうした「美的なもの」の力を解明する諸相にこそ、われわれは、カントの「崇高の思考」を標定しようとしてきた。しかしこの批判は、狭義の美学批判にとどまるものなのだろうか。そうでないとすれば、それはいかなる射程を孕んでいるのだろうか。

第Ⅲ部はそのような問いに答えることを目指す。それを述べる前にまず、ここまでの議論の要点を整理しておこう。美を範例とした趣味判断の理論に対して、カントの崇高論に見いだされる論理とは、感性的には「表出＝呈示不可能なもの」を、表出の失敗やその不可能性（不快の感情）を梃子にして、有形な美的対象の感情（快）よりも高次な感情（不快の快）において否定的＝消極的に表出しようとする、ひとつの弁証法的な論理である。そこからわれわれが主張してきたのは、崇高のこの表出論理が、美の呈示不可能な形式を積極的に媒介することにより、当の不可能性に対してひとつの否定的な呈示を与えるということ、要するに、崇高は、美の形式がまさしく否定的な形式として見いだされるための超越論的な条件をなすのだ、ということである。美しいものの成立には、つねにその不定形な形式を縁取るように、崇高なものの論理が働いているのである。カントの崇高論は、カント美学における表象の外部（呈示不可能なもの）をその内部へと取り込むことのできる内化作用（我有化）の働きを担うという点で、当の表象体系を組織する超越論的原理とみなすことができる。

しかし問題はその先である。カントの『判断力批判』は、崇高の弁証法的論理そのものに即して、その限界を内側から画すような契機を含み込んではいないか。つまり、カント美学の表象体系には取り込まれないもの、ひとつの「呈示不可能なもの」としてすら取り込まれない絶対的に呈示不可能なもの、この取り込みの作用そのものを拒否する、もはや美でも崇高ですらもないものをもたらしてはいないだろうか。「美と崇高」の二項対立によって組織された表象体系の絶対的な他者、カント美学における、この（いわば）反‐弁証法的な感性形象にこそ、われわれは、構想力の過剰な暴力の可能性（第三章）、あるいは「吐き気」の感性的な否認の経験（第四章）を追究してきたのであり、「パラサブライム」と名づけうる、そのような契機にこそ、カントの「崇高の思考」の真骨頂を見定めようとしてきたのである。

判断への問いは、美学的な問題設定にとどまる課題ではない。本書のこれまでの議論から引き出されることは、カント哲学に胚胎していた「決定の思考」が、美的判断をめぐる「崇高の思考」として露見するのだということである。これを逆にみるなら、「崇高の思考」がカント美学の内在批判として解明されるとき、この企てはあらためて「決定＝決断」を指向する、一定の政治的な射程をもつものとして現れてくるように思われる。してみると、第Ⅲ部の問いは次のようなものとなるだろう。すなわち、美学批判としてのカントの「崇高の思考」は、結局のところ、いかなる政治的な含意のもとに解釈しうるのだろうか。要するに、その美学批判の実践的な効果や帰結はいかなるものなのか。ことさらに「政治的なもの」が問われるのは、二〇世紀における『判断力批判』の非常に影響力のある解釈として、ハンナ・アーレントが「政治的判断力」の概念を『判断力批判』から引き出していたからである。われわれはこれを『判断力批判』の「政治的」解釈に着手するための仮設的な足がかりとして重視する。ならば、アーレントによる『判断力批判』の「政治化」の企図は、われわれが追究してきた「崇高の思考」とどのような関係にあるのだろうか。以下でみるように、アーレントの「政治的判断力」の概念は、実のところ、趣味判断の公共化に基づく「美の政治」をモデルとしており、アーレントの影響下で引き継がれてきた従来の判断力論は『判断力批判』の（「美の分析論」と対をなす）「崇高の分析論」の洞察を、政治的判断の問題として適切に考慮してこなかった。とするなら、われわれが焦点を当ててきたカントの「崇高の思考」は、アーレントの「政治的判断力」との関連においてみた場合、この概念をどのように継承ないし刷新することができるのだろうか。

以上のような問題設定を起点としつつ、本章では、本書がこれまでに練り上げてきたパースペクティヴから「政治的判断力」の概念を再検討し、「美的‐政治的」判断論の新たな問題圏を描き出すことを試みよう。

*

Φιλοκαλοῦμέν τε γὰρ μετ᾽ εὐτελείας καὶ φιλοσοφοῦμεν ἄνευ μαλακίας.[1]

〔われらは質朴なる美を愛し、柔弱に堕することなき知を愛する。〕（II, 40）

トゥキュディデス『戦史』に伝えられるペリクレスの言葉は、ギリシア・ポリスの理想を讃え、アテナイの戦没者を弔う葬送演説として広く知られている。なかでも、しばしば引き合いに出されるこの一文を、かつてハンナ・アーレントは次のように翻訳していた。「We love beauty within the limits of political judgment, and we philosophize without the barbarian vice of effeminacy.〔われわれは政治的判断の枠内で美を愛し、柔弱という夷狄の悪徳なしに哲学する〕」（『文化の危機』AC 214〔二八九〕）。これを冒頭に引いた原文（およびその日本語訳）と少し比較すればただちに理解されるように、アーレントはここでたんなる翻訳以上の解釈を施している。エウテレイア（εὐτέλεια）には通常「安さ」「節約」「節度」といった訳語があてられるが、アーレントはそこから「狙いの正しさ〔accuracy of aim〕」という、より説明的な訳句を経由しつつ、行為する術を心得ているという意味で「政治的判断」なる表現によってこの語を理解する。他方、逐語的には「柔弱さ〔softness〕」「女々しさ〔effeminancy〕」を意味するマラキア（μαλακία）は、ギリシアのポリスにとってみずからをそこから切り離すべき「夷狄《バルバロイ》の悪徳」である。かくして、この二つの語にとって決定的に本来的な意味とは「厳密に政治的な」含意なのだ、とアーレントは強調する。すなわち、この一文に告げられているのは、古代ギリシアの文化において「知を愛〔哲学〕すること（フィロソフェイン）」および「美を愛すること（フィロカレイン）」を縁取る枠組みが、そもそもポリス、政治の領域であったということ、つまり本来「美や知は、ポリスという制度が設定した限界のなかでのみ愛することができた」（ibid.）ということなのである。

　こうした解釈を、たんなる政治還元主義の類いの主張（すべては政治的に決定され相対的である等々）と性急にみなしてしまわないようにしよう。まずもって注意すべきなのは、エウテレイアにそなわる「狙いの正しさ」という含意を、アーレントが「いかに狙いを定めるか」すなわち「いかに判断する〔urteilen〕のか」を見極める能力へと言い換えている点である。アーレントによれば、判断するというこの能力こそ、一方では、哲学のために「柔弱さという夷狄の悪徳」をみずからのポリスから取り除くことで自己と夷狄とを切り分け〔teilen〕区別するという、政治的な能力として解釈されるのであり、他方、エウテレイアとしてのこの判断力は、ペリクレスの一文では「美への愛」と不可分のものとして言われているのである。しかるべく美を愛すること、美的な事物への適切な関係をもつこと、アーレントはこれを――以下に示すようにカント的な意味で――「趣味〔taste〕」と呼ぶのであるが、この美への愛が「判断」という契機を介して、政治に対するひとつの根本的な関係を明らかにするだろう。つまり「趣味とは政治的能力のひとつ」であり、趣味という判断力を介して芸術と政治、「美的なもの」と「政治的なもの」が交叉するところに「文化」として培われるべき人々の公共領域が開かれるのではないか――これが、アーレントが当の一文の解釈を起点としながら投げかけようとしている問いの焦点となる。

ここではアーレントの過剰ともいえる翻訳の是非は問わないことにしよう。本章の関心は、そこに込められたアーレントの解釈の意図、とりわけ「政治的判断」と訳された概念の射程を探ることにある。アーレントがペリクレスの一文の翻訳によって導入した「政治的判断」（ないし「政治的判断力」）という言葉は、以下に見るように、実のところ、アーレントのカント解釈、すなわち『判断力批判』の「美的判断力批判」を「カントの政治哲学のうちで、おそらくは最も偉大で独創的な面を含んでいる」（AC 219〔二九六―七〕）とみなす、そのカント解釈に由来している。だが『判断力批判』は通常政治哲学というより、美学の古典として知られている。実際『判断力批判』における美的判断力は「自然や芸術における美と崇高とに関わる判定」（KU 169）として考察されており、そこではなんらかの「政治」の問題が明示的に問われているわけでも「政治的判断力」といった表現が用いられているわけでもない。では、いったいなぜアーレントは『判断力批判』を政治哲学の書として評価し、政治の問題について「カントが考えていたことを知るには「美的判断力批判」に向かうのが最良の方法(2)」だと言うのだろうか。一見するところでは政治には最も疎遠とも思われる「趣味」ないし美的判断力が、なぜ「政治的」と呼ばれるのだろうか。そもそも「政治的判断力」とは何だろうか。ここに想定された政治と美学の接点とはどのようなものか。このように政治哲学を、美学ないし芸術によって問わねばならない理由とは何か。結局のところ「政治」についての思考を開始しその条件を問うために、なぜ「判断力」とともに美学ないし芸術の問題を経由すべきなのだろうか。

1　趣味判断から政治的判断へ

アーレントが『判断力批判』を「カントの政治哲学」として評価するポイントは、『判断力批判』の第四〇節「一種の共通感覚としての趣味について」に見いだされる趣味判断の格律のひとつ、すなわち「視野の広い考え方〔eine erweiterte Denkungsart　拡張された心構え〕」（KU 294）と呼ばれるものである。アーレントによれば、通常カントの倫理学・政治思想の著作とみなされている『実践理性批判』は「定言命法」という理性の自己立法の能力を打ち出すものであり、みずからの良心に一致すること（自律）を強調する西洋倫理において旧来の「自己一致の原理」にとどまっている。それに対し『判断力批判』が重要となるのは、たんに自分自身と一致している自己充足的な原理ではなく、まさに判断力についての考察を通して「他のあらゆる人の立場で考えること」（ibid.）という思考様式を明らかにしたからだ、とアーレントは述べる（AC 219-221〔二九七―九〕）。

そこでまず『判断力批判』の、趣味判断の量にかんする契機についての議論を想い起こそう（第六～八節）。美についての趣味判断は、一般的規則や概念に頼ることなく、ひとりの主観の経験にのみ基づく「単称＝個別的判断」（KU 215）でなければならないが、他方、私的な関心や快適さといった制約からは解放されていなければならず、この主観的で個別的な判断はつねに「普遍妥当性」（ibid.）を要求している。そこからアーレントが強調するのは、判断の成否が、他者との潜在的な合意を要件としているということ、つまり判断力は、自己との一致のみならず、他者とのコンセンサスに達しなければならないという予期されたコミュニケーション（「伝達可能性」KU 217）を含んでいるということである。判断力は、孤独や孤立のなかでは働くことはできない。それは、みずからの身を置き入れるべき他者の立場、妥当性を要求すべき他者の現前を必要としているのであり、それゆえ「相手の立場に立って考える」というパースペクティヴの移動、つまり「視野の広い考え方」が判断力の要件となるのである。こうしてアーレントは次のように述べている。「判断する能力は、まさしくカントが示した意味でとりわけ政治的な能力、すなわち、事柄をみずから自身の視点からだけではなく、そこに居合わせるあらゆる人のパースペクティヴで見る能力にほかならない」。そして「さらに、人々が公共領域・共通世界でみずからの位置を定めうるのは判断力によるのであるから、判断力は、政治的存在者としての人間の根本能力のひとつでさえあるのだ」（AC 221〔二九九〕）。

そもそも判断力は、プラトン『ポリティコス』にまで遡ることができる主題であり、アリストテレスがフロネーシス（φρόνησις 賢慮）として論じた概念として知られている。[3] フロネーシスは、個々の特殊な状況下でしかるべく事態に対処しうる実践知であり、政治家の第一の徳として、哲学者の知（ソフィア）から区別される。アーレントはこの区別をあらためて取り上げ、『判断力批判』の同じ第四〇節に現れる「共通感覚」によってこの区別を特徴づけている。すなわち、フロネーシスとしての判断力が、共通感覚（常識《コモンセンス》＝良識《ボン・サンス》）と呼ばれるもの、つまり他者と世界を共有するかぎりで誰もがそなえている感覚に根ざすのに対し、真理を探究する哲学者の知は、絶えずこの共通感覚を超越する、というわけである。趣味判断は、哲学者の言う真理のように確実な論拠をもって証明したり推論したりすることはできないが、にもかかわらず、人々の分かちもつ共通感覚に訴えるかぎりで、美という現象、および美を本質とした芸術に公共的性格をもたらし、その妥当性への合意を「あらゆる他者にあえて要求する」(KU 216) ことができる。真理は合意をアプリオリに強制するが、趣味判断はそうではない。それは、真理のように「論議する〔disputieren〕(証明によって決定する)」(KU 338) ことができないとしても、合意の期待のもとに他者を説得しようと試みるのであり、そのかぎりで「論争〔streiten〕されうる」(ibid.) ものなのである。

趣味は、こうした意味で、論争可能・説得可能という性格を政治的な意見《オピニオン》と共有している。それどころかそれは、判断という契機を介して、政治的な活動の核心に存していることが明らかになる。というのも、趣味の能力に支えられたこのような判断とは、まさに「公共生活の領域や共通世界についての賢明な〔judicious〕意見交換と、今後世界はどのように見られるべきか、どのような類いの事物がそこから現れるべきか、同様にそこでどのような行為の様式がとられるべきかの決定」(AC 223〔三〇二〕) だと考えられるからである。

美という現象はそのつど個別的で主観的な経験であり、また芸術作品は芸術家の天才に依存するかぎりで社会とは無関係に (それどころかしばしば社会に抗してさえ) 産み出される。この意味で、芸術と政治とは本来緊張関係にある (AC 215-8〔二九〇—四〕)。しかしそうであればこそ、美やそれを担う芸術は、観賞者の趣味判断を介して普遍的に受容されるための説得と合意のプロセスを必要としているのであり、むしろそれを通してこそ、すぐれて政治的なトポスとしての公共領域が開かれるのだ。かくして「文化」とは、そのような判断が積み重ねられた公共領域の成果だ、ということになるだろう。

以上の議論を通してアーレントは、カントの趣味判断をひとつの政治的能力、つまり政治的判断力へと読み替えていく。ペリクレスの一文におけるように、知と美を愛することができるのは、こうした政治的判断の実践によって、まさにポリスが公共領域へと切り開かれていたからだ、というわけだ(4)。ならば、こうして導入された「政治的判断力」概念は、どのような射程をもつのだろうか。それをアーレント以後のコンテクストの広がりのなかで標定するために、まず、カント解釈という点では異なる部分を含みながらも、アーレントを引き継ぐかたちで影響力をもちえたユルゲン・ハーバーマスの議論を補助線として引いておきたい。

2　探照灯としての芸術

ハーバーマスが近代《モデルネ》擁護を主張した周知の論考（「近代──未完のプロジェクト」HM）において、そこで述べられた「近代のプロジェクト」を実現するための試金石となるのは、美的経験の領域である。そのさい問題なのは、やはり近代社会（の政治）において芸術の役割をどのように位置づけるのかという点である。ハーバーマスの立場は、前述したアーレントの議論と対照させるとわかりやすい。ハーバーマスもまたカントの『判断力批判』を参照しているが、その仕方はアーレントとは異なっている。アーレントのヴィジョンは、趣味判断が他者との合意を目指すかぎりで間主観的な公共領域を開くというものだったが、ハーバーマスは『判断力批判』を、もっぱら美的主観を純粋化し美的経験を分離する原理、すなわち「美的なものの自律＝固有の意味〔Eigensinn〕」を解明するものとして参照する(5)。ハーバーマスの理解では、趣味判断それ自体は、実人生とは無関係に一切の関心を排した心的状態において下されるかぎり、美的なものをそれ以外の価値領域および生活実践から分離するのであり、これは「脱中心化し外界に焦点を合わさないで自己自身を経験する主観性における自己経験の客観化」として「日常の時間・空間構造からの離脱」や「知覚上ないし合目的的な行動が準拠する慣習＝規約からの離反」（HM 456〔二八〕）をもたらす。結果、美的なものの自律化は、芸術制作が、美的仮象の領域のうちへと自閉し、芸術家自身の生きる現実的世界・社会生活からの遊離や疎外として行われざるをえない、という問題を惹き起こすことになる。

二〇世紀の芸術は、こうした芸術と社会との乖離を、社会に対する芸術の批判的な抵抗力ないし解放作用そのものへと転換するため、当の抵抗力によって芸術という美的領域そのものを破壊し、現実と仮象、社会的実践と美的経験――さらに言えば、政治と芸術――との融合を一挙に達成しようと試みた（シュルレアリスム）。こうした芸術の自己止揚のもくろみは、しかしハーバーマスによれば、大きな誤りである。なぜなら、美的なものの価値領域の自己破壊が、当の美的なものの抵抗力や芸術の解放作用そのものを損なってしまうから、というだけではない。そもそも芸術の担う美的領域は、それ自体ではなんら特権的なものではありえず、他にもある文化的領域（科学や道徳の領域）のうちのひとつにすぎない。それは、一方で自身の内的な論理において自律化する運動を担うとしても、他方でその運動のうちに「特殊な人間にしかわからない高踏的なあり方から解き放ち、実践のために、つまり理性的な生活を形成するために役立てること」（HM 453〔二三〕）が含まれているはずである。日常の生活実践では、すなわち「日常のコミュニケーション実践のなかでは」――とハーバーマスは述べている――「認識次元での解釈、道徳上の期待、主観的な表現や価値評価は、相互に深く絡みあったものであらねばならない。生活世界における相互理解のプロセスは、これら全領域にわたる文化的伝統を必要としているのである」（HM 458〔三二〕）。

そこでハーバーマスが提案する処方箋は、驚くほど常識《コモンセンス》的なものだ。すなわち、市民社会における芸術は、それを鑑賞する素人に専門的な教養を身につけるよう要求するにせよ、他方でその受け手は、まさにアマチュアとして「素人でありながら芸術好きの役を選んで、自己の美的経験を自身の実人生の問題に結びつけることができる」(HM 460〔三六〕)。素人は、芸術一般の内的発展にかかずらうことなく、個人の生活史の経験に根ざした立場から、自由に芸術を自身に取り入れることができる。そうすることによって「美的経験は、受容者の生活史上の状況を闡明〔Aufhellung〕する探照灯的な〔explorativ〕役割をもつ」(HM 461〔三七〕)のであり、その作用が他の文化的な諸領域のうちにまで浸透することでそれら諸領域が相互に参照し合っている当の関係をも変えていくことができる。このように、あくまで生活世界の視角から専門化の文化を吸収獲得することを尊重するならば、近代の専門化されて分断された文化的な諸領域を、元来それらが相互に連関しあっていた日常の生活実践の厚みのうちに回復し統合することができるだろう、というわけである。こうした展望が、ハーバーマスの確信する「近代のプロジェクト」を成している。

近代の美的経験を生活世界へと取り戻そうとするハーバーマスのこうした企図は、アーレントの場合のように直接に『判断力批判』の再解釈(趣味判断の政治化)を通じて主張されるわけではない。しかしながら、芸術が芸術として客観的に成立するための美的経験の理想的な条件を、万人に妥当すべき、日常の間主観的な生活実践＝コミュニケーション実践に求めている点で、結局のところ、両者の議論が目指す到達点は同じだと言うことができる。(6) ハーバーマスのいう生活世界については、アーレントなら、他者の現前において他者との合意を予期することで美的なものが現れてくる共通世界ないし公共領域として表現しただろう。個別化した主観的な美的経験(芸術)と、合理化され客観化した社会的実践(政治)とが互いに切り結ぶことのできる日常生活の間主観的な共通基盤――このような基盤を、しかし、実際に趣味判断(カント＝アーレント)を通して、あるいは、実人生を照らし出す美的経験の「探照灯」(ハーバーマス)を通して回復することは本当にできるのだろうか。

3　呈示不可能なもの

ジャン゠フランソワ・リオタールは、美的なものにおける経験の統合を通じて間主観的な共通基盤――日常のコミュニケーション実践が根ざす生活世界であれ、合意形成を目的化した公共領域であれ――を取り戻そうというヴィジョンに対して、はっきりと「否」を突き付けていた(「ポストモダンとは何かという問いに対する答え」LP)。経験のこうした統合は、リオタールによれば、その種のカント主義が前提としている啓蒙の思想、歴史を統一化する目的の理念や主体の理念に対して「ポストモダン」の思考(リオタールはウィトゲンシュタインとアドルノの名を挙げている)が課すはずの厳しい再審に付されなければならない。実のところ、そのような統合の企てが意味しているのは、芸術の実験を中止して秩序のうちに復帰させようという欲望、「統一性・同一性・安全性・通俗性(Öffentlichkeit〔公共性〕つまり「公衆に出会う」という意味での)への欲望」(LP 17〔一六―七〕)にすぎない。つまりそれは、いまや共同体が病んでいるからには、芸術家や作家たちを共同体のふところに呼び戻し、彼らに共同体を癒すという責任を課さなければならない、と望むのである。

こうした欲望に対してリオタールは、あくまで芸術の実験の必要性を唱え、一貫してアヴァンギャルドを擁護しようと試みている。リオタールの異議申し立ては、しかし、たんに論争的な企図にとどまるわけではない。とりわけそれは「近代」をめぐる芸術観や歴史観の違いといった(ハーバーマスとの)イデオロギー上の対立を単純に投影したものではない。リオタールの異議は、その論争的な外見以上に哲学的な理由に由来している。というのも、リオタールはみずからの主張の要点を、カント美学の議論のうちに見いだしており、アーレントからハーバーマスにいたる線とリオタールの立場とを分かつものは、まさに『判断力批判』解釈の決定的な違いによるものだからである。アーレント＝ハーバーマスにおいて間主観的な生活世界の共通基盤を照らし出す美的経験が、趣味の能力としての、美しいものの判断に関わっていたのに対し、リオタールが照準を合わせるのは『判断力批判』に見いだされる崇高の美学、崇高なものの判断についての議論（「崇高の分析論」）なのだ。では、なぜ崇高論が趣味判断を介した「美の政治」に対する異議申し立てとなるのだろうか。

リオタールのいくぶん雑駁で省略的な論述を『判断力批判』のテクストそのものによって補強しつつ、その議論の要点を再構成してみよう。美は、いかなる利益関心とも概念規定とも無縁な快の感情がもっぱらひとりの主観にとって純粋に与えられることで成立するが、それはつねに原則的に万人の合意へ通じる普遍的な妥当性を要求している。言い換えると、この快は「普遍的な伝達可能性」（KU 217）を趣味判断の根底にもつ。この伝達可能性が、趣味判断を下す個々の主観にとって与えられるのは、カントによれば、悟性という概念の能力と、概念をそれに対応した対象の表象のもとに呈示する能力（構想力）とが「自由な戯れ」（ibid.）の関係を保ちながら、相互の「均衡のとれた情調」（KU 219）をもたらしている場合である。したがって、悟性と構想力のあいだで生じうるこの「調和」が、快の感情として、趣味判断における万人の合意や和解の可能性を保証していたことになるだろう。

だが、カントが他方で解明している崇高なものの感情は、美のこうした調和が打ち砕かれる場合になおもわき起こる感情である。というのも崇高は、構想力が、概念をそれに対応すべき対象の表象のもとで呈示し損なったときにこそ生じる感情、つまり不快から生じた快の感情だからである。その種の概念とは、理性概念、すなわち

「理念」である。カントはそのような理念を世界の総体性（ないし無限定性）によって喚起している（KU 244）。構想力はしかし、その理念を感覚可能な対象の表象のもとに呈示することができない。ひとは絶対的に強力なものや偉大なものを理念として思考することはできるが、それを実際に「見せる」ためのあらゆる感性的な呈示は、不快なまでに不十分に感じられるのである。かくしてリオタールは次のように述べている。「そうした「理念」に対して可能な呈示は存在せず、それゆえ「理念」は現実（経験）について何も認識させてくれはしない。そればかりか、それは、美の感情を産み出す諸能力の自由な合致を禁止し、趣味の形成と安定化を妨げるのである。そうした「理念」のことを、ひとは「呈示不可能なもの」と呼ぶことができる」（LP 27〔二七〕）。

リオタールが崇高論にこだわるのは、まさにこの「呈示不可能なもの」のうちに近代における芸術の使命を読み取っていたからである。リオタールにとって、モダニズムの芸術とは「呈示しえないものが存在する」という事実を呈示する芸術のことである。そこで問われているのは――カントが崇高の例として挙げているユダヤの偶像崇拝の禁止（KU 274）からリオタールが説明するように――「不定形なもの」「無限のもの」「絶対的なもの」といった理念的存在をそれでもなお構想力が呈示しようとして失敗する経験において示される空虚な抽象の呈示、つまり「否定的な呈示」である。絵画のアヴァンギャルドたち（リオタールが言及するのは、マネ、セザンヌ、ピカソ、ブラック、デュシャン、バーネット・ニューマンといった画家である）が、眼に見える呈示として作品を制作するのだとしても、まさにそれは見ることも見せることもできないような「呈示不可能なもの」をほのめかそうと努めているからにほかならない。彼らの営為は「思考を視線に従属させたり、呈示不可能なものを回避することを思考に許したりするような、呈示のさまざまな計略を絶えず暴き出す」ことに存するのである（LP 29〔二九〕）。

以上はしかし、モダニズムの片面にすぎない。モダニズムの芸術は、一方で実験を試み新たな呈示の仕方を生み出そうと挑戦するが、他方でそれが自己の呈示能力の限界に直面し「呈示不可能なもの」をほのめかすにとどまるというかぎりで、この呈示は、呈示し損なって喪った「不可能なもの」へのノスタルジーやメランコリーにとらわれている。そのためにモダニズムの運動は、ひとつの〈否定的な呈示の美学〉を形づくることになるのである。この否定性が、崇高なものの美学的形式を説明するだろう。そこからリオタールが引き出す論点は、そのような崇高の美学が、一定の否定的な形式のもとにふたたび慰めや癒しの素材をもたらしてしまうということ、そのかぎりで、こうした崇高は、いまだ「真の崇高な感情」（LP 32〔三二〕）とは言えないということである。

リオタールによれば、崇高の感情は本来、あらゆる呈示を超えたものに対峙することによる、快と不快との純粋に内在的な結合でなければならない。それは「強く両義的な情動であり、快と苦を同時に含んでいる。より正確に言えば、快は、そこでは苦〔不快〕から生じるのだ」（LP 26〔二六〕）とリオタールは述べている。こう述べるだけではしかし、リオタールが強調しようとしている、カントの崇高概念の要点は明確にならない。そもそも『判断力批判』を読むかぎり、崇高なものの感情を説明するひとつの主要な論点は、これまで何度も見てきたように、感性的には「呈示不可能なもの」を、構想力がその呈示に失敗するという不可能性によってこそ否定的に呈示し暗示しようとする、一種の弁証法的な論理に存している。これは、リオタール自身しばしば「呈示不可能なものの呈示」として言及する表出の様態であり、まさにカントが「不快を介してのみ可能であるような快」（KU 260）と呼ぶところの感情である。だが、この弁証法的論理の形式から理解されるかぎりでは、崇高は、リオタールが「ノスタルジックな」否定的呈示とみなすモダニズム美学の概念以上のものではないだろう。

注意しなければならないが、こうした崇高の美学は、リオタールがカントから引き出そうとしている崇高概念の核心ではない。ここでのリオタールの論述は必ずしも十分に明快とは言えず、誤解の余地を残しているように思われる。しかし、リオタールがモダニズムの美学概念から区別しようとしている本来の崇高、すなわち「快と苦の内在的結合である、真の崇高な感情」（LP 32〔三二〕）において問題になっているのは、実のところ、崇高の美学的形式を構成している表象の論理そのもののリミットなのだ。つまり、美的表象において不快を快に転化する弁証法的原理のただ中にあって、それでもなお、まさに当の原理が存続するかぎりで取りこぼさざるをえないような残余、すなわち、崇高なもののうちに残り続ける過剰な否定的感情の契機なのである。(7) それは、美的判断を通常の意味で成立させる（美の）快、および不快を転化する（崇高の）否定的な快という感情の二極へと単純に還元されることがなく、美的快の純粋な達成そのものを阻害してしまうような心の動きである。事実、カントは、この「心の動き」を、「同一の客観の反発と牽引の急速な交替」に比すべき「震動〔Erschütterung〕」（KU 258）という一種の葛藤状態として特徴づけている。崇高なものが喚起するこうした力動的な局面にこそ、リオタールは「あらゆる呈示を超えてしまう快と、構想力や感性をもってはその概念に対処しきれない苦〔不快〕」（LP 32〔三三―四〕）が混在するような「快と苦の内在的結合」を見いだし、そこに「真の崇高な感情」を看取しているのだと考えることができる。

　したがって、このように理解された崇高は、その根本的に不安定な両義性において、所与の美学的形式から、崇高の美学的形式からすらも逸脱してゆくのであり、そのかぎりで、美学の既存のカテゴリーに還元されることができない。それはむしろ、美学的把握そのものを攪乱するように働くのであり、反美学としての崇高というべきものをなすのである。そして、そうした崇高なものの力を指し示しているのが、リオタールのいう「ポストモダン」にほかならない。

ポストモダンとは、モダンのうちにあって、呈示そのもののなかから「呈示不可能なもの」を引き出すような何かのことだろう。すなわちそれは、趣味が不可能なものへのノスタルジアを共有させてくれるようなものであるかぎり、そうした趣味のコンセンサスを拒否し、良き形式からもたらされる慰めを拒否するのだ。それは、さまざまな新しい呈示を、楽しみ享受するためにではなく、呈示しえないものが存在するのだとより強く感じさせるために尋ね求めるのである。（LP 32-3〔三四〕）

それゆえ、以下の点を明確にしておこう。リオタールのいう「ポストモダン」は、クロノロジックな順序において「モダン」の次に来る契機を表しているわけではない（そうした線的な時系列自体が「モダン」の産物である）。むしろそれはまずもって「モダン」に内在するものである。それは、絶えず未知の呈示、いまだない呈示、「呈示不可能なもの」を通じてモダニズムの運動を駆動させる当のものなのである。と同時に「モダン」がそうした運動としてひとつの形式を閉じようとするやいなや、「ポストモダン」はそれをふたたび破壊するのであり、新たな「モダン」を再開すべくその運動を内側から限界づけ続けている。要するに「ポストモダン」は、モダニズムの運動を構成するとともに解除（そして再構成）する、ひとつの（脱）構造化の契機だということである。だからこそリオタールは「ポストモダニズム」を、終わりに到着し完成しつつあるモダニズム（の次に来るもの）としてではなく、「出生状態にあるモダニズム」（LP 30〔三〇〕）と特徴づけるのである（したがって「真の」モダニストとはポストモダニストだったということになるだろう）。

では、以上のような芸術論＝ポストモダン論の政治的帰結は、どのようなものとなるのだろうか。こうした議論は、政治的判断力の概念にとって、いかなる意味をもつのだろうか。繰り返せば、リオタールにとって、カントの『判断力批判』は、美をめぐる趣味の美学のみならず、崇高論を含んでいるということが決定的に重要である。というのも、そこでは、崇高なものの感情が、美の経験が期待するような宥和を打ち壊しにくる根本的な不快、すなわち（美の）快でも（通常の意味での崇高の）間接的な快ですらもないような「快と不快の内在的な結合」として理解されるからである。アーレント＝ハーバーマスにおいて、カントの論じる美的判断力は、美しいものの経験を介してこそ、趣味＝政治的判断力として、間主観的な生活実践の共通基盤への通路を見出し、民主的討議や合意形成のコミュニケーション実践や公共領域の場を開くと考えられていた。しかし『判断力批判』がリオタールのいう意味での崇高論を含んでいるかぎり、これは、美の経験を通じた「生活世界」や「公共領域」への遡行とその回復といった宥和的なヴィジョンを達成不可能にしてしまう。カントの問うた美的判断が美しいものにとどまらず、崇高なものの感情をもうひとつの内的な契機としている以上、当の判断力は、間主観的に共有された「生活世界」や「公共領域」への復帰を約束する一方で、それをただちに禁止してしまうのである。もちろんリオタールは討議や合意形成の必要そのものを否定しているわけではない。そうではなく、問題なのは、そうした美的‐政治的判断力の遂行にとって、その種の「生活世界」や「公共領域」といった間主観的な共通基盤を、回復すべき拠り所とみなすことは、決定的に不十分だということなのである(8)。

とはいえ、リオタールのこうした問題提起を十全に受けとめ、その真価を見積もるためには、カントが論じている美と崇高との関係について『判断力批判』のより詳細な検討へとわれわれを差し戻すだろう。カント美学において崇高の呈示が美の呈示に対してもつ超越論的な優位といった論点は、本書が前章までに論じてきたことであり、ここで繰り返すことはしないでおこう(9)。

ともあれ、リオタールの立場は、芸術の脱規範的な特異性＝単独性を、共同体の秩序に組み込もうとする傾向への抵抗点とみなし続けるという点で一貫している。これは、ハーバーマス的な観点からすれば（ポストモダンというより）美的モデルネに典型的な意識を示しており、たとえばハーバーマスがアドルノについて述べた批判、すなわちアドルノの主張は「秘義的な芸術作品に潜む抗議の訴えの身振りに閉じこもってしまい」、「道徳がもはや根拠づけが不可能なものとされ、哲学に残る課題といえば、芸術のなかに隠れ潜む批判的な内実の存在を、間接話法的な表現で示唆するだけ」（HM 454〔二五〕）という批判が、リオタールに対してもそのままあてはまるようにも思われる。リオタールの立場は、いったいどのような政治へと通じているのだろうか。

4　崇高の政治？

「全体性に対する戦争だ、呈示不可能なものを呈示しよう、さまざまな抗争を活性化しよう、名の栄誉を救出しよう」（LP 34〔三六〕）――このようなスローガンを掲げるリオタールの情熱に満ちた主張は、たしかに、趣味判断を介して間主観的な生活実践を取り戻そうとする「美の政治」に対し、あくまで崇高なものの否定的な力を対置することによって、一定の批判的な効果をもちうるだろう。実際、リオタール自身の議論に顕著なように、それは、つねに個々の状況へと介入し論争を局所的に仕掛けようと試みるのであり、リオタールがみずから規定するようにソフィスト的ないし異教的なスタイルを実践しようとする。そのもくろみは、看過された対立やコンフリクトを暴き出し激化させ、その敵対性を積極的に受け入れようとする抗争＝差異《ディフェラン》の政治である。

しかしながら、ここに「美の政治」に対するオルタナティヴとして――ハーバーマスが批判するような意味でのアドルノ的な美的モデルネ以上のものとして――もうひとつの政治的判断力の理論を見いだそうとするとき、リオタール的な「争異〔le différend〕」の政治は、きわめて危うい領域に近接し始めることになる。というのも、もし「争異の政治」が、崇高なものの感情にそなわる批判的な力を実体化することを通じて「崇高の政治」をそれ自体として構想するのだとすれば、すなわち、合意形成を目指す間主観的なコミュニケーション実践——「美の政治」のモデル——を理想化する代わりに、崇高なものの感情を介して、共同体の美的＝直感的な情動の全体的な統一によって判断を下そうとする政治に道を拓くのだとするならば、この美的政治は、ファシズムにほかならないだろうからである。

「崇高の政治」のヴィジョンからすれば、間主観的な公共領域において繰り広げられる民主的な討議のモデルは、必要な政治的判断を「永遠の議論」によって宙づりにしつつ、その場凌ぎの交渉と妥協で糊塗するという無力な政治形態にすぎない。周知のように、カール・シュミットはヴァイマール期の議会制民主主義の危機にこの無力を見て取った。結果、政治的判断が延期され機能不全に陥った間主観的な公共領域を突き破ってそこに回帰してくるのは「例外状態について決断を下す者」(PT 13〔一一〕)、結局のところ、当の美的政治を代表しうる、決断の特権的な主体〔主権者〕であるだろう。そのとき政治的判断は、主権者の全能に託された純粋に権威的な決断、つまり絶対的に主意主義的——ゆえに絶対的に恣意的——な決断でなければならないのである。

実際、シュミットの決断主義は「崇高の政治」がモデル化すべき判断の構造を尖鋭に表現したものとみなすことができる。「決断は統治的権威の存在そのもののうちに含まれており、かつ決断はまた、それ自体として価値をもつ。なぜなら、最も重要な事柄においては、いかに決断するかというよりも、決断するという事実のほうが重要だからである」(PT 61〔七二〕)。あらゆる意見対立が調停されえず、停滞と混乱に満ちた政治に疑念が沸き起こるという当の状況で、主権の権威は、決断の内容如何にかかわらず、種々の内容から切り離された純粋な決断をともかくも下すことができる。そこでは決断が下されるという行為の事実そのものが価値をなす。すなわち、シュミットにとって、主権者の純粋な決断の価値は、民主的討議の不決断（優柔不断）によって生じた政治への疑念を権威的に払拭することができるという点にあるのだ。「崇高の政治」は、この主権＝至高の決断の権威を、民衆の美的感情に根差した共同体の全体的な統一として実現したものだと言うことができる（ここでは「主権者〔le souverain　至高のもの〕＝崇高なもの〔le sublime〕」という等式が成り立つだろう）。

しかしながら、決断の価値がその内容とは無関係な純粋な行為の事実に基づくということは、決断の内容を根本的に恣意的で偶然的な決定――主権者の主意主義的な決定――に委ねてしまうことを意味する。そもそもシュミットによれば、あらゆる規範的内容の拘束を嫌う自由主義的政治は、みずからの不決断において、政治的な帰結としては、時の権力者に従属するということにしかならない。それゆえシュミットは、自由主義者の日和見主義的な――とくにシュミットはこれを「機会原因論」と呼ぶ――（不）決断の様式を「政治的ロマン主義」として指弾していた（『政治的ロマン主義』参照）。だがまさにシュミットの決断主義の政治は、内容とは無関係な、決断の純粋な行為の事実に依拠するために、決定内容の根源的な恣意性を招くという点で、シュミット自身が非難していたはずの「政治的ロマン主義」と奇妙な共犯関係に陥ることになるのだ(10)。かくして、崇高なものの感情に基づいて政治的判断力の理論を構築しようとするならば、こうした問題含みの決断主義に、判断の原理を委ねてしまうことになるのではないだろうか。

リオタール自身はシュミットの議論に直接言及してはいないが、ここでの問題の複雑さを自覚していないわけではない。リオタールは、別のところで「崇高の政治について言うと、そんなものは存在しない。それはただテロル〔恐怖政治〕となるだけであろう」（LP 112-3〔一一〇〕）と明言している。リオタールに言わせれば、崇高の否定的な感情を一種の「政治的崇高」として、政治的判断の積極的な原理へと転化させることは、政治のポストモダン的可能性の追求であるどころか、反近代的な退行にすぎない。それは、いったんはアーレントが政治化しようとした美的判断を、崇高というカテゴリーのもとに再美学化することであり、つまるところ、美学化された崇高を媒介とした政治、すなわちそうした崇高を体現しうる主権者の美的政治になってしまうのである。ナチズムにとってこの主権者は（人格としてはヒトラーという総統を戴く）「民族〔das Volk〕」である。議論がある程度明確になるように、この「民族」を上演する美的政治についてのリオタールの説明を引いておこう。

ナチスの政治において演出に突出した重要性が与えられていたことは、しばしば気づかれてきた。美学、とりわけ後期ロマン派とヴァーグナーによって練り上げられた美学、つまり「完全」芸術であるオペラと映画とを特権化する「全体芸術作品」の美学が、シラー的企図〔本章の用語でいえば「美の政治」――引用者註〕のすべての組成＝体制をひっくりかえしながら、専制政治に奉仕させられた。人間性を教育してそれをさまざまな〈理念〉にいっそうふさわしいものとすることからはるかに遠く、民族自身に対する民族の感覚的表象は、民族が例外的な特異性として自己同一化をおこなうことを助長することになった。ナチスの〈祭典〉は、記念碑的に大がかりなものであろうと身近な小規模なものであろうと、アーリア神話の象徴的形象を眼に見えるもの耳に聞こえるものとすることによって、ゲルマンのアイデンティティを高揚させたのだ。（LP 86-7〔九二〕）

ナチスによるこうした美的政治は、ベンヤミンがファシズムに見た「政治の美学化」（「複製技術時代における芸術作品」末尾)[11]を指標としつつ、他の多くの論者の分析によっても知られるところであり[12]、ここで詳しく検討するには及ばないだろう。われわれの問いはこうだ——ならば、リオタール的な「争異」の政治が「美の政治」に抵抗する一方で「美学化された崇高の政治」へと反転しないという保証はいったいどこにあるのだろうか。もっともリオタールの強調点は、そもそもすでに「政治のなかには崇高な美学が存在している」ということ、さらに言えば、まさに崇高なものの力を考慮に入れようとしない「美の政治」のなかにこそ崇高の美学が入り込んでくるということであり、「政治のドラマから民衆が感じ取る崇高な情動」をけっして蔑ろにはできないということである。つまり「こうした問題構制からこそ〈フランス革命〉と演劇との親和性についての議論を練り上げなければならない。すなわち、それが「大衆操作」とシニシズム(まさにナチズムの場合のように)を許すこと、それがまた無邪気さをも引きずること(一九六八年に見られたように)を考え合わせることによって、こうした親和性についての議論を練り上げなければならないのである」(LP 113〔一二〇〕)。

とはいえ、リオタールの立場が危ういものであることに変わりはない。リオタール＝カントの崇高論の観点からすれば、趣味判断を介した間主観的な「美の政治」は、政治の現実を媒介している崇高なものの感情を看過しているかぎり、政治的判断の理論としては不十分なものにとどまっている。そもそもアーレントとハーバーマスの「美の政治」のモデルがまさにファシズムの破局的政治への批判と反省を出発点としていたことを考慮すれば、リオタールが提起した崇高論の観点の欠落は、いっそう深刻であるように思われる。にもかかわらず、他方、判断の理論を新たに打ち立てるべく、崇高の呈示そのものを政治の原理へと転化することは、崇高の呈示の核心にある否定的な感情を「政治的崇高」の表出へと昇華すること(sublimation)であり、カントの用語によって言い換えるなら、共同体を統一する高次の情動へとこの否定性を取り違える＝詐取すること(Subreption)にほかならない。つまりこれは、美的判断の行使としては、もはや他者の説得や討議の場を開くための共通感覚の基盤の形成にむかうのではなく、「民族」の情動を直接に集約しうる主権的決断の美的な実現となるのであり、そのような意味で「崇高の政治」は可能になるのである。

してみれば、少なくとも以上から引き出しうることは、次の点にとどまる。すなわち、趣味判断を介した「美の政治」の限界を批判しつつも、その一方で崇高の美学化と（美学化された）「崇高の政治」に抗することができるのは、まさに崇高なものの否定的な力——反美学的なまでに否定的な力——による徹底した「内在批判」[13]以外にはないということである。このとき判断という契機が残り続けるとするならば、それは、結局のところ、美の政治にも崇高の政治にもどちらの側にも依拠することはできないのであり、崇高の感情がどこまでも「呈示不可能なもの」の存在をほのめかすだけの否定性——これは崇高の美学の弁証法的論理が止揚しえない根本的な不快の感情だ——にとどまるかぎりで、当の判断は、いかなる規定的な根拠も構成的な原理ももつことができないのである（逆にもしそうした根拠や原理があるとすれば、崇高についての判断は「呈示不可能なものの呈示」を偽装しているにすぎず、単純にあらかじめ呈示可能なものを呈示するだけになってしまうであろう）。リオタールは、この危うい内在批判の試みを（政治という語に括弧で留保を付しながらも）アドルノに倣って「ミクロロジー（微視学）の「政治」」（LP 115〔一一三〕）と呼んでいる。

5　判断の前未来

では、このとき政治的判断力はいったいどうなってしまうのであろうか。そもそも「政治」が、アーレントがペリクレスの一文から指摘していたように、ポリスの内（われわれ）と外（夷狄）を切り分ける行為に存しており、このことが共同体の形成と統一を最も基本的な目的としているのであってみれば、そしてそれにもかかわらず、民主的な討議や合意形成による間主観的な実践も、ましてや情動の全体的な統一も主権の権威的な決断も、判断力の最終審級ではありえず、あるべきでもないのだとするならば、判断はたんに不可能になってしまうのではないだろうか。どのように判断すればよいのか。

リオタールが芸術家や作家にとってのポストモダン的な呈示について述べたことは、まさにそうした政治的判断についての疑問への応答として読み直すことができる。リオタールによれば、彼らのつくり出す作品やテクストは、所与の諸規則に依存したり支配されたりしていてはならないし、その作品やテクストに対して既知のカテゴリーを適用するような規定的判断によってつくり出されることも評価されることもない。というのも、こうした規則やカテゴリーこそは、その作品やテクストがまさにみずから法として打ち立てようと探求している当のものだからである。これは、唐突な定式というわけではなく、リオタールが絶えず暗黙裡に参照し堅持しようとしているカントの反省的判断力の原義（「ただ特殊だけが与えられていて、この特殊のために判断力が普遍を見いださなければならないならば、判断力はたんに反省的である」KU 179）に立ち返るものである。そのとき判断が下されるのは、リオタールの言い方によれば、判断の規則を欠いたまま「つくり出されたことになるであろう〔aura été fait〕これからつくり出されてゆくであろう、そしてできあがってはじめてわかるであろう〕」当のものの規則を確立するという仕方においてである。そしてリオタールは述べている。

そこから、作品とテクストは、出来事としての諸特性をもつことになるのであり、またそこから、それらがその作者自身にとってはあまりに遅れてやってくるということになるのであり、あるいは同じことだが、それらの作品化は、つねにあまりにも早くはじまるということになる。「ポストモダン」は、前未来〔futur (post) antérieur (mode) 未来〈ポスト〉完了〈モード〉〕のパラドックスにしたがって理解されるべきであろう（LP 33〔三四―五〕）。

そもそもアーレントが述べていたように「政治的思考とは本質からして判断力に基礎をおいて」おり、判断基準の消失こそはむしろ判断力が発揮されるべき本来の状況をなすのだとするならば[14]、それゆえさらに踏み込んだ言い方をするなら、政治とはそうしたよるべなき状況で判断が下されるかぎりでの出来事の生起なのだとするならば、判断はたんに不可能なのではない。そうではなく、判断とは、リオタールの言葉を敷衍して言えば、ひとつの出来事として（判断の主体に）あらかじめ知られていることがなく、前未来の様態で事後的に指し示されるほかないような〈来たるべきもの（à-venir）〉、いわば、過去から到来するような未来（あるいは未来において到来する過去）として言い表されるべき何ものかであるだろう[15]。要するに、そのような時間錯誤《アナクロニズム》として示される予期不可能性、計算不可能性、決定不可能性、この不可能性によってこそ、政治的判断というものがはじめて可能になるのである。この意味での根本的なアポリアを経た判断が、出来事であるかぎりでの政治、すなわち、必然ではない出現、所与ではない贈与、つまり規定的でも構成的でもない〈到来としての政治〉をもたらすことができるのだ。

この「到来としての政治」という表現が言わんとしているのは、当の「政治的なもの」の概念が、絶えず新たに規定され直されるべきであることを、われわれに要求しているということである。「政治的なもの」がつねに本質的に未知の何ものかとして到来すべきものであるかぎりで、それは所与のいかなる政治概念にも特定の政治的実践にも同一視されえない。むしろそれは、通常「政治」という言葉で理解されるものの限界をつねに超え出ていくよう要求しているのであり、オリジナルな芸術作品が未知の美的感情を喚起するかぎりで所与の芸術作品や概念に一致することがないのと同様、到来としての政治は、既存の政治概念から導かれるような、実践的な行動の指針やプログラムとなることがない。このとき、政治的判断力は「政治的なもの」それ自身に対しても反省的判断を働かせなくてはならない。それは、未来に開かれた批判的《クリティカル》＝臨界的感覚を研ぎ澄ませつつ、そのつど政治的なものそれ自身の発明を要求しているのである。

このような意味で、到来としての政治は、ポリスの境界を定めることで特定の共同体を囲い込み、公共空間の共通性を同質化し、民族の同一化の原理をもたらすといった企図に腐心することはないだろう。そこで想定される「ポリス」は、けっして既存の民族、国家、集団、階級等々と同一視することはできないのであり、むしろつねに他なる異質な共同体、いまだ形成されていない公共性や公共空間、いまだ生まれざる人々の共同体、予測不可能な未来の共同体のために、当の共同体の共通性や境界を開いたままにしておくのである。もちろん、共同体や公共空間はなんらか「共通なもの」の同一性をつねに前提としており、それがまったくないところでは政治それ自体が考えられないものとなってしまうだろう。その前提を引き受けないところに政治のいかなる責任もないだろう。ここにあるのはたしかに「今日われわれが直面しているジレンマ」、「共同体と公共空間の概念が、政治や政治的なものの開かれた批判的感覚を維持するのに必要とみなされるかもしれないのと同時に、当の概念自体が政治的なものの制限や限界を避けがたく課してしまうというジレンマである(16)」。

だが、政治が到来すべきものであるということ、その未規定性によって(反省的)判断がはじめて可能になるところの「政治的なもの」は、特定の共同体や公共空間の諸条件に規定され制限されているかぎり、それにふさわしい出来事として生起しうることはないし、真に批判的でありうることもない。それゆえ少なくともはっきりしているのは、共同体や公共性が、それ自体としてはけっして実体化や理想化されるべき目的とはなりえないし、諸々の政治的問いの解決や最後の言葉と考えられるべきでもない、ということである。共同体や公共性といったものがあるとするならば、それらは、そのつど最小限の「共通性」によって引き受けられては当の制限が解除され再構成されるべき、暫定的な収束点としてのみ想定されるべきものだろう。

「否定的共同体、すなわち共同体＝共通性をもたない人々の共同体」――バタイユのこの言葉から発して、ブランショの『明かしえぬ共同体』[17]と題されたテクストは、同じくバタイユを介して「現代における共同体の運命にかんする決定的な経験[18]」をたどり直したナンシーの論考（『無為の共同体』）と対話していた。そうした共同体についての思考――「共通性なき共同体」の思考――はすでに着手されている。結局のところ「共同体をもたない人々の共同体」をいかにして構想するのかが、あらゆる政治的判断の前提として問われることになるだろう。そのような「ポリス」は存在するのだろうか。それはどのような共同体なのだろうか。そもそも共同体なのだろうか。あるいは問うべきは、もはや「共通性＝共同体」という言葉さえも不確かな「どんな帰属も類似も近さもない」「孤独の友たちの共同体なき友愛[19]」ではないだろうか。おそらく、そのような問いの地点から「政治的なもの」の一切を練り直さなくてはならない。「最も遠いものの近さ、最も軽いものの圧力、到達しないものの接触、それに応答することができるのは友愛によってである。相互性がないのと同様に分かち合いのない友愛、痕跡を残さず過ぎ去ったものにとっての友愛、未知のものの非現前に対する受動性の応答[20]」。

本章を閉じる前に、以上に述べたことをアーレントの議論へと差し戻すために――というのも政治的判断力の概念はやはりアーレントに負うからだ――ひとつの可能な方向を示唆しておきたい。アーレントは、芸術の美的な現われが趣味判断を介して開く公共領域・共通世界を構想するさいに、ハイデガーの「世界」概念を暗に参照している。フィリップ・ラクー゠ラバルトが（「どのように判断するか――ジャン゠フランソワ・リオタールの仕事から出発して」と題されたコロキウムにおいて）明確にしていたように「アーレントの〈世界〉にかんする思考が、ハイデガー的な着想のもとにあるということは確かであり、いずれにせよ、そのことを以下の諸点においてきわめて正確に指摘することができるだろう。つまり、世界が超越論的であるということ、そして世界の〈開け〉であるところの芸術は、それが「現われるということだけを目的」とするがゆえに、現われの現出一般を可能にするということ。つまり芸術が、存在するものを「存在するがままに」「存在‐させておく」能力を付与し、「あらゆる事物の〈もの性〉」へと接近する通路を提供するということ、等々の諸点である――これらの表現のすべてはやはり「文化の危機」からの引用である[21]」。

しかしラクー゠ラバルトがそう指摘するのは、アーレントが美的判断の対象としての「現われ〔appearance〕」を、美の呈示へと縮減してしまった――崇高でもハイデガー的な意味での芸術作品でもない――という点を批判するかぎりにおいてである。おそらくわれわれは、ラクー゠ラバルトの指摘を反対方向に読むことによって、すなわち（アーレントにハイデガーの矮小化をみとめてアーレントを斥けハイデガーへと遡行するのでなく）アーレントの世界概念のうちにこそハイデガー的なモティーフをあえて強く読み込むことによって、アーレントの公共領域の政治に潜在する「出来事の思考」を浮かび上がらせることができるだろう。たとえば、アーレントの世界概念における「現われ」の経験のうちに、ハイデガーのいう「輝き（エクファネスタトン）としての美[22]」――これはカント＝リオタールの「崇高」と同様、あらゆる美学や芸術哲学のカテゴリーに抵抗する反美学的な経験だ（DS 132ff〔一八四頁以下〕）——の契機を読み込むならば、それを（通常の意味での美の呈示ではなく）崇高の呈示の側に引き寄せることができる。そうすることでこの方向は、他方で（アーレントがつねに抵抗していた）ハイデガーの「政治」との隔たりを考慮するかぎりにおいて、アーレントのいう政治的判断力の新たな可能性を開くように思われる。(23)

＊

最後に、冒頭で引いたペリクレスの追悼演説の一文に戻ろう。「*Φιλοκαλοῦμέν τε γὰρ μετ᾽ εὐτελείας καὶ φιλοσοφοῦμεν ἄνευ μαλακίας.*〔われらは質朴なる美を愛し、柔弱に堕することなき知を愛する〕」。かつてナチズムの「崇高の政治」に短期間ではあれ疑いようもなくコミットしたハイデガー——しかしそれゆえにまた「到来としての政治」の可能性を思考しなかったわけではないハイデガー——の政治を問い直す試みにおいて、ラクー＝ラバルトは、アーレントの解釈に異議を唱えつつ、この一文についての、より字義的な解釈を施していた。すなわち「エウテレイア」は、趣味＝政治的判断の「狙いの正しさ」を示すわけではなく、文字通り、芸術の「作品化される手段の単純さ」を指し示すにすぎない。それゆえ、問題の一文は「逆境と資源の不在に直面して鍛え上げられた、この「尊大な小民族」——とニーチェなら言うだろう——の、芸術と思惟が結合した実践のなかにあるヒロイズムを讃えている。ペリクレスは、その実践を、超克しがたい高さにまで引き上げる術を心得ていたのだった」(24)。つまり、この一文のより字義的な解釈は、三〇年代のハイデガーであれば、ドイツとギリシアとを同一視しつつ、そこから「第三帝国」の来たるべき政治——芸術と哲学が相互に結びついた美的政治——の綱領を読み取ったであろう、そのような解釈となるのである。かくしてラクー＝ラバルトの主張は、この一文が、アーレントの解釈に示唆されるような「美の政治」を介した「デモクラシーの創立憲章」となるどころか、われわれがいまだけっしてそこから解放されてはいない政治――崇高の政治――の「恐怖のなかで成就したもののプログラム」を言い表しているのだ、というものである。

「美の政治」なのか「崇高の政治」なのか。われわれとしてはラクー＝ラバルトの解釈を大筋で認めながら、しかしアーレントの解釈を単純に斥けることなく、さらに押し進めて次のように言おう。すなわち、一方で「デモクラシーの創立憲章」として読まれうるペリクレスのこの一文は、まさにそのようなものとしてこそ、他方で「恐怖のなかで成就したもののプログラム」とみなすことができるのであり――ナチズムはまさに議会制民主主義のなかから、その混乱と危機に乗じて台頭したのであった――、両立しえない二つの解釈を許すこの同一の文は、両者のあいだの決定不可能性のうちに、あたかも読解不可能な碑文のように、おそらくもうひとつの〈到来すべき政治〉を書き込んでいるのである、と。

ここに判断は、いわばそのように書き込まれてあることで、いまだ知られざる政治の、いまだ呈示不可能なものの存在を呈示すべく、前未来形で到来するほかないような出来事として下されていたことになるだろう。政治的判断はつねに〈これから下されるであろうもの、そして下されてはじめてわかるであろうもの〉にとどまっているが、それはまさに、政治的なものの可能性、判断そのものの可能性が開かれているからなのである。

最終章では、「到来としての政治」をまさに現実化せんとしていた時代の判断の問題、すなわち、二〇世紀初めの大戦間期に「危機の思考」として出現した、決断主義の問題を扱う。「決断の時代」とも呼ばれたその歴史的な過去が教えているのは、政治的判断力が——戦後アーレント＝ハーバーマスの理想としたような——共通感覚（美について共有された趣味）を背景とした民主的討議や合意形成の実践として機能することを止め、議会制民主主義の機能不全を絶ち切るべく、主権者の純粋に権威的な決断として要請され実現するという事態であった。

政治的判断力の可能性が、歴史的には、決断主義による「崇高の政治」として現実化したとするならば、われわれはそれをどのように評価すればよいのだろうか。政治的判断に伴う「決定」の経験は、もっぱらこのような決断主義へといたるほかないのだろうか。そうではなく、政治的判断力が「到来としての政治」を担いうるかぎりで、われわれは、たんに「美の政治」にも「崇高の政治」にも行き着かない新たな判断の可能性にむけて、決断主義とは別の「決定の思考」の在り処を探るべきではないだろうか。だがそれは、いかにして可能なのか。

六　決断の帰趨

決断が、「近代」という企ての限界に際立って浮上する問題であることはこれまでしばしば指摘されてきた。かつてマックス・ヴェーバーが「脱魔術化」と呼んだ、近代科学による世界の合理化のプロセスは、二〇世紀初頭、いわばその反作用として、合理化によって閉ざされた近代という「鋼鉄の檻」から脱出せんとする強い衝迫をもたらすにいたった。そのひとつの極点が、両大戦間のドイツ思想の一角に、とりわけヴァイマール共和国の危機的な状況のなかから生じてきた「決断の思考」である。ノルベルト・ボルツの労作『脱魔術化された世界からの脱出』が描き出したように、カール・シュミットの『政治神学』（一九二二年）とマルティン・ハイデガーの『存在と時間』（一九二七年）は、この思考を最もラディカルなかたちで担った著作とみなすことができる。それらは「決断主義的なパトスをもって、第一次大戦後の麻痺し混乱した意識状態に立ち向かった」のであり、この観点からすれば「ヴァイマール共和国の危機は、思考の危機へと、麻痺状態に陥っている現在は、決断の時代へと尖鋭化されるべきもの」だったのである(1)。

だが、それらの歴史的経緯を少しでも知る者からすれば、シュミットの「決断〔Entscheidung〕」概念とハイデガーの「決意性〔Entschlossenheit〕」概念が、ある種の禍々しい政治的負荷を帯びているということは否定できない。シュミットの決断の理論は、リベラルな議会制民主主義の優柔不断から袂を分かつべく、主権を担う指導者が、純粋に権威的な決断によってドイツ民族の政治的実体を規定するという展望を拓き、ナチズムの独裁体制にいたる全体主義国家の理論的支柱となった[2]。また、三〇年代のハイデガーは、短期間ではあれフライブルク大学総長としてナチスの政治に加担するなかで、ドイツ民族全体として「われわれがわれわれ自身を意志する」という「共同的な決断」を鼓舞していた（「ドイツ的大学の自己主張[3]」）。政治へのこうした関与は、彼らの著作がラディカルであればあるほど、理論と実践との二分法を単純に許容しなくなる。というのも、ここでは理論の徹底はつねに同時に実践的な帰結を伴うのであり、その逆もまた同様であるからだ。カール・レーヴィットがかつて「第一次大戦後期におけるドイツの世代の破局的思考法〔katastrophische Denkweise〕[4]」を指摘していたように、ハイデガーやシュミットの著作は、一時の個人的な政治的「過誤」から切り離し、純粋に理論的な次元で解釈するだけでは済まされない、複雑な哲学‐政治的含意を巻き込むのである。

それから半世紀以上の後、一見まったく別の文脈においてではあるが、ジャック・デリダは、脱構築の名のもとにみずからの企てが曝されてきた誤解を解くべく、次のように力説していた。すなわち、脱構築とは、あらゆる規範の決定不可能性を導くことで正義の根拠を掘り崩してしまう無責任な思考ではなく、むしろ「決定不可能なものの経験における決定＝決断〔décision〕」の思考であり、それどころか「決断のみが正義にかなっている」、したがって「脱構築とは正義である」と（『法の力』FL 35〔三六〕）。こうしたデリダの「脱構築」思想は、たしかにひとつの「決定の思考[5]」として要約することができよう。しかしながら「決断」という主題をめぐる大戦間期の哲学的かつ政治的なコンテクストを想い起こすとき、このことはさまざまな問いを呼び寄せるように思われる。いったいデリダの「決定の思考」は、シュミットやハイデガーの決断主義とどのような関係にあるのだろうか。デリダの言う「決定」は、そうした決断主義の「決断」といかなる点で接近し、いかなる点で異なると言うことができるのだろうか。そもそも「決断」とはつねに行為の決定であり、ある種の示威や態度表明を含む――だからこそ決断は政治的である――のだとするならば、デリダの言う「決定」はいかなる意味で政治的と言いうるのだろうか。一方の「決断」が革命的右翼の破局的な政治に行き着いたとするならば、結局のところ、デリダの「決定」は、どのような政治へと開かれているのだろうか。

　こうした問いは、デリダの読者ならば抱くであろう率直な疑問だが、いまだ十分に取り組まれてきたとは言えない。本章では、以上の問いにアプローチするために、まずはデリダの「決定の思考」を理論的な水準で把握しようと試みる（したがってデリダ個人の伝記的史実や実際の政治活動はさしあたり捨象される）（第1節）。つぎに、この「決定の思考」が、シュミットが主張した決断主義の枠組みとの関連で[6]、どのような類縁性や親近性をもつのかを検討する（第2節）。そこから、シュミットが指弾した「政治的ロマン主義」の観点からシュミットの企て自体を批判するというカール・レーヴィットの議論に注目したい（第3節）。こうしてデリダの「決定の思考」をシュミットの決断主義に近づけることによってこそ、両者の違いが浮き彫りにされるように思われる（第4節以下）。要するに、本章の問いはこうだ。決断＝決定の思考と「政治的なもの」の関係への問いが、デリダを介して、二〇世紀以後を生きるわれわれの思考の責任として課されているとするならば、それは、いったいどのように引き受けられるべきなのだろうか。そこに見いだされるべき応答のうちにこそ、われわれ自身の「決定の思考」の未来が賭けられているのではないか。

　以上の問いを提起することによって、本章は、前章から引き継いだ問題――たんなる「美の政治」でも「崇高の政治」でもない「到来すべき政治」に開かれた判断論の可能性――へのなにがしかの答えを探ることにしたい。

1　決定におけるアポリアの経験

デリダの膨大な著作のうち「決定の思考」というべきものが最も明確に打ち出されているのは『法の力』、とりわけその第一部である。これは、デリダが一九八九年に「脱構築と正義の可能性」と題された合衆国のロースクールでのコロキウムで発表した講演に基づいており、デリダが「脱構築」の企図をいわば自身の立場表明として単刀直入に提示してみせたテクストである。八〇年代後半から九〇年代以降のデリダの思想が、しばしば脱構築の「倫理‐政治的な転回」のもとに特徴づけられてきたように、[7]『法の力』は、こうした転機を決定的なものとした、いわば記念碑的な著作だと言うことができる。では、デリダの「決定の思考」とはどのようなものか。『法の力』の中心課題は、正義への問いである。デリダがそこで試みているのは、正義が、いやおうなく合法性や適法性としての正当性を超えた次元にあるということを証示すること、そしてそれでもなお、いかに正義は可能なのかを問い質すことである。すなわち、正義が、そうした意味で法の秩序を超えた「アポリアの経験」(FL 37〔三八〕)、「不可能なものの経験」(FL 38〔三八〕)としてわれわれに課されているのならば、いかにしてそのような正義の要求に応えることができるのか、この点を探究することにほかならない。先取りして言えば、「決定」という言葉は、まさに正義に応じることのできる行為、倫理‐政治的な瞬間＝契機として生ずる根本的な出来事を指し示すのである。

そうした「決定」の契機は、法と正義との、いわばアンチノミー的な関係から取り出されている(FL 50ff〔五四頁以下〕)。一方で、なにがしかの行為や行動がひとつの決定として正義か不正義かを問われるとき、それが法

（規則や規範としての）に即しているか否かが問題になる。たんに法を無視した行為に正当性はない。正義にかなう決定は法に従うものでなければならない。正義はこの意味で、法の規範的な一般性に依存している。他方、当の行為がひとつの決定をなすとき、つまりそれが正義か不正義かを問われるに足るものであるとき、それは単純に法に即しているだけであってはならない。すなわち、たんに規則を機械的に適用するだけのものであってはならない。というのも、決定と言うにふさわしい決定とは、当の法から独立した可能性、法に従うか従わないかを含めた自由のなかではじめて下されるからである。そのとき、正義にかなう決定は、法を疑問視したり無視したり侵犯したりすることができる、そのような可能性のもとで下されなければならない。正義はこの意味で、法の一般性を超えた次元のうちにある。

さらに敷衍しよう。ある行為は、所与の規則が指示するものに合致するかぎり、一様に正当だと言われるかもしれない。だがそれは、けっして正義にかなっているとは言えない。というのも、それだけではたんに計算プログラムの展開や一連の自動的なプロセスの結果と区別がつかず、それらは合法や適法でありうるにしても、固有の意味で正義だとみなすことはできないからだ。そのような行為は、たんに規則の一部にすぎず、そこには決定は存在しない、つまり、決定と呼ぶに値するものではないのである。にもかかわらず、当の行為は、所与の規則や法をまったく無視して決定を下すことができるわけではない。もし当の行為が所与の法に照らして合致したりしなかったりするものでなければ、それが正義か不正義かを問うこともできなくなるだろうし、それどころか、そこに決定があったことを認めることすらできなくなるだろうからだ。

かくして正義は法のもとにあり、かつ、法を超えている。正義にかなう決定は、法の一般性に依存する一方、それが決定であるかぎり、そこから逸脱していなければならない。法なくして正義はないが、法でしかない正義は正義ではないのだ。このアンチノミーは、デリダが「アポリア」と呼ぶものとして、次のように要約される。「要するに、ある決定が正当で責任あるものであるためには、その決定は、みずからに固有の瞬間＝契機――そうしたものがあるとしての話だが――において、規則に従うと同時に無規則でなければならず、法を維持すると同時に、各々の事例ごとに法を再創出＝発明し再正当化すべく、法を破壊ないし宙づりにすることができるのでなければならない」（FL 51〔五六〕）。

デリダはここで裁判官の例を挙げている。裁判官（le juge 判断者）が判決を下すとき、ただ所与の法律や法の一般的規則に従っているだけでなく、それを個々の具体的な事例に適用するために、当の法律をそのつど解釈することで承認し、その価値を再確認しなければならない。つまり、裁判官は、特定の状況に応じて当の法を解釈したり適用したりする〈法への関係〉（法の使用法）をつねにあらためて発明しなければならないという意味では、いかなる判決も「新規まき直しの判断＝初心の判決〔fresh judgment〕」[8]である。いかに機械的にみえる法への準拠も、それが判決＝決定をなすかぎりは、「少なくとも法の原理から自由でありつつそれを新たに再確認し追認するなかで、法を再創出せねばならない」（FL 51〔五六〕）のだ。かくしてデリダは、決定におけるこの「アポリアの経験」（FL 37〔三八〕）ないし「決定不可能なものの試練」（FL 54〔六〇〕）を潜り抜けることこそが正義の条件だと述べるのである。

以上は、デリダが「規則のエポケー」と呼ぶアポリアの議論である。デリダが「アポリアの経験」と呼ぶものは「ただひとつの潜在的なアポリア系」（FL 48〔五二〕）をなすと言われており、この「規則のエポケー」は、無数の仕方で変奏しうるアポリアの一例にすぎない。実際、『法の力』第一部では続けて二つのアポリア（第二のアポリア「決定不可能なものにとり憑かれること」および第三のアポリア「切迫が知の地平を遮断すること」）が例示されている。第二のアポリアでは、正義にかなう決定がつねに決定不可能性の次元を残すために、けっして十全には達成不可能であること、したがって正義それ自体が（なにがしかの主体や審級や本質として）現前することはないということが指摘され、そして第三のアポリアでは、結果、正義が「無限の理念」のようなものにみえるとしても、それはたんに（カントが統整的理念として構想したような）目的論的な期待の地平のうちに位置づけられるわけではないこと、それどころかそれは、緊急に迫られるもの、即座に要求されるものであり、結局のところ、正義にかなう決定が期待の地平を破綻させる時間錯誤《アナクロニー》のうちで下されねばならないがゆえに「決定の瞬間は、ひとつの狂気」（キルケゴール）ですらあるということが強調されている。しかしながら、こうした論点を取り上げる前に、さしあたりは、第一のアポリアにとどまることにしよう。この「規則のエポケー」は、法と正義の関係から直接取り出されているというだけでなく、まさにそれを起点にすることによって、他のアポリアの例が孕む政治的な含意、さらには、デリダがシュミットの決断主義に対してもつ関係もまた、明らかになってくるからである。

「規則のエポケー」に関して、デリダは、裁判官の例だけでなく「国民国家の基礎づけ」、すなわち「法治国家〔*l'état de droit*〕と呼ばれるものを創設する憲法制定の行為」（FL 52〔五八〕）の例も挙げている。前者が法を個々の案件に当てはめるさいに生ずる適用の問題だとすれば、後者は、起源において法に権威を付与すべき基礎づけの問題である。この問題については、デリダが合衆国独立宣言を分析し[9]、ベンヤミンの『暴力批判論』を読解する（FL 65-146〔七七―一九五〕）なかで具体的に明らかにしているが、議論の骨子は次のように言い表すことができる。すなわち、法を創設したり基礎づけたりする権威の力は、定義上、みずからが創設しようとしている当の法以外には根拠をもちえないがために、それ自体は無根拠な暴力だ、ということである〔FL 34〔三三〕〕。

たとえば、国家憲法を起草する代表者が国民の代表たりうるのは、まさに起草者当人が書き起こそうとしている憲法によってはじめてその正当性が付与されるからにすぎない。してみると、この法の文言は――デリダがそうしているように言語行為論の用語で言い換えるならば――みずからの発語行為そのものによって当の文言の正当性を構成するという自己措定的なパフォーマティヴ〔行為遂行的言明〕だということができる。もちろん憲法起草の行為は、起草者が随意に正当化しうる類いのものではなく、適切な状況や条件のもとで、しかるべき諸規則や手続きを踏まえることで成立する。したがって、そのパフォーマティヴな行為が無根拠な自己正当化の暴力だ、とする性急な断定には異議を唱えることができるだろう。しかし――とデリダは述べる――「たとえある法を創設するパフォーマティヴ〔たとえば、これはたんなる一例以上のものだが、法の保証者たる国家を創設するパフォーマティヴ〕の成功が、それに先立つ諸条件や慣習〔たとえば国家的ないし国際的な空間のなかにおける〕を前提しているとしても、当の諸条件や諸規則や慣習――およびそれらの支配的な解釈――の想定上の起源が問われれば、ほかならぬ「神秘的」リミットがふたたび浮上するだろう」〔FL 34〔三三〕〕。こうした法の創設行為は、結局のところ、いわば正当化要求の無限連鎖を呼び込むことで、最終的にはそれ以上遡行不可能で基礎づけ不可能な「神秘的な」リミットに依拠せざるをえなくなるのである〔デリダがモンテーニュ＝パスカルの表現を引いて『法の力』のサブタイトルとしたのが、この「権威の神秘的基礎」である〕。

注意しなくてはならないのは、デリダが、こうした国家の起源にある法創設の暴力を無根拠だという理由で単純に批判しているわけではないという点である〔この点で単純化を犯すデリダ理解は非常に多い〕。この点をデリダの記述に即して理解するには『法の力』第二部を参照すべきだろう。「一方で、創設的暴力は、いかなる既存の合法性によっても正当化されえず、それゆえ野蛮なものにみえるから、それを批判することはより簡単にみえる。しかし他方〔……〕その同じ創設的暴力を批判するのはより困難で、より正統的ではない。なぜなら、この暴力をいかなる既存の法制度の前にも出頭させることができないからだ。つまりその暴力は、既存の法とは別の法を創設する瞬間、既存の法を承認しないのである」(FL 98〔一二五―六〕)。

真にアポリアなのは、こうした法創設の暴力が必然的に既存の法秩序を超えた地点で生じるという点、したがって、この暴力の「暴力性」を批判しようとしても、当の批判が立脚する基準そのものが既存の法的秩序を前提としているかぎり、そもそも法的秩序を乗り越えるところで生じた暴力にとっては当の批判の根拠もまたすでに乗り越えられているという点である。この法創設の無根拠性は、原理的に批判不可能な地点で生ずるという点に根拠をもっている。要するに、法の起源は無根拠だから批判可能だというのではなく、無根拠(ないし「神秘的」)であるからこそ、当の「暴力」はそれだけにいっそう批判不可能な権能として立ちはだかるということなのだ。この不可能性を避けて通ることのできない「アポリアの経験」として、むしろそれを正義のための積極的な条件として引き受けることがデリダ特有の立場をなすのである。

『法の力』第二部においてこうした法創設の契機として取り上げられているのは、国家設立の例だけにとどまらない。先に引用した一文において、ベンヤミンの『暴力批判論』の読解からデリダが提起しているのは、戦争やゼネラル・ストライキといったかたちで出現した「捉えどころのない革命的瞬間、例外的決断についての問い」(FL 98〔一二六、強調デリダ〕)である。この「例外的決断」なる表現は言うまでもなく、カール・シュミットの用語を踏襲したものだ。実際『法の力』第二部ではベンヤミンとシュミット(およびハイデガー)が織りなす歴史的布置が一貫して考慮されている(とくにFL 114〔一四八―九〕)。しかし残念なことに、デリダはここで、シュミットを直接の議論の対象とはしていない。では、『法の力』第一部で打ち出された決定の思考がシュミットの決断論との関連を多かれ少なかれ示唆しているとするならば、いったい両者の関係はどのようなものなのだろうか。デリダの決定の思考を、いわゆる決断主義との関連において、どのように理解すればよいのか。

2　例外状態における主権的決断

「主権者であるのは、例外状態について決断を下す者である」(PT 13〔一一〕)。周知のこの一文をもって始まる『政治神学』において、カール・シュミットの決断主義は明確に提示されている。シュミットの決断概念が打ち出されるのは、主権の権威を、もっぱら法体系に内在的な問いとして提起するという課題を通じてである。

ボダン以来の古典的な定義によれば「主権とは、法的に独立した、演繹できない最高の権力である」(PT 26〔二五〕)。シュミットはまず、主権概念を自然法的観点にも実定法的観点にも与しない観点から練り上げようとする。一方で、自然法的な観点からは、主権は、事実上存在している強大な権力として理解されるが、これは陳腐なトートロジーにすぎず、問題の要点を逸している。というのも主権が、事実上最高権力(物理的に強大な力)であるからといって、そのこと自体が権利上＝法的に最高の権力であることを保証するわけではないからだ。主権は、あくまで「法学的本質の明確化」(PT 26〔二六〕)によって捉えられねばならない。他方、実定法的な観点からすれば、主権は、最高権力だとしても、法を超えた権威や権能をもつわけではない。最高権力としての国家主権は、法秩序の作成者でも源泉でもない。というより、主権者は、国家ではなく、法そのものなのである。ケルゼンに代表される法実証主義や規範主義にしてみれば、主権者は法のもとで規定されるべき存在以上のものではなく、法秩序を超えて主権を担う人格的な審級や命令権とは、本来排除すべき主観的な残滓にすぎない。「ケルゼンが自身に要求する客観性とは結局のところ、彼が人格的なものをすべて回避し、法秩序を非人格的規範の非人格的効力へと還元するということに尽きる」(PT 35〔四二〕)と、シュミットは要約している。

シュミットは、自然法的な意味で、法の外部に単純に主権が自立しているとは考えていない(この意味ではシュミットはあくまで規範主義者である)。しかしだからといって、法実証主義者のように、主権権力を合法性や適法性のうちに認定しようとしたり、それを法秩序のうちに回収したうえで法主権説を唱えたりすることにも反対する。それどころか、ケルゼンらの法実証主義や規範主義に対して、シュミットは、自然法論以上に徹底した批判を差し向けている。なぜか。そう考えるシュミットの最大の根拠こそ「例外状態〔Ausnahmezustand〕」なのである。

例外状態とは、直接には「公共ないし国家の利益、公共の安全および秩序、公共の福祉等々」にかんして「現実に極度の緊急事態」が出現し、「国家存亡の危急」(PT 13-4〔一二〕)に瀕している状態、それゆえただちにそれに対処することで平時の現行法秩序を確立しなければならない、そのような事態である(それが最も顕著なかたちで現実化するのは、いうまでもなく、戦争である)[10]。こうした事態に直面して「現に極度の急迫状態であるか否かを決断すると同時に、これを除去するために何をなすべきかをも決断する」(PT 14〔一三〕)こと、これを実行しうるのが、シュミットによれば、唯一、主権者なのである。主権者のこうした決断は、自然法的観点によっても実定法的観点によっても適切に説明することができない。というのも、主権者は根本的に両義的であるから、すなわち「主権者は、平時の現行法秩序の外に立ちながら、しかも憲法が一括停止され〔suspendiert〕うるか否かを決定する権限をもつがゆえに、現行法秩序の内に属している」からだ。したがって、主権者が例外状態についての決断を通じて発揮するのは、法秩序の内と外の境界に働きかけうるという両義的な権限である。主権は「限界概念〔Grenzbegriff〕」（PT 13〔一一〕）だとシュミットは述べている。限界＝境界で作用するこの両義性においてこそ、主権概念の法学的本質がはじめて明確になるのである。

シュミットが注意を促しているように「例外状態」それ自体は、たんに「平時の現行法秩序」に対立するような無秩序やアナーキーでもなければ、なんらかの暫時の「緊急命令ないし戒厳状態」（PT 13〔一一〕）を意味するわけでもない。例外状態は、たんなる法の外部として、秩序からは隔離された無法状態を指すのではない。主権が限界概念たるゆえんは、まさしくみずからの決断によって法秩序の内と外を分かつ境界そのものを設定することができるという点に存する。すなわち、主権とは、いわば法秩序に内在する「外部」として、所与の法の実効力を内側から停止＝宙づりにしつつ、当の法秩序がそもそも妥当かどうかを外側から価値づける――「法的価値の規定作用」（PT 36〔四三〕）――という権能なのであり、例外状態とは、まさにそうした主権の力が法秩序に介入しうるような「法以前」の境位、すなわち、そのようなものとして法を法たらしめる可能性の条件を指している。つまり例外状態は、厳密に言って、たんに法が通用しなくなる無法状態や非常事態なのではなく、法が「みずからを停止する〔sich selber suspendieren〕」（PT 20〔二二〕）という法の真空状況を指すのであり、そこにおいてはじめて法が法として打ち立てられることになるという、いわば法創設のゼロ度を示しているのである[11]。

例外状態とみなされたこうした契機を、シュミットは「法形式のなかにある法生活独特の実在」（PT 40〔四八〕）へと敷衍している。シュミットの例外状態は、戦争として顕在化するものではあれ、たんなる無法状態と混同されてはならない。それはむしろ本質的には、法秩序の日常的な状況そのものに根ざしているのであり、法秩序に捉えられながらも、法を適用したり適用されたりするという「具体的な生」（PT 21〔二三〕）の次元そのものを指している。シュミットは、キルケゴールの「例外」概念を踏まえてこう述べていた。「例外は通常の事例よりも興味深い。常態〔das Normale〕は何も証明しないが、例外はすべてを証明する。それは規則を裏づけるばかりか、規則はそもそも例外によってのみ生きる。例外においてこそ、現実的な生の力が、反復の果てに硬直した機構の殻を突き破るのである」(PT 21〔一二二〕)。

シュミットのこうした例外状態は、まさにデリダが「規則のエポケー」と呼んだアポリア状況と同様の構造のもとに理解することができる。すでにみたように、デリダの議論において、法がひとつの決定を正義にかなう仕方でみずからに従わせることができるのは、まさにこの決定が、当の法によっては決定不可能な法の宙づり状態＝エポケーを抱え込むというかぎりにおいてである。これは、法と正義のアンチノミーを形成する——正義にかなう決定は、法に従い、かつ法に従わない。それと同様に、シュミットの言う決断は、自然法的観点と実定法的観点とのあいだでアンチノミーをなす——主権的な決断は、法秩序に内在しつつ、かつ法を超えた外部から下される。というのも、ひとつの主権的な決断によって、法が法秩序としての「常態」を形成するために、まさに当の決断は、例外状態という境界＝限界に働きかける力、すなわち、法秩序の内部から当の法秩序を停止し宙づりにするという両義的な力としてこそ存在するからである。

主権についての問いは、法に対して秩序としての価値を付与する基礎づけの問題であるが、デリダの場合と同様、シュミットもまた、法の適用の問題を指摘している。『政治神学』では、デリダのように明示的に裁判官の例を挙げているわけではないが、シュミットの強調するところでは、「いかなる法思想も〔……〕法理念の内容から引き出すことのできない契機、なんらかの一般的な実定的法規範の適用にさいしてその内容から引き出すことのできない契機を付加することになる」(PT 36〔四二〕)。規範の適用に伴うこうした自立的な契機、つまり「規範の内容には無関係な契機が、いかなる具体的な法的決定にも含まれているのである」。こうした決定は、法規範そのものから独立した「法的価値の規定」(PT 36〔四三〕)であり、結局のところ「そこから出てくるのは、たとえ判定基準としては法的原理が普遍的一般性において与えられているにすぎないとしても、具体的事実は具体的に判定しなければならない、ということである。こうして一例ごとにつねに変形〔Transformation〕が生じるのだ。法理念それ自体としては変形をなしえないということは、誰がそれを適用すべきかということについて、法理念が何ひとつ述べていない、ということだけからして明白である。すべての変形〔Umformung〕には権威の介入〔auctoritatis interpositio〕がある」(PT 37〔四三〕)とシュミットは述べている。

要するに、シュミットが指摘しているのは、あらゆる法の適用には、法思想や法理念の内容から導出することのできない独立した決定審級が介在しているということ、その具体的な適用を行うにはつねに法に対する変形を伴った決断――デリダであれば「力の一撃、パフォーマティヴゆえに解釈的な暴力」と呼ぶような決定(FL 32-3〔三二〕)――が必要であること、そして、この決断をなしうるものこそ主権者であり、そこには「権威の介入」がある、ということなのである。こうした指摘からも、法の適用にあたって「権威の介入」として行われる決断が、たんなる非常事態として生ずるのでなく、もともと日常の法的状況そのものに浸透し遍在したものだということ、すなわち、例外状態の日常的な基底として含まれるものだということを、シュミットの決断理論のうちにはっきりと看て取ることができるだろう。

実際、シュミットによれば、法規範は、それが個々の具体的な事象へと適用されるために「同質的な媒体〔ein homogenes Medium〕」(PT 19〔二〇〕)を必要としており、「法秩序が意味を持ちうるためには〔そうした同質的媒体としての〕秩序がつくり出されていなければならない」（PT 19〔二一〕）。この「同質的媒体」について『政治神学』はほとんど何も具体的には語っていないが、この同質性に含意されているものが、規範の適用においてそのつど事実上必要とされる一様で一貫した〈規範への関係性〉、つまり、法を適用＝媒介する法（法の使用法）の一貫性や斉合性であるとするならば、まさにデリダが述べていたのと同じ意味で、（所与の）法に従うと同時に各事例ごとに（媒介の）法――当の同質的媒体としての――を再創出し発明しなければならないというフレッシュ・ジャッジメント（新規まき直しの判断）のアポリアがふたたび現れることになる。この同質的媒体は、所与の法規範へと関係するためのいわばメタ秩序として、当の法規範以前、ないしそれを超えた媒介として想定されており、それに先立ついかなる法や規範によっても権利上保証されることがないようなものだ。それゆえ、当の同質性を同質的たらしめることのできる構成的な決定が、既存のいかなる法や規範にも依存することなしに――だがまさに既存の法や規範に従っていると言えるために――そのつど新たに必要となるのである。

　このようなアポリアのただ中にあって、それによって法秩序が打ち立てられることになる「同質的媒体」を決定しうる者、ひいては、それが正常な状態として本当に効力をもちうるのか、「この常態が実際に存在するのか否か、明確に決断する者」（PT 19〔二一〕）、それがシュミットの言う主権者である。主権的な決断は、所与の法規範に照らして何ものかが許可されたりされなかったりするという当否を決定するのではなく、この法規範の秩序そのものを決定する。[12] つまり、法というものがそもそも適用可能になるよう、法の効力それ自体を創出＝決定するのである。かくして「決断は、法規範から分離するのであり、かつ権威は（逆説的に簡潔に表現すれば）法をつくり出すために法を有する必要がないということを立証するのである」（PT 19〔二一〕）。

　シュミットは「法が権威を付与する〔The Law gives authority〕」と述べたロックに反対して、「権威が法を作るのであって真理が作るのではない〔Auctoritas, non veritas facit legem〕」(『リヴァイアサン』第二六章)と述べたホッブズを引き合いに出し、決断主義者の古典的代表として顕揚していた(PT 39, 55〔四六、六八〕)。シュミットにとって、主権者たるこの権威が下す決断は「無からつくり出される絶対的決断」(PT 69〔八六〕)である。「決断は、規範的に考察してみれば、無から生じている」(PT 37-8〔四四〕)のであり、無からの創造(creatio ex nihilo)を可能にするこの権威とは、いうまでもなく、伝統的には〈神〉とみなされてきた当のものにほかならない。したがって、シュミットによれば「例外状態は、法学にとって、神学にとっての奇蹟と類比的な意味をもつ」(PT 43〔四九〕)。それゆえにまた、主権概念は「世俗化された神学概念」として再考されなければならないということになる。こうしたパースペクティヴのもとに、よく知られているように、シュミットによる主権者と決断の理論が「政治神学」として提示されることになるのである。

デリダが「権威の神秘的な基礎」と呼んだものの「神秘」は、アポリア的状況で下される決定、すなわち、法規範の決定不可能で基礎づけ不可能なリミットにおいて生ずる「例外的決定」(FL 98〔一二六〕)だった。これは、シュミットにしてみれば、前述のように「神学にとっての奇蹟」に類比的とみるべきものであり、このような観点からすれば、デリダもまた、シュミットと同様に、こうした神秘＝奇蹟として、決断の権威を思考していた、と言うことができるだろう。このことは、ベンヤミン『暴力批判論』の解釈において、デリダは、決断可能性を神的暴力の側に位置づけていたことからも容易に確認できる(「神とはつまり、諸手段の正統性について、また諸目的の正義について決断する者、それも理性を超えたところから、さらには運命的な暴力さえ超えたところから決断する者のことである」FL 121〔一五七〕)。だが、デリダの「決定の思考」とシュミットの「決断主義」との理論上の並行性を跡づける作業はここまでである。

3 決断主義の帰結

法が個々の事象に適用される場合に、あるいは、そうした法を法たらしめている権威の起源が問い質される場合に、デリダにおいてもシュミットにおいても「決断」の構造の要諦をなしているのは、既存のいかなる法からも導き出せず根拠づけえない無条件なもの、すなわち――「絶対的なもの」「無」「神秘的なもの」「奇蹟」等々――が、決定＝決断の権威として、当の法の実定性や規範性のうちにアプリオリに介入してくるのだ、ということである。(13) このことから、法に従うことが可能なのは、つねに決定＝決断を介して法に背くかぎりである、という逆説的な構造が出てくるわけだ。しかしながら、こうした無条件なものは、シュミットにおいては「主権」の概念として定位される一方、デリダにおいては「正義」への問いとして提起されている。この違いが両者を分かつ違いをなすことになるだろう。それは、まさしく決定的な違いである。

シュミットの決断概念は、原理的にはデリダの決定論と並行しているにもかかわらず、実のところ、たんに「無からつくり出される絶対的な決断」、すなわち、内容的にはいかなる規範的な根拠づけも持たない決断、無条件で純粋に権威的な決断、といった理解へとけっして還元しえない部分を残している。繰り返せば、シュミットの決断主義において特徴的なのは、決断の権威をあくまで「主権」の規定を通じて把握している、という点だ。そのとき重要なのは、決断主義にとって主権が、たんに無条件や絶対的であるにとどまらず、実際のところは国家主権だ、という点である。そしてそれが想定しているのは、要するに、主権者として「誰が決断するのか」と問われるべき当の担い手を主権概念が必要としており、つまり、一人の明確な人格主体にそなわる権限として主権が実現されるべきである、ということである。まさにそこから、決断主義の明確な政治的要請、すなわち「人格的決断」（PT 8〔九〕）による独裁政治という要請が出てくることになるのである。

確認しておけば、二〇年代のシュミットの議論が置かれていた歴史的な状況は、敗戦したドイツがヴェルサイユ条約によって課された莫大な賠償金を抱えるなか、当のヴァイマール共和国の議会主義が混乱の渦中で無力化し、リベラルな議会制民主主義という「ヨーロッパ近代」の政治的理念の矛盾と危機がこれまでになく集中的に露呈していた時期にあたる。シュミットの主権的決断の理論が批判の標的にしていたのは、なによりもそのような理想化された政治原理、すなわち、実際には「永遠の討議」によって必要な決断を繰り延べ、政治の機能不全を招く――とシュミットがみなした――議会主義と自由主義の理念であった。『政治神学』においてシュミットが十九世紀のカトリック系保守思想家・国家論者ドノソ・コルテスに託して表明しているのは「時代が決断を要求しているのだ」（PT 59〔六九〕）という危機意識からくる仮借なき自由主義批判である。

自由主義は、政治の些事万般について討議し妥協するように、形而上学的な真実についてもそれを討議に解消したがる。明確な対決や流血の決戦を議会での論争に転換することができ、永遠の討議によって永遠に宙づりにしておくことができるとの希望を抱きながら、交渉と中途半端なその場凌ぎに終始することが自由主義の本質である。

独裁は、討議と正反対のものである。つねに極限的な事例、最後の審判を想定するということが、コルテスのような気性の決断主義にはそなわっている。（PT 67〔八二―三〕）

よく知られているように、シュミットは、議論に明け暮れて明確な決断を下すことのできない自由主義の優柔不断さのうちに「政治的ロマン主義」を見いだしていた。『政治神学』と同時期に著された『政治的ロマン主義』（初版一九一九年、第二版一九二四年。以下PR）によれば、自由主義的討議は、ロマン主義的な「対話＝語らい〔Gespräch〕」に通じている。討議の永続化が根ざしているのは、実のところ、現実の問題の深刻さを文字通りに受けとめることができず社交的なおしゃべりの戯れに耽る、というように、そのつどの美的な快楽に身を委ねることで当の問題を主観的に解消しようとする「ロマン主義的な」態度にほかならない（PR 141〔一七五〕）。シュミットが厳しく糾弾するのは、この態度にあっては、いかなる対立や敵対関係であれ規範や秩序への拘束であれ、そうした現実が差し迫った政治問題として課せられているのにもかかわらず、それをみずからの主観のうちでアイロニカルに無化し、一主観の私的かつ美的体験のための「機因〔occasio〕」として利用することしかできないからである。「ロマン主義は、主観化された機会原因論である、換言すれば、ロマン主義的なものにおいてロマン主義的主観は世界をみずからのロマン主義的生産性の機会および機縁としてみているのである」（PR 18〔二四〕）。

こうしたロマン主義の特徴は、シュミットによれば、規範や対立への拘束をラディカルに否定し、現実へのいかなる関与に対しても高みに立とうとする点にある。結果、それは「現実世界をいささかでも能動的に変更することの断念」（PR 167〔二〇五〕）から抜け出すことができず、実際には「絶対的な受動性」（PR 165〔二〇二〕）や「依存関係」（PR 168〔二〇六〕）として現れてくる。これは、政治的にみた場合、たんなる「政府支持論」（PR 165〔二〇二〕）であり、現状追認の日和見主義にしかならない。シュミットは『政治的ロマン主義』を次のように締め括っている。「自身に特有の生産性のごく狭い領域、すなわち、抒情詩的で音楽的、詩的な領域においては、主観的機会原因論は、自由な創造性の小島を見つけることもできようが、しかしここにおいてすら、無意識のうちに最も強力な権力に服従している。そしてたんなる機会原因論的なものとしてみられた現在に対するその優越性はきわめてアイロニカルな反転を蒙ることになる。すなわち、ロマン主義的なものはすべて他のさまざまの非ロマン主義的なエネルギーに奉仕することになり、定義や決断から超然としているというその崇高さ〔Erhabenheit〕は一転して、見知らぬ他者の力、他者の決断に屈従的にかしづくことになるのである」(PR 168〔二〇六〕)。

カール・レーヴィットの論文「カール・シュミットの機会原因論的決断主義[14]」は、以上の批判をまさにシュミット自身にそっくり突き返すことによって、シュミットの決断主義が陥っている自己矛盾を鋭く抉り出していた。レーヴィットのシュミット批判は、シュミットの言う決断が、内容的にはいかなる根拠づけも持たない純粋に権威的な決断、要するに「無からつくり出される絶対的な決断」であるかぎり、シュミットの決断主義こそが、実際には最も典型的な機会原因論を構成しているのではないのか、という点に向けられている。

シュミットはこう述べていた。「決断は統治的権威の存在そのもののうちに含まれており、かつ決断はまた、それ自体として価値をもつ。なぜなら、最も重要な事柄においては、いかに決断するかというよりも、決断するという事実のほうが重要だからである」(PT 61〔七二〕)。レーヴィットに言わせれば、決断を「規範へのあらゆる拘束」からの切断とみなし、その無規範性ないし無前提性に政治的決断の条件を見いだすものである以上、シュミットの決断主義は、政治的ロマン主義の機会原因論となんら選ぶところがない。シュミットが決断主義の先駆者として引き合いに出すキルケゴールであれドノソ・コルテスであれ、彼らの決断主義的思考がキリスト教信仰の神学的基盤を背景にしてはじめて可能になっていたのに対して「シュミットの世俗的〔profane〕決断主義の場合には、前世紀にみられる神学的および形而上学的、さらにはまた人道主義的‐道徳的諸前提が欠けているのだから、機会原因論的なものとならざるをえないのだ〔……〕」[15]。

シュミットが「決断という異例の権利を、何にかんし、何のためにか、にはかかわりなく、純粋に、それ自体として確保する」[16]ために、決断概念を尖鋭にすればするほど、ますます「何を決断するのか」「何のために決断するのか」についての、当の決断の具体的な内容はどうでもよいものになってしまう。というのもそこではもはや、ただ、ともかくも決断が下されたという事実性のみが重要になるからだ。レーヴィットは、決断主義をすぐれて特徴づける（ハイデガーの受講生があるとき考えついたとされる）ある「卓抜なジョーク」に触れているが、それは次のようなものであった――「おれは決断したぞ、なんのためにかはわからんが」[17]。重大で権威的であるはずの決断が、あるときこうした軽妙なジョークへと反転せざるをえないのだとするならば、あるいはむしろ、もはやジョークにしかみえない危うい決断こそが決断主義の（論理ならざる）論理を構成しているのだとするならば、これは、決断主義が構造的に抱える難点をこのうえなく適切に言い表している、ということになるだろう。

レーヴィットは繰り返し強調している、「シュミットの決断にとっては、いかに非ロマン主義的‐決断主義的な形態をとるものであれ、機会原因論が本質である。シュミットが唱えているのは、主権的決断の政治であるが、これの内容をなすものは、その時々の政治状況という偶然的な機因からのみ出てくる」[18]ものでしかない。シュミットの決断主義は、根本的には、シュミット自身の批判する自由主義＝政治的ロマン主義の日和見的な態度決定とほとんど同断である。決断主義者の重んじる「決断」は、決断の内容がどうであれ「決断した」という事実性の主張、つまるところ、決断の内容を度外視して「おれは決断したぞ」と言い張るためのアリバイ作りにしか役立っていないからだ。かくして「純粋に形式的な決断のもつすべての政治的内容に対してのこうした徹底的な無関心〔Gleichgültigkeit〕――これは結果として、すべての内容が互いに同等に‐妥当して〔gleich-gültig〕しまうことになる――こそが、大いなる政治のクライマックスとしての戦争というシュミットの実存政治的な根本概念を特徴づけている」[19]と、レーヴィットは要約するのである。

とはいえ、レーヴィットがこの論文を発表した頃には、シュミットはすでに決断主義から距離をとり始めていた。『政治神学』の第二版序文（一九三三年）、および「法学的思惟の三種類」（一九三四年）においてシュミットは、規範主義と決断主義の二つの類型に加えて新たに「孤立的制度的思考」ないし「具体的秩序思考」を区別するにいたっている。そこでは、決断主義は「つねに瞬間的一点の尖鋭化によって、いかなる大きな政治運動にも含まれている静的な存在を捉え損なう危険をもつ」（PT 8〔九〕）として斥けられる一方、ドイツ民族の本質を体現しうる「具体的な秩序ならびに形成体的思考」の必要性が説かれることになるだろう。

この一見するとあからさまな変節ともみえるシュミットの方向転換は、しかしながら、それ自体決断主義の帰結とみなすことができる。そもそも『政治神学』において「例外状態について決断」を下す主権者とは、なによりも国家であり、「国家は自己保存の権利〔Selbsterhaltungsrecht〕によって法を停止する」（PT 19〔二〇〕）と言われていた。この自己保存権は、決断が既存の法秩序や規範からのどれほど鋭い切断として下されるのだとしても、それがひとつの決断として成立するかぎり、いやおうなく自己存続を求めようとする、そうした決断自身の本質的な安定化作用とみなすことができる。「自己保存に逆らう決断というのはないだろう、というのもそうした決断は、みずからを殺すのであり、その倒錯した形象のなかでみずからを抹消してしまうことになるだろうから」[20]。

決断はひとたび下されれば自己保存を必要とする。決断そのものは、秩序や規範に対して本質的に破壊的かつ革命的に作用しうるが、シュミットの決断主義に独特なのは、決断を主権概念のうちに定位することで、これを反革命的な国家主義へと反転させたという点なのである。つまりシュミットの決断主義は、原理的には法や規範からの無条件な切断として当の決断を説明していながら、まさにそのことによって実際には、主権概念を梃子とした独裁的な国家主義として現実化するという一種の弁証法的な運動によって定義することができるのだ。(21)現実的には呈示不可能なもの（無条件なもの）を、まさにその到達不可能な否定性を契機とした呈示可能性へと転換していくという論理の核心を、われわれは、崇高の否定的な表出論理にみとめてきた。このような論理のもとでは、決断を下す独裁者の人格＝主体の形象が、まさに国家の崇高な対象として取り違えられることによって、本来は「無条件なもの」のはずの主権を表出するのであり、かくして前章でみたような「崇高の政治」へと国民を動員することのできる美学的な効果の牽引者として機能するようになるのである。(22)こうした決断主義にあっては、決断を下す主権があくまで国家主権へと制限されるというかぎりで、その帰結は、無条件なものにとどまるどころか、結局のところ、既得のものとなった自国家の維持と保全、もっぱら自己保存にむけた体制の強化という目的へと収束するほかはない。(23)

それゆえ厳密に言って、もはや決断主義は存続しえない。レーヴィットが気づいていたように「もしもいったん政治的な急迫事態が、決断行為により事実上除去されたとなると、政治的な根本概念としての決断主義もまた不必要になる」。シュミットが決断主義から離脱しつつあった当時、すでにナチズムの権力掌握により主権者として決断する「総統」は実現していた。決断主義は、決断主義を廃棄する決断を強いられる。残るは、主権的な決断によって新しく成立した「具体的秩序」を自立的な秩序として維持しようとする――決断主義というよりは――体制順応主義《コンフォーミズム》しかない。(24)決断主義から具体的秩序思考へ。レーヴィットが最終的に下す結論は、まさにこうした「変節」が、むしろシュミットの一貫した機会原因論を証し立てているのだ、ということである。[25]

4　主権的決断から受動的決断へ

以上のすべてを考慮したうえで、デリダの「決定の思考」のほうへ立ち戻ろう。シュミットの決断主義の孕む諸々の問題点、とりわけレーヴィットの決断主義批判は、デリダの議論にも差し向けることが可能である。シュミットの決断が「無からの決断」であったのと同様、デリダの言う「決定」もまた「規則のエポケー」、すなわち、法に一義的に従うことの決定不可能性においてはじめて下される決定であり、その決定は、根本的に無条件かつ無根拠で創出的な次元を含んでいる。とするならば、デリダの決定の思考もまた、一種の機会原因論的な決断主義と言うことができるのではないだろうか。それどころか、決断の瞬間を「ある種の狂気」とみなし、決断は「非知と無規則の闇夜のなかで下される」(FL 58〔六八〕)のだと述べるデリダの「決定の思考」は、非合理主義ないし神秘主義的な様相すら帯びるという点で、新手の政治的ロマン主義とさえ言いうるのではないだろうか。もしそうでないのだとしたら、どのような仕方で明確に区別できるのか。要するに、デリダの「決定の思考」はどのような意味で政治的となるのだろうか。

あらためて確認すれば、デリダの「決定の思考」を特徴づけているのは、それが決断を決断たらしめている〈無条件なもの〉を、正義の問いを通じて追究しているという点である。他方、シュミットの決断主義は、主権概念を練り上げ直すことによって主張されており、これは、国家主権の絶対化、反革命的な国家主義に通じている。デリダ自身は、決断が孕む〈無条件なもの〉を主権に結びつけたり、その〈政治的なもの〉を国家に結びつろうか。

けることに対してはっきりと反対している。なぜか。正義の次元を、法や規範を超えた「不可能なものの経験」（FL 38〔三八〕）として追究することで、なぜ、シュミットの決断主義に対する異議申し立てが可能になるのだろうか。

シュミットの決断主義は、国家主権を決断の権威とみなしているだけにある意味で明快だ。決断は主権の本質的な権能であり、決断を下す主権は国家主権に求められる。国家が主権を具現する政治的な単位をなすのであり、そこに残されるのは、諸国家間の敵対関係しかない。この敵対関係が、戦争という「現実的な可能性〔die reale Möglichkeit〕」として前提されるかぎりで、それがそのまま政治的なものを構成するのである。シュミットは「正義が戦争の概念と相容れないものであることはグロチウス以来一般に認められている[27]」と断言し、正戦の概念を明確に否定していた。というのも、シュミットにとって、戦争を正当化する根拠があるとするならば、それは国家間の敵対関係を超えた第三者的な審級――正義――としては存在せず、国家の成員にとって「現実の敵に対する現実の戦いという状況の現実[28]」としてしか存在しないからだ。現実の敵が誰であるか、敵と味方の区別についての決断を下すことができるのは、当の主権を担う国民だけなのであり、それ以外にはいかなる規範的意義も大義名分もない。戦争に普遍化可能な正義は存在しない。戦争を遂行するこの決断については、自己が他者と根源的に対立し、他者が現実の敵として現実に存在するというかぎりで戦わねばならない、という当事者にとっての抜き差しならない「実存的な意義」があるだけなのである。

これに対して、デリダの決定の思考がまずもって斥けようとするのは、決断の権威を主権に求め、それを国家や国民という主体――あるいは「総統」という独裁の人格等々――が担うとみなす決断主義の根本的な前提である。デリダは『法の力』において「ショックを与えるおそれを覚悟で言えば」と断りつつ「主体はけっして何も決定することができない」（FL 53〔六〇〕）と述べている。どういうことだろうか。

デリダによれば「主体に対して決断が生ずるとしても、それは、主体を主体たらしめているところの本質的同一性や実体的な自己現前を損なうことのない周縁的な偶発事としてしか生ずることができない。主体とは、それに対して決断が生じえない当のものでさえある」（ibid.）。というのも、当の決断が、一個の人格や主体に繋ぎ留められることによって、たんに一人格によって主体的に規定された可能性を展開するだけのものであれば、すなわち「私」という自我の統御しうる主体的な意志や意図を表現するものでしかないのであれば、それはけっして決断ではないだろうからだ[29]。そのような主体＝人格化された「決断」は、決断によってまさに生ずるはずの根本的な出来事性を切り縮めてしまう、つまり、一主体にとっての想定内での可能性を出来事に当てはめるという単純な適用となってしまうだろう。そのとき、そのように条件づけられた「決断」によっては、もはや出来事の名に値する無条件で特異な出来事は起こらなくなってしまうだろう。

『政治神学』が直接扱われているわけではないが『政治的なものの概念』のシュミットを読解した『友愛のポリティクス[30]』では、デリダによる次のような、決断主義への批判を読むことができる。

> たしかに主体の主体性は、すでに、けっして何ものも決断しない、すなわち、主体の自己同一性および主体の計算可能な永続性によって、あらゆる決断は、主体が無関係でいられる偶発事と化す。主体の理論はほんの少しの決断をも説明する能力をもたない。〔……〕出来事という名に値するいかなるものもけっして主体に到来しないとするならば、決断の図式は一定して、少なくともそのヘゲモニーにかかわる共通の意味（依然としてシュミットの決断主義、その例外性と主権にかんする理論を支配していると思われる意味）において、主

体の審級、自由で意志的な古典的主体の審級を前提にする傾向があるからだ。つまり、何ものも到来しないような主体、特異な出来事でさえも到来しないような主体の審級である。この主体は、たとえば、例外的な立場を占め、出来事の主導権を掌握し保持していると思い込んでいるのだ。（PA 87〔一・一一八〕）

決断を決断たらしめている本質的な偶発性＝出来事性――要するに無条件性――を、主体や主観という条件のもとであらかじめ制御しようとする自我論的な想定、そのような想定によって出来事を規整しようとするコードの総体をデリダは「主体の公理系〔axiomatique subjectale〕」（FL 55〔六二〕）と呼ぶ。それは、現代社会の法律を引き合いに出すまでもなく強力に通用している。たとえば、決断のみならず、責任、意識、志向性、所有権といった概念はこの種の公理系に強く拘束されている（そこでは必ず「自己決定」や「自己責任」といった言葉が万能の説明原理にされるだろう）。

対して、決定の概念をめぐるデリダの分析がなによりも目指している――実際『法の力』の第一部は頁の大半がそのために割かれていると言ってよい――のは、決定と呼ぶに値する決定が、こうした主体の公理系へとけっして包摂されえないという原理的な不可能性を証示することである。私が下す決断は、私という主体を超えてゆく。決定の概念を主体や人格といったいかなる制約や制限からも解き放つことによって、デリダは、そこに無条件な決定の正義とでも呼ぶべきものへの権利を確保しようとするのだ。かくしてデリダは、決断の無条件性を極限までに尖鋭化させ、それが安易に国家主権やその他主体や実体等に反転しないよう、最大限の警戒を要求するのである。だが、無条件な決断への権利とはどのような権利だろうか。もはや主体的でない決断の権利とは？

シュミットの言う「無から」の主権的な決断が、実際のところ、国家や民族や「総統」が担うところの主体的ないし人格的な決断に行き着くとするならば、デリダが主張する無条件な決定とは、受動的決断である。このことを述べた決定的な一節を、ふたたび『友愛のポリティクス』から引用しよう。

> 出来事の条件である受動的決断、それは構造的には、つねに私のうちでの他なる決断であり、他者の決断としての張り裂けんばかりの決断である。私のうちなる絶対的な他者の、私のうちにあって私について決断する絶対者のような他者の決断である。原理的に、その最も伝統的な概念に即して絶対的に特異である決断は、つねに例外的であるだけにとどまらない。それは〈私〉を例外とする。私のうちで。私は決断する、私は私を決断する、主権的に——このことが意味するのは、私の他者が、他者としての、私の他者としての他なる‐私が、〈同じもの〉を例外となす、ということだろう。(PA 87〔一・一一九〕)

デリダにとって固有の意味での決断は、「私」という主体に帰着するわけではない決断、能動的でも自律的でもない決断、つまり「受動的決断」である。奇妙な言い回しだ。というのも、通常の考え方からすれば、決断が決断たりうるには、私という一主体の責任においてなされるべき決断でなければならず、誰か他者から命じられた受動的な「決断」は決断と言うべきではないだろうからだ。にもかかわらず、なぜデリダは「受動的」と言うのか。

デリダは「私が決断する」ということ自体を否定しているわけではない。たしかに決断するのは「私」だ。しかし決断するのは私だとしても、自由にして無条件に決断する私は、〈私(という制約)を超えたもの〉に関わりつつ決定するところの私であり、〈私(という制約)を超えたもの〉にむけて跳躍するところの私である。突き詰めれば、決断する私は、私という主体＝基盤として、当の決断をコントロールしうるような支点へとみずからを固定することはできない。というのも、決断がその本来の意味を失わないために無条件でなければならない以上、決断する私は、決断の権能を、私の支配圏内や想定の範囲内へと囲い込んでおくことに抵抗する当のもの（絶対的な他者）との関係を、どこまでも保持し続けなければならないからだ。要するに、決断とは、私という自己や主体が意図したり予期したりしうる規定的な可能性を超えたところに生ずる出来事なのであり、決断が文字通りに決断たりうるためには、私という主体の所有権＝固有性のもとに包摂しえない契機、そのような意味で主体の公理系をなす諸コードへは還元しえない契機、そうした「例外的な」契機をはじめから構造的に含み込んでいなければならないのである。

かくして私の決断、主体の自律的で能動的な決断は、実のところ、他者の受動的決断、私のなかの他者の決断であったことになるだろう。繰り返すが、これはたんに受け身で他律的な決断ということではない。私の決断がいわゆる自律的な決断であるためには、すなわち、私という主体の公理系から導き出される法に自律的に従うためには、まさに当の法を超えた「他なる」次元――無条件性――から決断を下さなければならない、という意味において受動的な決断と言われているのである（ここには見いだされるのは「規則のエポケー」と同じロジックだ）。

デリダはこの決断の受動性を「自律に異議を唱えることなく、自律を自律それ自体へと切り開く」（PA 88〔一・一一九〕）、そのような他律（Heteronomie 他者の法）として特徴づけている。これはたんに既存の自律にも他律にも規定されない仕方で、自律の法そのものを創出するというような意味で、カントが反省的判断力に対して述べたのと同様に、「自己自律〔Heautonomie〕」（KU 186）としての決断と呼び換えることもできるだろう。これは他律に対立する自律なのではなく、いわば他律へと自己自身を超え出てゆく過剰な自律、まさに「他者の法」による「受動的」決断と異なるものではない、そのような「他自律（Heterautonomie）」[31]なのである。

5　他者の責任を負うこと

以上はデリダの議論の要点を損なわないようパラフレーズしたものだが、この議論の逆説的で奇妙な言い回しが頂点に達するのは、おそらく受動的決断に関連して「責任」が主題化される箇所だろう。先に引用した『友愛のポリティクス』の一節は次の文章が続く――「あらゆる決断の規範と想定されるものであるこの常態的な例外は、いかなる責任も免除しない。私は、他者を前にして私に責任を負うが、まず第一に、また同様に、他者を前にして他者に責任を負っている〔Responsable de moi devant l'autre, je suis d'abord et aussi *responsable de l'autre devant l'autre*〕」（PA 87〔一・一一九〕）。

この一節において表現の曖昧さないし多義性のために問題になるのは、まずもって「私は、～に責任を負う」（je suis responsable de...）という言い回しである。辞書にあたればすぐにわかるように、responsable de... がとる目的語には、概して、過失や犯罪や事故や災いなど、当の責任の所在が問われなければならないところの行為や出来事にあたる言葉がくる（たとえば「私は、この事件に責任がある」など）。しかしながら、行為や出来事だけでなく、「彼は、この子たちに責任がある」や「国民は、自分たちが選んだ政治家に責任がある」といった文章のように、responsable de... は、なんらかの人格を指す語句をとることも可能だ。いま引用したデリダの一節が述べているのも、そうした人格としての「私」や「他者」に対して私が責任を負う、ということのように思われる。しかしながら「Aという人格がBという人格に責任を負う」ということは一般に、どのようなことだろうか。おそらくここには責任の概念をめぐるあらゆる難問が封じ込まれているのだが、いまはそうした問題に踏む込む余地はない。ここではさしあたり、「Aという人格は、Bという人格がした行為／Bが招いた出来事／Bという存在そのものに責任を負う」といったいくつかの表現に言い換えることで理解するにとどめよう。

　引用の文脈において終始問題になっているのは「決断」である。とするならば「私は、他者を前にして私に責任を負う」は、文脈上のひとつの解釈の可能性として「私は、他者を前にして私の決断に責任を負う」と言い換えることができる。私の決断の責任は私にある。確かに。しかしそれだけではない。この語句との対比でイタリックで強調された続く語句、「私は、他者を前にして他者に責任を負っている」についても同様に言い換えてみる。すなわち「私は、他者を前にして他者の決断に責任を負う」。どういうことか。これは、まさに先にみてきたような意味において、つまり、私の決断が根源的に受動的であり、私のなかで他者が決断したと言えるような意味において、私は、他者の決断の責任をも引き受けるということ、そのような他者に関しても私は責任があるということにほかならない。

　もちろん通常は、他者が下した決断の責任を私が負うことはできない。というより、そもそもどのようにしてそのような責任を引き受けたらよいかもわからない。私がしたことだけでなく他者のしたことにまで責任を見いだすという、責任の全面化は全面的な無責任化ですらあるだろう。しかしデリダが述べるのは、私の責任を負うためには、他者の責任をも負うことができるその可能性を含むかぎりにおいてである、ということだ。というのも、責任とは応答責任（responsabilité）であり、応答不可能なもの（絶対的な他者）に対して応答するという、その条件においてのみ責任というものが——原理的に——はじめて可能になるからだ。

　実際、あらかじめ返答の仕方がわかっており、責任を負うその仕方が定められている規定通りの応答に、応答すべき個々の他者ははたして納得するだろうか。応答可能性が自明である応答、決められたことをこなすだけの応答とは、その実、わざわざ応答するまでもない応答、したがって非‐応答ではないだろうか。そのような(非)応答は、すでに応答したことを示す——したがってこれ以上責任を負わないための——アリバイ証明や潔白意識の確保には役立つとしても、それで十全に、応答責任を果たしたと人は本当に主張できるのだろうか。それは、自分自身と他者との各々の一回的な関係において、その特異な関係への自身の責任を引き受けたと言いうる応答なのだろうか。

こうして全面化された責任の概念は、直接には受け容れがたく感じられるだろうし、これを警戒する向きもあるだろう。責任の無限の可能性の追究において責任概念を問い直そうとするデリダ自身、無限責任そのものの法的な概念がただちに既存の実定法上で実現すべきものと考えているわけではないし、それがそのまま事実上実現可能だと考えているわけでもない。にもかかわらず、デリダが無限責任や無条件な決断へと責任や決定の概念を尖鋭化しようと試みるのは、当の近代的な法的言説が責任や決定という問題含みの概念に依拠することで組織されているからであり、まさにそのためにそうした言説が構造的に抱えている内的な限界を見極めようとしているからである。

事実、デリダが繰り返し強調しているのは、近代社会において支配的な法的言説は、この主体の公理系を無批判に前提としており、その効力が絶大なままに自明視されていればいるほど、実際にはこの前提が、問い質されるべき限界をますます露わにするということである。たとえば「被疑者の責任や、彼の精神状態や、犯罪の感情的性格(計画的であれ非計画的であれ)についての言説を特徴づけている教条主義の蒙昧さ、また、証人の供述やこのテーマの「専門家＝鑑定人」による証言の信用し難さからすれば、いかなる厳密な批判や基準論も、いかなる知も〔決断や責任という〕このテーマに近寄れていないということが十分に例証されるのであり、このことが結局は証明されていると言ってもよいだろう」（FL 55〔六二〕）。

要約すれば、ここでの疑念とは次のようなものだ。すなわち、私の決断の責任をみずから負うという至極自明に思えることが、実は私という主体の公理系をアリバイとすることで、いわば応答責任を規定済みの処方箋へと還元しているのであり、結果、それは応答責任を果たすどころか、責任を負うということの原則からすれば、無責任化にしかなっていないのではないか。そうではなく、他者の前で他者の責任を負うというそのような究極の責任の可能性をも考慮しないかぎり、私の応答責任を果たすことにはならないのではないか。いかにしてそのような責任の無限の可能性を引き受ければよいのか――デリダは粘り強くそう問いかけることで、主体の公理系に属している既存の責任概念の限界を明らかにするとともに、そのつど特異な他者に対して応答しうるような、新たな責任のとり方を発明しなければならない、そうした必要性を訴え続けるのである。

こうしたデリダの責任論は、明らかに、通常は法的に担うことのできない種類の責任の問題を提起するということへと通じている。「法的に担うことのできない」とは、帰責すべき直接の当事者が容易に特定できないような責任、たとえば、もはや現存しない過去の人々がコミットした戦争責任、あるいは逆に、今後どれほど被害が及ぶかもわからない未来の世代に対する環境破壊の責任、あるいはまた、グローバルな経済構造が生んだ第三世界の貧困に対する責任、遺伝子や核実験等々の高度な科学技術の展開が後世に及ぼす計り知れない影響に対する責任、等々である。一般には法的責任から区別されて道義的な責任といった言葉で語られることが多いが、デリダの責任論は、まさに責任概念の構造そのものに問いかけることで、既存の法体系を超えて責任の可能性を開きかつ引き受けることの原理的な必要性と無条件な権利とを明らかにしているのである。

6　政治的ロマン主義を超えて

「決定」をめぐるデリダの議論がなによりも目指しているのは、決定の概念を、法の実定性や規範性のみならず、主体や人格といったいかなる制約や制限からも解き放つことによって、そこに無条件な決断の正義とでも呼ばれるべき原則を確保しようとすることである。そうすることによって、デリダの「決定の思考」は、シュミットのように決断の権威を主権化し、その実質的な担い手を国家や国民という主体に帰そうとする決断主義の主張に対し、絶えず異議や留保を加え続けることができるという点で、批判的な威力を発揮する。

もちろんこれは、決断を担ういかなる主権や主体も認めない、したがっていかなる主体的決断も不要だ、と主張することとはまったく異なる。そうではなく、デリダが明らかにしているのは、無条件な決断の正義という原則からみた場合、決断を特定の国家主権や人格主体に一義的に結びつけることはけっして正当化しえないということである。そしてこのとき、決断は不要になるどころか、その無条件性において決断にはいかなるアリバイ工作――国家や民族といった実体に決断の後ろ盾を求めること――もできないという窮境においてこそ、決断は、ますます留保なしに、即座に下されなければならない、というのがこの「決断主義なき決定の思考」の主張なのである。

しかし問題なのはその先だ。「無条件な決定の正義」そのものを主張としてとり出してみた場合、この種の議論が陥る問題は、シュミットの側から次のように指摘することができるだろう。すなわち「国家は、いわゆる自己保存の権利によって法を停止する」と述べたシュミットのテーゼからすれば、無からつくりだされる決断がどれほど無条件であろうと、決断の権威をなにがしかの主権が担う必要があることには変わりはない。したがって、この主権を実現しうる国家は、そのようなものとして自己保存権をそなえていなくてはならない。こうした権利を通じてこそ国家は、みずからの決断をひとつの決定的な効力をもつ決断として存続させることができるのである。

すでにみたように、決断はひとたび下されればそれ自体が自己保存を必要としているのであり、そうでなければ、権威ある決断もそうした決断としては認知されなくなってしまうだろう。いかなる規則や規範からも切断された無条件性そのものが決断の常態的な条件だとしても、そのこと自体から出てくるのは、実のところ、決断はいつでもどこでも可能かつ必要であるということ以上のものではない。しかしもし決断の必要性がそのような意味で遍在化してしまえば、いかなる決断が下されようともトリヴィアルなものになってしまう。なるほど決断はつねに必要であり切迫したものだ――それは待機の地平とは無縁であり（FL 60〔七〇〕）〈いま〉〈ここ〉で即座に下される――が、それだけが全面化してしまえば、逆に効力を失ってしまうのだ。とすると、決断は何ものも変えないことになり、結局のところは、いかなる決断も下されなかったことと同じになってしまうだろう[32]。

決断の無条件性を強調する議論だけでは、当の決断がひとつの決断としてその効果を自己保存する、あるいは決定が出来事の一連の系列をなして歴史的意義をもつにいたる、そのような位相を分析することができなくなってしまう。すなわち、決断の自己保存や系列化はいかに生ずるのか、権利上いつでもどこでも生じうる決断のうち、何をもってひとつの特定の決断を「重大な」決断とみなすのか、つまり決断の効力を評価する基準が直接には出てこなくなってしまうのである。これはある意味で、シュミットが自己矛盾に陥った以上に深刻な意味での機会原因論、いっそう洗練された政治的ロマン主義に道を開くのではないだろうか。デリダはこの問題にどのように答えるのだろうか。

シュミットのように機会原因論や政治的ロマン主義として述べられたわけではないが、デリダはこの種の危険を意識していないわけではけっしてない。たとえば『法の力』の次のような一節は、無条件な決断の正義を、決断の条件である以上に決断のテロスとみなしてしまう危険――いつでもどこでも決断は可能であり必要だがそのことで決定的な決断ができなくなるという危険――に対する警戒を述べたものとして読むことができる。

法権利と計算に対するこの正義の過剰、規定可能なものに対するこの現前不可能なもののこの溢出を、ある制度や国家の内部での、諸々の制度同士や国家同士での、法‐政治的な闘争に加わらずにいることのアリバイとして用いることはできないし、かつ用いてはならない。一切がそれ自身に委ねられているだけでは、正義という計算不可能で贈与的な理念は、つねに悪しきもの、それどころか最悪のものの間近にある。というのは、それはつねに、きわめて倒錯した計算によってあらためて占有されかねないからである。これはつねにありうることだ〔……〕。(FL 61〔七二〕)

「してはならない」が「つねにありうる」。そのように述べながら、あたかもこのリスクを最大限にまで誇張して引き受けてみせるかのようなデリダの調子は、それ自体誤解を招きかねない挑発的な調子を伴っている。こうした危険を鋭く自覚しているからといって、しかし、それを回避しうる明快な解答をデリダは持ち合わせているわけではない。というのも、もしそれに対してなにか直接に解決となる根拠を与えてしまえば、みずからが粘り強く練り上げてきた決断の無条件性の原則もろとも放棄してしまうことになるからであり、それ自体が決断の正義に背くことになるからだ。しかしだからといって――あるいはそれゆえにこそ――決断の条件ではあっても定義上その根拠とはなりえないはずのこの無条件性そのものを決断のテロスと取り違えることもまた、同様に正義にかなわないことになるだろう。決断の無条件性なくしてはいかなる決断もないが、いかなる決断も当の無条件性を目指して下されることはできない。無条件な決断が無条件たるゆえんは、まさに決断にとっていかなる規定的な根拠も与えられることがない点、すなわち、たとえ決断の条件であるところの無条件性そのものさえも根拠（アリバイ）とすることができないという点に存しているのである。

　決断の無条件性に踏みとどまるかぎりにおいて特定の決定的な決断へと跳躍できないという危険はつねに可能性としてつきまとっており、決定的に払拭することはできない。だが、そのことをもって決定しないこと、あるいはむしろ、優柔不断でいること――というのも「決定しないこと」はつねにそうした含意を持ちうるからだが――の口実にすることはできない。決断がどこまでも無条件かつ留保なしに下されなければならないほど、不決断でいられるどころか、ますますそのような困難において決断しなければならないという切迫性は増大するのである。たんに機会原因論的な優柔不断でもなければ、もはや決断主義でさえもない、デリダの決断の思考をすぐれて特徴づけているのは、そうした切迫性における緊張を最大限にまで高めようとしている点にあるように思われる。このような点にこそ、デリダのテクストが帯びている過剰で挑発的なパッション、すなわち、デリダが「正義の要求における誇張法的な競り上げ」（FL 45〔四八〕）[33] と呼ぶものの美的＝感性的な効果を認めることができるのであり、かくして「美的なもの」それ自体において政治的ロマン主義の美的態度に抵抗しようとする、内在批判的な契機を読み取ることができるだろう。[34]

　事実、決定不可能なものの経験においてこそ下される決断の要請を可能なかぎり強調しようとするかのように、デリダは述べている。「計算不可能な正義は計算するように命ずる」（FL 61〔七三〕）。決断が無条件に下されなければならないからといって、この無条件性は、いかなる決断（の責任）も免除するわけではない。それは、決断しないでいることも、機会原因論や日和見主義的に決断することも、出たとこ勝負の運任せや破れかぶれの決断に居直ることも許容しないのであり、それどころか、決断にとって必要な、最大限に可能な計算可能性の追求を命ずるのである。

『法の力』とほぼ同時期に書かれた別のテクストが「無規定性〔indeterminacy〕」と「決定不可能性〔indécidabilité〕」を区別するようはっきりと注意を促しているように、問題となっている決定不可能性とは、（デリダがしばしばそう非難されるところの）相対主義や優柔不断——ひいては、機会原因論や政治的ロマン主義——に通じるような、たんなる無規定性とは根本的に異なる。というのも、それは「つねに諸々の可能性の（たとえば意味の可能性のみならず行為の可能性の）あいだで規定された揺らぎ」だからであり、したがって「それらの可能性それ自体は、厳格に定義づけられた諸々の状況においてごく明確に規定されている[35]」からである。正義にかなった決断が孕む計算不可能性の構造は、計算不可能だからといって当の決断が置かれた所与の規則や状況や文脈等々を考慮し計算すること自体が不可能であるとか、さらにはもはや計算する必要がないとか、そうしたことを意味するわけではまったくない。そうではなく、まさに計算不可能であるからこそ、あらゆる計算によって規定可能なもののリミットを可能なかぎり画定すべきだということなのであり、そのような計算可能性の冷醒で執拗な追求によってこそ、はじめて決定不可能なものを明確に規定することができる、ということなのだ。

しはしば見過ごされがちであるが、デリダの決定の思考が絶えず追究しているのは、決定不可能なものへの権利だけでなく、まさに決定不可能性、計算不可能な無条件性をそのものとして標定すべく、計算可能なものをその限界まで計算し尽くそうとすることである。そこには「正義の要求における誇張法的な競り上げ」（FL 45〔四八〕）へと通ずる徹底的した網羅、枚挙、踏破への意志がある。つまりシュミットが言う意味での機会原因論が妥当しないまでに、決断にむけた計算可能性への過酷な要請が含み込まれているのである。「計算せねばならない、すなわち、計算可能なものと計算不可能なものとの関係をめぐって交渉せねばならない。それも規則に依らずに、すなわち、私たちが「投げ出されて」いるところで、私たちがいるそのようなところで再－発明せずに済むような、そうした規則に依らずに、交渉しなければならないのである」（FL 62〔七三〕）。

デリダの言う決断は、結局のところ、計算可能性の極限まで追いつめることによって計算不可能性を明らかにし、計算可能性と計算不可能性のあいだで、その関係そのものを問い直しつつ、この二重性の最大限の緊張のなかで試みられる交渉《ネゴシエーション》＝折衝として下されるものだ。この「交渉」は『法の力』第二部では「妥協」（FL 144〔一九二〕）とも言い換えられているが、この交渉ないし妥協の必然性こそが、実のところ、計算不可能な正義が計算せよと命ずるところの命法をなす。したがって、厳密に言って正義は「決定不可能なものの経験」という無条件性において理解されるだけでは十分ではない。決定不可能なものが決定不可能なままには留まることができず、決定可能なものとの交渉と妥協を命ずるということ、正義が必然的に正義としては不純化せざるをえない、そのような命法を引き受けるかぎりで、無条件な正義への権利もまた保持することができるのである。

無条件な正義の達成がアプリオリに不純化することを法とする、こうした構造のもとでは、正義を要求する決断の政治は、際限がない。たとえば、計算不可能な正義が計算を命じている当の交渉が及ぶべき領野は、正義が追求されるからといって、たんに「法権利の領域、法学的な領域」であるにとどまらず「可能なかぎり遠くにまで」「倫理、政治、経済学的なもの、心理－社会学的なもの、哲学的なもの、文学的なもの、等々」のあらゆる領域であるとされる（FL 62〔七三〕）。しかしだからといって、こうした政治化のプロセスをいたるところに一様に全面化させればよいというわけでもない。計算可能性と計算不可能性との交渉として下される決断には、それでも一定の順序や段階が考慮されてよい。『法の力』第一部の結論部に読まれる次の一節は、たびたび引用される有名な箇所だ。「政治化を進展させる際にはそのつど、それまで計算され境界画定されていた法の基礎それ自体を再考し再解釈することが求められる。それがあてはまる例としてフランス人権宣言、奴隷廃止制度がある。それらを含めた解放闘争は、いまもなお全世界で男性たち女性たちのために進められており、今後も進めさせ続けなければならない。私には、古典的な解放の理想ほど古びていないものはないように思われる。粗雑にであれ洗練された仕方であれ、今日それの失効を宣言しようとすれば、少なくともいささか軽率の誹りを免れないし、最悪のものに加担することにしかならない」（FL 62-3〔七四〕）。

実際、デリダの「決定の思考」をひとたびシュミットの決断主義への批判的応答として検討するならば、決断の無条件性を国家主権の権威へと反転させようとするシュミットの議論が、結局は（一種のヘーゲル主義としての）保守‐現実主義的な発想にとどまるのに対し、デリダの議論は、カント的な理想主義に近づくことがわかるだろう。というのもそれは、決断の無条件性を、それ自体は到達不可能だが決定に不可欠な正義の原則として要求し続けるという点で、超越論的理念を、当為の目的が漸進的に達成されるべき地平の虚焦点（focus imaginus）として統整的に使用する（B 672）といったカント的な発想に似通ってくることになるからだ。

たしかに、そのようなデリダの一種の「カント主義」がなければ、長らく論敵だったハーバーマスと共同署名で、アメリカ合衆国の単独的な覇権主義によるイラク開戦に反対して、国民国家を超えたヨーロッパ共同体の意義を強調し、ポストナショナルな普遍的連帯への架橋としてヨーロッパ的アイデンティティの擁護を主張する、[36]

といった晩年のデリダの政治声明は、それこそ機会原因論的でご都合主義的な意味しかもたないことになってしまうだろう。同様に、先の引用中の「古典的な解放の理想」をあくまで堅持しようとする印象深い言葉も、たんなる政治的なポーズでしかないことになってしまうだろう。

しかし他方で、このような原則論――いわば解放の近代主義者としての――をデリダが述べている通りに確認するだけではデリダ自身が押し進めようとしている「政治」を看て取るためには十分ではない。デリダのテクストに対してそれ自体正義にかなった応答責任を引き受けようとするならば、読者は、デリダの字義通りに主張しているメッセージ以上に、それをもってデリダが現に為していること――行為遂行性《パフォーマティヴィティ》の効果――を発明的にそこに読み取っていかなければならないのである。たとえば、死刑を論ずるとき、デリダは単純に廃止論を唱えているわけではない。むしろ死刑廃止論を主張するにあたってデリダの分析の焦点となるのは、つねにいかに従来の廃止論が脆弱であったか、廃止論を安易に主張する者に対して、いかに過去の哲学者たちは国家主権の名のもとに死刑存置を強力に肯定してきたか（たとえばベッカリーアに対するカント）という、死刑制度をめぐる厳しい認識にほかならない。それは逆説的にも、ほとんど死刑廃止論が原理的には主張不可能にみえるほどにまで徹底されるだろう。(37) その途方もない困難を前にして死刑廃止論を主張し続けることにはどのような決断と責任があるのだろうか。

あるいはまた「ならず者国家」を批判する際に、デリダが他方で留保を加えようとするのは、「ならず者国家」の批判者として最も影響力をもつ一人であるチョムスキーに対してである。(38) チョムスキーは、合衆国が「敵国」の認定のために一方的に用いてきたこの呼称を、まさに合衆国自身に向け返すことで、国際規範を無視した合衆国の覇権主義を批判することができた。にもかかわらず、チョムスキーの議論に欠けているのは、当の批判を導くいかなる一貫した政治的思考をも練り上げることがなく、「主権概念の「論理」」を分析することがない、という点である。「デリダの見地からすれば構造的にならず者国家であるだけなのだが、一方デリダ自身の見地からすればチョムスキーにとっては歴史経験的なならず者国家があるだけなのだが、国家主権への批判的分析は、あらゆる国家が陥るであろう構造的な主権中心主義の袋小路のただ中で、いかなる決断と責任において実践されるのだろうか。そのときデリダ（のテクスト）は何をしているのだろうか。それは、具体的にはどのような決断なのか。こうした問いは開いたままにしておかざるをえない。

*

締め括ろう。シュミットの「決断主義」は、決断を「無からつくり出された」無条件性へと尖鋭化させる一方、その権威を主権者（国家主権）に求めることで、決断の自己保存的な基盤を確保しようとしていた。その帰結は、もはや決断しないために決断主義を廃棄する決断であり、ナチス国家を基軸とした「具体的秩序思想」への弁証法的な反転である。シュミットの決断主義は、レーヴィットが批判したように、非決断＝優柔不断な機会原因論・政治的ロマン主義を批判しようとしてまさにそこに嵌り込むのである。

それに対して、デリダの決定の思考は、決断の無条件性をあくまで計算不可能な正義への権利として要求し続けることで、決断が下される機会の可能性と決断に対する応答責任とを無限に押し拡げようとするだろう。この意味では、どれほど権威的であろうと当の決断が決定的に下されたかどうかはわからない。決定的な決断は端的に生ずるが、けっして現前しない。「決定された決断を貫いて、決定不可能なものが執拗に留まり続け反復される」（PA 247〔二・四二〕）。つまり、いかなる決断にも決定不可能なものが取り憑き続けるのであり（FL 52ff〔五八頁以下〕)、ひとたび下されたはずの決断の自己保存化に対してはつねに留保が付け加えられる。決断は有限であり、無限に有限なのだ。そして決定はそのような仕方でのみ生ずるということを、デリダはこのうえなく明晰に解き明かしているのである。

他方、決定的な決断が下されたかどうかわからないという有限性＝暫定性はけっして決断の責任そのものの免除を意味しない。むしろ無条件な決断につきまとうこの有限性が、決断にむけた規定可能性を計算し尽くすことを命ずるのであり、計算不可能な正義と計算可能な規則や規範との交渉を命ずるのである。この命法は、無条件な決定がどこまでも暫定的にしか実現しないという折衝と妥協の法であると同時に、決定の計算をその限界にまで押し進めることで決断のチャンスを新たに創出しようとする、決断の自由を最大限の可能性にむけて開く命法なのである。

政治的なものの核心に無条件な決断の出来事が存しているということ、このことへの認識そのものは、シュミットとデリダに共通した二〇世紀以後に特有の思考の磁場を形成している。シュミットの決断主義が決断の権威を主権に求めることで「政治的なもの」を「国家的なもの」へと結びつけ、決断に固有な契機それ自体を放棄するにいたったのだとすれば、デリダの決定の思考は「政治的なもの」をあくまで無条件で計算不可能な正義への問いにおいて追究するだろう。このような問いが問いとしてさまざまに提起され続けるかぎりで、デリダにおいて「政治的なもの」は理論や原理へ高められることはない。したがって、デリダに固有の意味での政治哲学はなく、テクスト分析と読解の実践を通じた哲学としての政治があるだけである。そこでは、本来は政治とは別の領域に住まう哲学者の一時的な状況介入が行われているわけでもなければ、一定の政治的な主張にとっての原理的なモデルや根拠として「政治の哲学的分析」が引き合いに出されるわけでもないのだ。脱構築と呼ばれるデリダのテクスト読解が政治的であるとするならば、それは、最終的に無条件な決断と応答責任が迫られる、そのような（出来事の）場へと人を連れ出す道筋を描き出すものとしてその読解が遂行されるからである。そのような道筋は複数であり、総体としてはテクストの系譜学、継承さるべき遺産の布置を浮かび上がらせるかのようにデリダ自身のテクストの数々は多層的に組織されている。

この歴史的記憶《アナムネーシス》の作業を、決定不可能なもののアポリアを証示しようとする論理‐形式的脱構築と区別して、系譜学的脱構築とデリダは名指していた（FL 48〔七四〕、PA 128〔一・一七一〕）[40]。そうした系譜学的探究が行われているかぎりで、この決定の思考はもはや単純に政治的ではありえない。実のところ、その思考の焦点を「政治的なもの」へと集約させてしまうことは不適切ですらある。それは、たんに政治的というより、通常「政治」として問題になっているようなあらゆる事柄の手前で、個々のテクストに宿るさまざまな出来事の記憶に対して「政治的なもの」の意義を与え直そうとする思考である。つまりそれは、「政治」と呼ばれるものがそれによってあらためて可能になるような、テクストの記憶の歴史的な総体に対する応答、まさしく正義にかなった応答責任を引き受けようとする、そのような思考の営為なのである。

このようにみずからの決断の責任を、あるいはむしろ、みずからの他者の決断の責任を果たそうと試みる思考を前にして、以後われわれは、こうした思考の責任をどのように引き継いでゆくことができるのだろうか。そこにはどのような決断がありうるだろうか。このとき、われわれのなかの他者の贈与、すなわち、それ自体他者であるところのデリダという名において決断を与えること、それは何を意味しているのか。そしてそのような問いかけの計算可能性と不可能性のあいだで試みられる交渉、そのような交渉として下される決断とは、はたしてどのような出来事なのだろうか。

結　論

『判断力批判』に、国家、戦争、民族にまつわる記述がしばしば出てくることはあまり知られていない。なかでも、第二八節における次の箇所は「戦士の心が危険によって屈服させられない」ことが人々に掻き立てる崇高な感情に言及している点で、読者の注意を引く。

〔……〕政治家と将軍のどちらがすぐれて尊敬されるかといった両者の比較においてどれほど論争がなされようと、美的判断は将軍のほうに軍配をあげる。戦争ですら、それが秩序を保ち市民法を神聖視しながら遂行される場合は、それ自体ある崇高なものをそなえており、またこうした仕方で戦争する国民の心構えを、国民が度重なる危険に曝され、危険のもとで勇敢に立ち向かうことができたならば、それだけでますます崇高にするのである。これに反して、長期間の平和は、たんなる商業精神を、だがそれとともに低劣な私欲、臆病、柔弱を支配的にさせ、国民の心構えを貶めるのが常なのである。（KU 262-3）

『判断力批判』の五年後に『永遠平和のために』を公刊した哲学者が、一見すると戦争の美化とも受け取れるような記述をしていることには少なからず驚かざるをえない。もちろんカントが、単純に平和よりも戦争を持ち上げたり、民主政よりも軍政の支配を主張したりする類いの論者ではないことは、彼の政治的著作を一瞥すれば、すぐにわかることである。しかしながら、ここでの記述を読むかぎり、「秩序を保ち市民法を神聖視しながら遂行される場合」という限定付きではあれ、平和よりも戦争が「国民の心構え〔Denkungsart des Volks〕」を「ますます崇高にする〔erhabener machen〕」という点で、明らかにカントは、戦争の積極的な効用を主張している。もちろん、だからと言って、ただちにカントが、戦争を推進しようとするような強い価値付与をしていることにはならないだろう。たしかにこの一節は、危険を顧みず身を挺して戦いに挑む英雄の勇敢さが人々に惹き起こす賛嘆や畏敬の念について、カントはたんなる事実として指摘している、そう受け流すことはできるからだ。

だが、そうした反論を踏まえてもなお、カントが、戦争が人類にとって必要不可欠な効用をもつという主張に一定の仕方で加担していることは否定できないように思われる。『判断力批判』には、もう一箇所、人類にとって戦争がもつ意味について述べている興味深い一節がある（第八三節）。そこでは、戦争は「最上の知恵の深く隠された、おそらくは意図的な試みであって、諸国家の自由を伴った合法則性と、またそれによって諸国家の道徳的に基礎づけられた体系の統一とを樹立しないまでも準備」することを通じ、人類の文明文化の「文化に役立つ一切の才能を最高度に発展させるいまひとつの動機である」（KU 433）とさえ主張されているのである。

総じて『判断力批判』に関するかぎり、戦争をめぐるカントの主張は、取り扱いに注意を要するだろう。先の第二八節に戻れば、カントが主張しているのは、要するに、戦争や戦士が国民＝民族（Volk）に及ぼす美的な効果、結局のところ、戦争が人々に惹き起こす崇高の感情（etwas Erhabenes）が「国民の心構え」を高揚させる（erheben）という、戦争による美的政治の効用にほかならない。とするなら、こうした指摘に示唆されているカントの「戦争の美学」は、われわれの生きている時代、二〇世紀以後のパースペクティヴから顧みるとき、いわゆる「政治の美学化」へと国民を動員することに通じるような、危うい解釈を呼び寄せないかどうか、問いかけてみる余地がある。

誤解のないよう繰り返すが、カントが第二八節で言及している戦争は「秩序を保ち市民法を神聖視しながら遂行される場合」という限定付きであり、そのかぎりで、戦争の美化を含意する指摘が通りすがりになされたまでである。しかし、テクノロジーの圧倒的な発展を背景とした二〇世紀の戦争の現実は、カントの時代とは次元をまったく異にしており、国民の全体が殲滅戦や総動員体制によって否応なく戦禍に巻き込まれていったその経緯からすれば、カントが戦争に付した限定は、あまりに牧歌的で脆弱なものと言わざるをえない。もちろん、十八世紀末を生きたカントが、二〇世紀の戦争における美的政治の帰結——ファシズムによる「政治の美学化」(ベンヤミン)——を予期しえたはずはない。戦争賛美にも見える当の指摘を拡大解釈してカントを断罪するといったことは、はじめから問題にはなりえない。そうではなく、ここで問題なのは、後世の美的政治の萌芽ともみえるカントの記述に関連して、通常はそうした事柄とは無縁と思われているカントの美学、とりわけその崇高論が、いったい何を述べているのか、ということなのである。

これまで繰り返しみてきたように、カントのいう崇高の感情は、人々が壮大なものや圧倒的な力を前にしたときに感じる「不快の快」という否定的な表出の弁証法を、基本的な説明原理としていた。先に触れたような、戦士の勇敢さが人々に賛嘆や畏敬の念を惹き起こし「国民の心構え」を高めると言われる場合の崇高な感情もまた、そのような原理によって説明されることになるだろう。しかしながら、本書の『判断力批判』読解が「吐き気」の感情を経由して「パラサブライム」の名のもとに探ろうとしてきたのは、まさに崇高の弁証法的な論理のただ中で、それを中断するかのように、そうした表出の論理には回収されないような微妙な感情の働きをカントのテクストが記しづけているのだということである。

第四章の末尾に引用した『判断力批判』の一節（KU 276〔本書一五〇頁参照〕）が示唆しているようなロビンソン的な孤独は、はたして崇高なものの美的政治と混同されるような「政治の美学化」を形成するだろうか。第五章で問うたように、崇高の政治が「国民」の共同的な情動を統一的に集約しうるような美的効果の達成を要求しているのだとすれば、あの孤独の感情は、およそそうした美学化の要求にはそぐわないものだろう。

序章で触れたように、カントの美的判断力の概念を二〇世紀の思想における政治的判断力の問題として捉え直そうとすれば、「美的なもの」と「政治的なもの」との関係という一般的な問題が浮上してくる。従来この問題が立てられる場合、「政治の美学化」を批判したベンヤミンにおけるように「美的なもの」は「政治的なもの」の対立項と理解され、シュミットの政治的ロマン主義批判においてもまた、政治的決断を無化するような非政治化の要因とみなされてきた。それに対して、本書がカントの『判断力批判』へと遡及することで究明しようとしたのは、美的判断力における「美的なもの」がそれ自体美学批判の契機を宿しており、この「美的なもの＝感性的なもの」こそまさに当の政治化をも促す両義的な批判的機能をそなえているということであった。

あのロビンソン的な孤独の感情もまた、なにがしかの「美的＝感性的なもの」の経験であることには変わりはない。あらためて本書の中心的な主張を繰り返しておくなら、そもそも政治の美学化に対して「美的なもの」の政治化をもって抵抗せねばならないとすれば、それは「美的なもの」それ自体を忌避したり攻撃したりすることにあるのではない。そうではなくそれは、あくまで「美的なもの」の作用を見据えること、そうして「美的＝感性的なもの」それ自身の批判的な力を解放することによってこそ可能になるのである。カントの崇高論のテクストが記しづけているのは、いわば「美的なもの」そのものに宿る「政治的なもの」の契機である。それは、カントの崇高論が他方で打ち立てている「不快を介した快」という美学的な原理を遮断する効果を孕んでおり、そのような意味でわれわれが「パラサブライム」と呼ぶところの、もはや美でも崇高ですらもないものの感性的な経験として、美学主義への抵抗、「感性の政治化」ともいうべき美的判断の出来事の瞬間を跡づけているのである。

たしかにカントにおける「美的なもの」の政治化作用という論点は、アーレントの「政治的判断力」の概念によって多少とも打ち出されていた。しかしながら、第五章で考察したように、アーレントの立論（美の判断にもとづく民主主義モデル）にはおのずと限界が指摘されるのであり、本書は、アーレントでは欠落していた崇高論の観点からこそ、この美的なものの政治化作用をあらためて練り上げようとしたのである。このとき最大の問題は、政治的判断力の理論が「崇高の政治」（「政治の美学化」にもとづく全体主義モデル）に接近することである。こうして最終章は「崇高の政治」から袂を分かつ抵抗点を、ファシズムを導いた決断主義の政治（シュミット）に抗するデリダの「決定の思考」のうちに見いだそうと試みた。その結果、明らかになったのは、この「決定の思考」が、デリダの準‐カント的な理想主義の政治を裏書きするとともに、決断の切迫性を最大限に高めようとする「誇張法的」パトスに支えられた「美的‐政治的」実践なのだということである。

カントの一節に戻ろう。カントは「すべての社会からの離脱もなにか崇高なものとみなされる」（KU 275）と述べ、当の孤独に伴う「人間が自分自身に加える哀しみ」（KU 276）をも、崇高なもののうちに数え入れていた。そうした「社会からの離脱」を説明してカントは、それが「一切の感性的な関心を無視する諸理念に基づく」ものであり、「自足していること、したがって社会を必要としないこと、とはいえ非社交的ではなく、つまり社会から逃避しないこと」（KU 275）であると言い換えている。してみれば、こうした孤独の感情のうちに、「非社交的な社交性」（VIII, 20）として知られるような、近代的人間の自律にふさわしい「個」の感情の発露を読み取る向きもあるだろう。そのような自律と引き換えに生じた孤独の哀しみのうちに、カントは、崇高の感情をみとめたというわけだ。

だが、それだけではないだろう。

この「哀しみ」についてさらに考察を加えるべく、続けてカントはもうひとつの例を引き合いに出している。それは、とあるスイスの登山家――「かの深い学識とともに才気に満ちたソシュール」――が彼のアルプス旅行記のなかで、サヴォア連峰のボノム峠について述べたという次の一文である。すなわち、

そこには一種の味気ない哀しみ〔abgeschmackte Traurigkeit〕が支配している。

カントがこの一文に付した註釈は次のようなものだ。

ということは、彼が関心をそそる哀しみをも知っていたわけで、荒野の眺めがこの哀しみをそそり、人間は、この荒野のうちに身を置き、世間についてこれ以上なにも聞いたり経験したりしないことを願うが、しかしそれでもこの荒野は、人間に対してきわめて困難な居場所を提供するほどあまりに荒涼としたものであってはならない。（KU 276）

峠の寂寥とした眺めは、それ自体において「味気ない哀しみ」であり、このほとんど無情動な「味気なさ」（ないし「趣味趣向のなさ」）において当の哀しみは、カントによれば「共感に基づいた〔……〕柔和な情動」としての哀しみから区別されるだけでなく、あまりに荒涼とした場所ゆえに「落胆させるような哀しみ」からも区別されることになる。それでもなお、カントが当の哀しみを「関心をそそる哀しみ」として崇高とみなすのは、それが「一切の感性的関心を無視する理念」（KU 275）へのメタ美学的な関心（自律した主観の道徳的な関心）に適っているとカントは考えるからである。

しかしながら、本書が第四章で最終的に問うたように、無情動（apatheia）の経験のただ中で見いだされたこのような「崇高」は、カントが他方で崇高なものの感情を説明するさいに持ち出す否定的表出の論理――すなわち、快と不快、反発と牽引といった情動の内的緊張による弁証法的な原理――とは異なる感情の動きを含んでいるのではないだろうか。実際、この寂寥たる荒野の眺めが喚起する「味気ない哀しみ」のうちにはそのような弁証法的な緊張は存在しないだろう。むしろ、ここに認められるのは「味気のないもの＝無趣味なもの」という美的なもののゼロ度にあってもなお、かろうじて漂っているミニマルな感情としての「哀しみ」でしかない。

カント自身はこの「味気のない哀しみ」が、あくまで超感性的な理念が否定的に表出された崇高なものの感情であることを強調しようとして、この「哀しみ」のうちにさえ「活力のある情動」（KU 276）を見ようとしているのだが、それは言葉の定義からしてほとんど牽強附会であるように思われる。それに対してわれわれは、本書の開いたパースペクティヴから、ボノム峠の「哀しみ」に見いだされたこの奇妙な無情動の崇高を「パラサブライム」と呼ぼうとするだろう。そして、そこに拡がる寂寥たる荒野の眺めを、ド・マンに倣って「物質的なヴィジョン」と呼ぼうとするだろう。そもそもこの「味気のない哀しみ」が、カント自身の言葉ではなく、ソシュールの旅行記からの引用であることに注意しなければならない。実のところ、そこでの眺めが、カントの意図を超えて「味気なさ」――趣味のゼロ度――という語の字義性において指し示しているものこそ、カントの崇高論が純粋に美的な視覚のうちに逆説的に打ち立てていた、あの唯物論――視覚的現象性の崩壊としての質料なき唯物論――ではないだろうか（補章 Interlude 参照）。

実際、ボノム峠の寂寥たる荒野の光景に、カントはいったい何を見たというのだろうか。生涯ケーニヒスベルクという小都市で過ごしたカントは、手元にあった旅行記の一節を引き写しているにすぎなかった。要するに何も見てはいないのだ。だが、そもそもカントの崇高論が示しえた物質的な視覚とは、「あたかも詩人がそうするように〔……〕実際に眼の眺めの示すがままに」（KU 270）まかせておくことで現象としては眺めないという純粋に美的な経験であり、この純粋さによってむしろ、みずからの視覚がはじめて可能になるという不可視の条件に直面する経験であった。してみると、物質的な崇高と言うべき、こうした「味気ない」荒野の光景をめぐっては、もとより何も「見る」ことなどできはしない。いや、より正確に言えば、それは、当の視覚の現象性の条件を成している構造的な盲目性のうちにしか「見る」ことができないのである。

かくしてカントは、事実上かつ権利上、何も見なかった、ということになるだろう。カントは「何ものか」を見たのではない。むしろ、みずからが引用した言葉そのものの示すがままにまかせておくことで、純粋に美的であるかのような物質的な崇高の出来事に遭遇したのだ（引用元の著者オラス＝ベネディクト・ソシュールは、二〇世紀初頭に「記号の恣意性」を唱えたあの言語学者の曾祖父にあたり、この思いがけない名の符合は、いまやたんなる偶然の一致以上のことを示唆している）。そこに生じたのは、いわば、テクスト的ヴィジョンである。かかる視覚、というより視覚の盲目性、これこそは、翻ってみれば、「美的なもの」と「政治的なもの」とのあいだで、われわれがこれまでカントを読み続けるために必要としてきたもの、そしてそれゆえにこれからもカントを読み続けなければならなくなる当のものなのである。

「そこには一種の味気ない哀しみが支配している」――

あとがき

本書は、筆者の博士学位論文「判断と崇高――カントと美的‐政治的判断力における決定の問題」(東京大学大学院総合文化研究科、二〇〇七年十二月)を改稿したものである。今回書籍化するにあたって副題を、より簡潔に「カント美学のポリティクス」とした。「ポリティクス」と片仮名で記したのは、漢語の「政治」や「政治学」では意味が限定されすぎると考えたからである。本書がカント美学に見いだす「政治」は、直接には、カントの美的判断力の概念を「政治的判断力」へと展開したハンナ・アーレントの「政治」を踏まえたものだが、本書が扱う哲学や思想の一定の文脈のなかでこの語に広がりをもたせるために、また、本書がある仕方で応答しているジャック・デリダの著作『友愛のポリティックス』(という日本語題)にちなんで、この片仮名表記を採用した。

本書の次の各章は、すでに公表された論文に基づいている(ただし、いずれも加筆修正が施されている)。初出は次の通り。

第二章 「判断の崇高――カント『判断力批判』と美学の崩壊」(『哲学・科学史論叢』第六号、東京大学教養学部哲学・科学史部会、二〇〇四年、二〇一―二二六頁)。

第三章 「構想‐暴力――カント崇高論における構想力のリミット」(『実存と政治』実存思想協会編、理想社、二〇〇六年、九九―一一五頁)。

第四章 「吐き気――「不定形」の反美学」(『SITE ZERO/ZERO SITE ――エステティクスの臨界』第0号、メディア・デザイン研究所、二〇〇六年、二一〇—二四六頁)。

補章 Interlude 「物質的崇高について——ポール・ド・マンのカント読解における視覚の問題」、(『表象文化論研究』第三号、東京大学大学院総合文化研究科超域文化科学専攻表象文化論、二〇〇四年、二一—一七頁)。

第五章 「政治的判断力再考——「美の政治」と「崇高の政治」のあいだ」(『UTCP研究論集』第一〇号、東京大学二一世紀COE共生のための国際哲学交流センター(UTCP)、二〇〇七年、一一三—一三一頁)。

第六章 「決断主義なき決定の思考——デリダ avec シュミット」、『SITE ZERO/ZERO SITE』第2号、メディア・デザイン研究所、二〇〇八年、八—五四頁。

本書の原型になった論考の着想を最初に得たのは、二〇〇一年に遡る。その年、筆者はひとりの哲学者を訪ねて、ロンドン郊外にある大学を留学先に選んだところだった。ゲーテ大学(フランクフルト)で学び、若くしてデリダに見いだされたこの哲学者は、美学・芸術理論コースの主任教授を務めており、『判断力批判』のセミナーを担当していた。当初、筆者にとって『判断力批判』は、古色蒼然たる伽藍のように遠巻きに眺める書物でしかなかった。だが、彼の講義に出席することを通じ、概念の魔術にみえるほど精確かつ大胆に繰り出される解釈と、次々と鋭く抉り出される問題提起とを目のあたりにし、『判断力批判』がたんなる十八世紀末の遺物であるどころか、現代哲学の主戦場になっていることを強烈に思い知らされたのである。筆者は、そのときはじめて『判断力批判』というテクストに真の意味で遭遇することになった。この場を借りてまず、本書の最初の一撃を与えてくれたアレクサンダー・ガルシア・デュットマン(Alexander García Düttmann)に感謝したいと思う(なお、当時の成果は、本書では、第二章と補章 Interlude の部分にあたる。これらは一篇の論文にまとめられ、すでに英語で発表されている。"The Sublime of Judgment: Kant's Aesthetics in Deconstruction," in *Phenomenology 2005*, vol.1, part 2, eds. Cheung Chan-Fai and Yu Chung-Chi [Bucharest: Zeta Books, 2007])。

「崇高」というモティーフについて言うなら、この主題に興味を持つようになったのは、実のところ、さらに過去に遡る。筆者がまだ学部生だった頃、当時フランス語の手ほどきを受けていた梅木達郎先生と自主ゼミで一緒に読み進めたテクストが、フィリップ・ラクー＝ラバルトの崇高論だった。ラクー＝ラバルトのソリッドなフランス語が、梅木先生によってひとつひとつ丁寧に解きほぐされていくなかで、その重厚な思考に魅了されたことが、崇高論の面白さに最初に触れた経験であったと思う。そのときに取り組んだラクー＝ラバルトの論考は、本書の随所で活用されている（ラクー＝ラバルト「崇高なる真理」『崇高とはなにか』梅木達郎訳、法政大学出版局、一九九九年参照）。しかし、ラクー＝ラバルトも、本書の完成を直接報告すべき梅木先生も、もうこの世にはいない。私事ながら、本書を、梅木達郎の記憶に捧げることをお許し願いたい。

冒頭にも記したように本書は、はじめ博士論文としてまとめられた。審査を引き受けていただき、数々の有益なご指摘をくださった、北川東子、高橋宗五、熊野純彦、中島隆博の先生方、そして、なによりも主査を務められた、高橋哲哉先生に感謝したい。高橋先生には、大学院入学以来、かれこれ十年以上もお世話になった。筆者にとっての高橋先生は、毎週の演習でこつこつとデリダのテクストを精読しながら、みずからの思考を研ぎ澄ませてゆくためのスパーリングの相手である。拙くとも長年の指導学生による応答として、本書のうちに、少しでも多くその成果が反映されていることを祈るばかりである。

本書の各章の多くは、草稿段階で、さまざまな研究会や学会の場で口頭発表された。そのさいに議論を共有できた方々から得られた恩恵は、計りしれない。あまりに膨大になってしまうため、ひとりひとりのお名前を挙げることは控えさせていただくが、とりわけ、カント研究会、ＵＴＣＰ（現「共生のための国際哲学教育研究センター」）、哲学／倫理学セミナーのみなさんとの討議に多くを負っている。どちらかというとカント研究プロパーよりは現代の哲学・思想に関心の軸足を置いている本書が、少しでもカント研究に寄与するものになっているとすれば、カント研究会の猛者たちからの鋭い指摘や厳しい批判を享受しえたおかげであると信じている。

また各章は、初出時に、そのつど編集者の方々のお世話になった。とくに本書の核となる第四章と第六章については、メディア・デザイン研究所の飯尾次郎氏に、拙稿を丁寧に精査していただき、貴重な指摘を頂戴した。人文思想系の理論誌を創刊するという野心的な試みのなかで執筆の機会に与ることができ、筆者にとって大きな励みになった。深く謝意を表したいと思う。

本書を仕上げるにあたっては、年来の畏友である清水一浩氏（日本学術振興会研究員・東京大学）に、初校ゲラを丹念に検討してもらい、誤記・誤植の訂正から、不明瞭・不適切な表現の代案にいたるまで、いくつもの有益なコメントをいただいた。また、索引の作成にあたっては、新潟大学大学院生の赤塚建太君の協力を得た。あらためてお礼を言いたい。

なお、本書は、新潟大学人文学部研究叢書の一冊として出版される。多忙のなか、査読の労をとってくださった研究推進委員会の先生方に感謝したい。

最後になったが、知泉書館の小山光夫氏には、筆者が校正を終えられず逡巡するなかで相談に乗っていただくなど、多くのお手数とご迷惑をおかけした。小山さんはそのつど筆者を励ましつつ、迅速かつ適確に編集作業を進めてくださった。深謝する次第である。

二〇〇九年二月二五日

宮﨑　裕助

第二版への付記

今回版を重ねるにあたって、誤記や誤植、書式上の不適切な表記等をあらためた。一部不正確な記述や誤解を招く文章にごく軽微な修正を施したが、本書の論旨に関する変更点はない。また、読者の便を考え、本書の言及した外国語文献に関して初版刊行後に新たに出版された日本語訳文献にかぎり、いくつか書誌を補足した。

二〇一七年九月七日

著者識

新潟大学人文学部研究叢書の刊行にあたって

社会が高度化し，複雑化すればするほど，明快な語り口で未来社会を描く智が求められます。しかしその明快さは，地道な，地をはうような研究の蓄積によってしか生まれないでしょう。であれば，わたしたちは，これまで培った知の体系を総結集して，持続可能な社会を模索する協同の船を運航する努力を着実に続けるしかありません。

わたしたち新潟大学人文学部の教員は，これまで様々な研究に取り組む中で，今日の時代が求めている役割を果たすべく努力してきました。このたび刊行にこぎつけた「人文学部研究叢書」シリーズも，このような課題に応えるための一環として位置づけられています。人文学部が蓄積してきた多彩で豊かな研究の実績をふまえつつ，研究の成果を読者に提供することを目ざしています。

人文学部は，人文科学の伝統を継承しながら，21世紀の地球社会をリードしうる先端的研究までを視野におさめた幅広い充実した教育研究を行ってきました。哲学・史学・文学を柱とした人文科学の分野を基盤としながら，文献研究をはじめ実験やフィールドワーク，コンピュータ科学やサブカルチャーの分析を含む新しい研究方法を積極的に取り入れた教育研究拠点としての活動を続けています。

人文学部では，2004年4月に国立大学法人新潟大学となると同時に，四つの基軸となる研究分野を立ち上げました。人間行動研究，環日本海地域研究，テキスト論研究，比較メディア研究です。その具体的な研究成果は，学部の紀要である『人文科学研究』をはじめ各種の報告書や学術雑誌等に公表されつつあります。また活動概要は，人文学部のWebページ等に随時紹介しております。

このような日常的研究活動のなかで得られた豊かな果実は，大学内はもとより，社会や，さらには世界で共有されることが望ましいでしょう。この叢書が，そのようなものとして広く受け入れられることを心から願っています。

2006年3月

新潟大学人文学部長
芳 井 研 一

宮﨑 裕助（みやざき・ゆうすけ）

1974年生まれ。東北大学文学部哲学科卒。東京大学大学院総合文化研究科超域文化科学専攻表象文化論コース博士課程修了。新潟大学人文学部准教授。哲学・現代思想。
〔共著訳書〕『終わりなきデリダ』（法政大学出版局，2016年），『続・ハイデガー読本』（法政大学出版局，2016年），『カントと現代哲学』（晃洋書房，2015年），『連続講義 現代日本の四つの危機』（講談社，2015年），『感情と表象の生まれるところ』（ナカニシヤ出版，2013年），『人文学と制度』（未來社，2013年），『世界の感覚と生の気分』（ナカニシヤ出版，2012年），『カントと日本の哲学』（理想社，2011年），ジャック・デリダ『哲学への権利 2』（みすず書房，2015年），ポール・ド・マン『盲目と洞察』（月曜社，2012年）ほか。

〈新潟大学人文学部研究叢書 5〉

〔判断と崇高〕　ISBN978-4-86285-055-3

2009年 3 月 31 日　第 1 刷発行
2017年 9 月 30 日　第 2 刷発行

著　者　宮 﨑 裕 助
発行者　小 山 光 夫
印刷者　藤 原 愛 子

発行所　〒113-0033 東京都文京区本郷1-13-2
電話03(3814)6161 振替00120-6-117170
http://www.chisen.co.jp
株式会社 知 泉 書 館

Printed in Japan　印刷・製本／藤原印刷

人名・書名索引

（書名・論文名は本文中で言及されたものに限定した。n は註頁）

ア　行

アーレント，ハンナ　x–xii, xv, 15, 19, 25, 173–181, 183, 192–200, 202, 253, 13n, 29n–33n
——「文化の危機」　174–179, 199
アガンベン，ジョルジョ　131, 25n, 34n
アドルノ，テオドール　90, 113, 131, 189, 25n, 32n
アリストテレス　4, 95, 177, 29n
——『デ・アニマ』　95
石川文康　46, 15n–16n
ヴァーグナー，リヒャルト　192
ウィトゲンシュタイン，ルートヴィヒ　35n
ヴィンケルマン，ヨハン・ヨアヒム　116, 145, 162, 28n
ウェーバー，サミュエル　19n, 37n
ヴェーバー，マックス　203
ウォーホル，アンディ　119
ウォーミンスキー（Andrzej Warminski）　28n
梅木達郎　21n, 32n, 37n
江澤健一郎　24n
エスクーバ，エリアーヌ　21n
大竹弘二　36n
オースティン，ジョン・ラングショー　6, 11n
小田部胤久　19n

カ　行

ガシェ，ロドルフ　158, 22n, 27n
ガダマー，ハンス・ゲオルク　80, 13n, 18n, 20n, 30n
カッシーラー，エルンスト　20n
金田千秋　12n, 19n
カフカ，フランツ　62, 116, 148, 11n
柄谷行人　xi
ガルシア・デュットマン（Alexander García Düttmann）　34n–35n, 40n
カント，イマヌエル　passim
——『永遠平和のために』　xi, 249
——『実践理性批判』　xiv, 20, 33, 38, 49–51, 58–61
——『純粋理性批判』　ix, x, xiv, 20, 31–33, 38, 41–44, 47–48, 70–71, 73–75, 93–96, 98, 107, 158, 160, 242
——「第一序論」　75
——『道徳形而上学の基礎づけ』　48–49
——『人間学』　93–95, 115, 145
——『判断力批判』　passim
——『論理学』　158
キャロル（David Carroll）　21n, 26n, 32n
キルケゴール，セーレン　209, 215, 222, 33n
クライスト，ハインリヒ・フォン　162, 28n
クラウス，ロザリンド・E　117–119, 121–127, 147, 23n–25n
——『アンフォルム——使用説明書』　117–119, 121–126
クリステヴァ，ジュリア　116, 121–127, 147–148, 24n
——『恐怖の権力——アブジェクション試論』　121–122
クリプキ，ソール　35n
クロコウ，クリスティアン・グラーフ・フォン　31n, 36n
グロチウス，フーゴ　227
ケイジル（Howard Caygill）　13n
ゲッベルス，ヨーゼフ　28n–29n
ケルヴェガン（Jean-françois Kervégan）

35n
ケルゼン，ハンス　212–213
コーヘン，ヘルマン　15n
コルテス，ドノソ　220

サ　行

坂部恵　xii
サド，マルキ・ド　xii, 120
——『新ジュスティーヌ』　120
サルトル，ジャン＝ポール　116, 148
シャーマン，シンディ　119
シュミット，カール　x, xv, 16–19, 25, 190–191, 203–205, 211–230, 236–245, 252–253, 18n, 31n–37n, 40n
——『政治神学』　190, 203, 212–224, 228
——『政治的なものの概念』　228
——『政治的ロマン主義』　191, 221–224
シュールマン（Reiner Schürmann）　14n
ジュパンチッチ，アレンカ　17n
シュレーゲル，フリードリヒ　90, 163
ショーペンハウアー，アルトゥル　81
シラー，フリードリヒ　85, 166, 192, 30n
スピノザ，バルーフ・デ　xi
スミッソン，ロバート　119
セザンヌ，ポール　184
セリーヌ，ルイ＝フェルディナン　121
ソンタグ，スーザン　31n

タ　行

高橋哲哉　33n
竹峰義和　25n
田中純　32n
谷川渥　26n
田野大輔　32n
知野ゆり　26n
チョムスキー，ノーム　243–244
ディディ＝ユベルマン，ジョルジュ　24n
デカルト，ルネ　44, 15n
デュシャン，マルセル　184
デリダ，ジャック　x–xi, xv, 19, 23, 65, 82–83, 87, 125, 131, 142–143, 204–219, 226–246, 253, 11n–12n, 14n–28n, 32n–40n
——『法の力』　204–212, 216, 218, 226–229, 235, 237–242, 245–246
——『友愛のポリティクス』　228–232, 245–246
——「エコノミメーシス」　142
トゥキュディデス　173, 29n
——『戦史』　173
ドゥルーズ，ジル　xii, 23, 69, 14n, 16n–18n, 21n, 25n, 27n
——『カントの批判哲学』　69
——「カント哲学を要約してくれる四つの詩的表現について」　xii
ド・マン，ポール　18, 25, 90, 156–167, 255, 13n, 22n, 27n–29n, 39n
——『美学イデオロギー』　156–167

ナ　行

長野順子　23n
ナンシー，ジャン＝リュック　23, 64, 73–74, 76, 198, 12n–14n, 17n–18n, 21n, 31n–32n, 34n
——『無為の共同体』　198
——「崇高な捧げもの」　73, 75
ニーチェ，フリードリヒ　6, 81, 116, 148, 200
ニューマン，バーネット　184

ハ　行

ハーバーマス，ユルゲン　xi, 25, 51, 53, 58, 179–183, 188–189, 193, 202, 242, 16n, 30n–31n, 39n
——「近代——未完のプロジェクト」　179–181, 189
ハーマッハー，ヴェルナー　158, 27n,

36n
——『プレーローマ』 148
バーンスタイン，リチャード・J 30n，34n
ハイデガー，マルティン 5，36，80–82，87，96，199–200，203–204，211，223，11n，14n，20n，22n–23n，32n–34n
——『カントと形而上学の問題』 90
——『芸術作品の根源』 80–81
——『存在と時間』 5，203
バウムガルテン，アレクサンダー・ゴットリープ 73，27n
パスカル，ブレーズ 5，210，35n
バタイユ，ジョルジュ 25， 116–127，147–148，198，24n，32n
——『ドキュマン』 118，125
——「D・A・F・ド・サドの使用価値」 120
パルメニデス 30
バンヴェニスト，エミール 8–11，11n
——『インド・ヨーロッパ諸制度語彙集』 9–10
ピカソ，パブロ 184
ヒトラー，アドルフ 192
ピロー（Kirk Pillow） 13n
フィッシュ，スタンリー 34n
フーコー，ミシェル xii
——『言葉と物』 xii
フェヌロン，フランソワ 136
フェルスター（Eckart Förster） 26n
フッサール，エトムント 30
プラトン 78，177
——『ポリティコス』 177
ブランショ，モーリス 90，198，32n
——『明かしえぬ共同体』 198
フリードレンダー，サユル 32n
フロイト，ジークムント 5，116
ベイナー，ロナルド 29n–30n
ヘーゲル，ゲオルク・ヴィルヘルム・フリードリヒ xi，51，58，78，80，139–140，148–149，242，20n，25n，35n，38n
——『自然哲学』 148
ベッカリーア，チェザーレ 243
ペリクレス 173，175，179，195，200
ヘルダー，ヨハン・ゴットフリート 145
ヘルダーリン，フリードリヒ 23n，37n
ベンヤミン，ヴァルター 16–17，65，90，192，209–211，218，251，31n，40n
——『暴力批判論』 209–211，218
ヘンリッヒ，ディーター 15n，22n
ポー，エドガー・アラン 125
ボダン，ジャン 212
ホッブズ，トマス xi，44，218
——『リヴァイアサン』 218
ホメーロス 8
ボルツ，ノルベルト 203，33n
——『脱魔術化された世界からの脱出』 203
ボワ，イヴ＝アラン 117–119，121–127，147，23n–24n
——『アンフォルム——使用説明書』 117–119，121–126
ボワロー＝デプレオー，ニコラ 78

マ　行

牧野英二 14n，19n，30n
マックリール（Rudolf A. Makkreel） 13n，22n，28n
マネ，エドゥアール 184
マルヴィ，ローラ 124
メニングハウス，ヴィンフリート 116–117，145–148，24n，26n–27n
——『吐き気——ある強烈な感覚の理論と歴史』 116，145–148
メンケ（Christoph Menke） 28n，34n
モンテーニュ，ミシェル・ド 162，210，35n

ヤ　行

山田広昭 36n

ラ　行

ラカン，ジャック　xii,125,17n,24n
——「カントとサド」　xii
ラクー＝ラバルト，フィリップ　23,74–75,77–78,82,199–201,14n,17n–18n,20n–21n,31n–33n,36n
——「崇高なる真理」　74–75,77–79
リーデル（Manfred Riedel）　13n
リオタール，ジャン＝フランソワ　x,18,25,86–87,137–139,182–196,200,11n,14n–15n,17n,21n,25n–26n,28n,30n–32n
——『こどもたちに語るポストモダン』　182–196
レヴィナス，エマニュエル　36n
レーヴィット，カール　204–205,222–226,244,31n,33n,35n
——「カール・シュミットの機械原因論的決断主義」　222
レッシング，ゴットホルト・エフライム　116,26n
ロールズ，ジョン　xi
ロゴザンスキー，ジャコブ　22n–23n
ロック，ジョン　218
ロングネス（Béatrice Longuenesse）　13n

事項索引

（→は同じ事項とみなした項目への参照，⇒は関連事項への参照）

ア 行

悪，悪しきもの　59-60，238，242，16n，33n
アブジェクション，アブジェクト　121-126，146-147
アプリオリ　14，32-33，42，44-45，48，53-54，59-61，71-72，87，94，104，108，129，131，178，219，241，14n，18n-19n
アポリア　13-16，19，21-22，24-25，31，40，46，63-64，67-69，79，89，113，131，136，138-139，146，171，196，206-211，215-218，246，12n-13n，22n
アナロジー（類比）　49-52，54，56，63，84-86，116，218
一回的，一回性　11，61-62，80，234
美しい，美しさ　→美
エポケー　81，208-209，215，226，231，11n，35n
演繹（Deduktion）　44-46，27n

カ 行

快／不快　59，72-82，86-87，97，100，104，115，135，141-149，171，183-188，194，251，253，255，19n，26n
怪物的（ungeheuer 途方もない）　20，112，145，147，21n，23n
架橋　21，34，38，48-50，52，56-57，63，243
格律（Maxime）　49，54，60-61，176
哀しみ　150，253-256
感覚　73，79，87，93-95，115，141-143，146-149，177，184，192，197，12n，27n，30n
関心なき～　→没関心性
感性（Sinnlichkeit）　74-75，80，94-96，100，102-105，111，113，115，132-134，139-141，151，172，186，253，12n，22n
感性論（Ästhetik）　73，117
⇒美学
感性的（ästhetisch）　xii，xiv，16，18，24，32-33，49-53，56，74-78，84，86-87，94，100，104-105，111，114，115-117，127，132-139，142，149，152-153，164-165，171-172，182，185，239，252-255，12n，22n-23n，27n，39n
⇒美的，美学的，直感的
機会原因論（Okkasionalismus）　191，221-226，238-244
危機　xii-xiii，41，77，90，114，115，190，201，203，220
犠牲　111-113，135
規則　ix，9，12-14，36，43-44，49，59，68，71-74，129，176，195，207-210，215，226，231，237，240-241，245，16n，35n
来たるべきもの，到来　19，196-197，200-202，205，228，15n，21n，32n
客観（客体），客観的，客観性　32，37，43，54-55，73，75-76，79-83，86，105，108，121，127-129，136，181，186，213，14n，18n
教育　ix-x，70，85，166，192，37n
境界　→限界
狂気　x，xii，19，209，226
享受　16，73，99，115-116，141-142，145-147，187
共通感覚　85，176-178，194，202，30n
共同体　xi，47，85，182，188，190-198，30n，32n，36n
巨大なもの　145，21n，23n
近代，近代的（モダン，モダニズム，モデルネ）　xii，9，116，119，179-189，203，234，253，16n，33n
ポストモダン　182，186-187，189，192，195-196

愚鈍（Dummheit） ix–x, 70–71
芸術 16, 18, 22, 24, 36, 72, 78, 90, 97, 116–117, 122, 126, 128, 131, 134, 137–141, 175–185, 188–189, 192–193, 197–200, 12n, 20n, 23n, 28n–29n, 31n
決断 xii, xiv, 17–19, 65–66, 172, 190–191, 195, 201–205, 211–247, 252–253, 33n, 35n–36n, 39n–40n
⇒決定
主権的—— 94, 220
受動的—— 226, 230–232
決断主義 x, xiv, 17–19, 25, 169, 190–191, 201–205, 209, 212, 218–229, 236, 239, 242, 244–245, 253, 12n–13n, 18n, 31n, 33n, 36n, 40n
決定 8, 13, 15, 18–19, 21, 25, 31, 36, 40, 42–44, 59, 62–63, 69, 114–115, 146, 172, 174, 178, 191, 202, 204–209, 214–219, 226–231, 234, 236, 238, 240, 242, 244–245, 11n–13n, 38n–39n
——の思考 x, 23–24, 31, 63, 65, 172, 202, 204–206, 212, 218, 226–227, 236, 242, 244–245, 253, 12n, 18n, 40n
——不可能 165, 167, 196, 201, 204, 208–209, 215, 218, 226, 240–241, 245–246, 11n
限界（境界，臨界，リミット） xii, 31, 34, 37, 42, 45, 88–90, 103–106, 109–113, 115, 134–135, 138, 140, 143–144, 148, 156, 165, 172, 174, 185–187, 194, 197, 203, 210, 214–215, 218, 234–235, 240–242, 245, 20n–21n, 27n, 37n–38n
現象，現象的，現象性 34, 51, 81, 101–103, 131, 158–159, 162, 165–166, 178, 256, 25n, 27n
権力 18, 167, 212–213, 222, 225
行為遂行的 →パフォーマティヴ
公共，公共性 xi, 8, 173, 175, 177–182, 188–190, 197–199, 213, 30n, 32n
抗争（Widerstreit） 97–99
構想 - 暴力 →暴力
構想力 18, 24, 78, 86, 88, 91–114, 133–135, 152, 156, 158, 172, 183–186, 13n, 22n–23n, 27n
合目的的，合目的性 21, 52–55, 82–83, 86, 104, 113, 127, 129–130, 151, 154, 166, 180, 18n
心構え（Denkungsart） 98, 100, 103, 133–134, 138, 152, 176, 249–251
コスモポリタニズム（世界市民主義） xi
悟性 23–34, 37–38, 48, 50–54, 70–71, 79–80, 89, 94–98, 183, 18n, 26n
誇張法 19, 239, 241, 253, 21n, 37n
国家 xi, 17, 47, 64–65, 84, 191, 204, 209–213, 224–225, 227, 230, 236–238, 242–245, 249–250, 28n–29n, 35n–36n
——主権 →主権
孤独 177, 198, 252–254

サ 行

裁判，裁判官 ix, 8–13, 44–48, 71, 80, 208–209, 215
詐取（Subreption） 86, 88, 135, 193
視覚 156–167, 256, 27n–28n
建築術的—— 56–164
物質的——，——の物質性 18, 25, 156–164
時間 74, 105–108, 180, 195, 209, 23n
詩人 138, 150, 155, 161–162, 256, 28n
自然 21, 24, 32–34, 37, 43–44, 46, 48–56, 63–64, 72, 78, 86, 97–103, 116, 127–129, 132, 134–135, 137–141, 152–156, 161, 175, 14n–16n, 18n, 21n, 27n–28n
——法 47–48, 212–215, 15n
実例 x, 50
⇒範例，事例，特例
シニフィアン／シニフィエ 124–126, 147, 166, 24n
自由 13, 32–34, 48–50, 52, 54, 56, 63, 65, 77, 93, 97–99, 111–112, 128–129, 139, 183–184, 207–208, 222, 229–230, 245, 250, 14n, 15n, 17n, 32n, 36n
醜悪 →醜さ
主観（主体），主観的，主観性，主観主義 16–18, 32–35, 38, 54, 60, 72–73, 76, 79–

83, 86, 96–97, 104–105, 108–109, 116, 127–130, 138, 144, 147, 153–154, 176–183, 190, 196, 209, 213, 220–236, 235, 14n, 16n, 18n–20n, 30n, 36n–37n
主権，主権者，至高性　25, 190–192, 195, 202–203, 212–230, 236–237, 244–245, 18n, 33n–36n
　国家——　xi, xiii, 212, 219, 225–227, 229, 236, 242–244, 35n
　——的決断　→決断
趣味　x, 22, 24, 36, 67, 73–80, 84–85, 112, 116, 129, 137–139, 171–189, 193–194, 199–202, 254–255, 29n, 37n
　——判断　x, 22, 24, 36, 67, 74, 76–77, 79–80, 84, 112, 116, 137, 171, 173, 176–179, 181, 183, 189, 193–194, 199, 30n
消極的，消極性　→否定的，否定性
象徴，象徴的，象徴性　84–87
自律　35, 111, 176, 179–180, 230–232, 253–255, 14n, 36n
　自己——　35, 231–232
　他——　232
事例　6, 14, 29, 51, 61, 68–71, 80, 208, 215, 217, 220, 14n
　⇒範例，実例，特例
身体　xiii, 101, 122, 124, 160–166, 28n
崇高，崇高論　xiv, 18, 21–24, 40, 67, 74–79, 84–90, 97–105, 111–113, 127, 132–167, 171–173, 175, 183–194, 199–200, 222, 225, 249–256, 13n, 17n, 20n–23n, 27n–28n, 30n–31n, 35n, 37n
　数学的——　105–106, 145, 14n
　物質的——　163, 166–167, 28n
　力学的—　101
　政治的——，——の政治　189–194, 200–203, 205, 225, 252–253, 35n
　——の思考　x, 19, 22, 24–25, 68, 171–173
パラサブライム　25, 113, 144–145, 147, 172, 251, 253, 255, 31n
正義　8–11, 18–19, 46, 204–211, 215–219, 226–227, 229, 236–246, 16n, 18n, 33n
政治的なもの　x, 15–19, 172, 175, 196–198, 201, 205, 227, 245–246, 252, 256, 38n
政治的ロマン主義　17–18, 191, 205, 221–223, 226, 236–239, 244, 252, 36n
聖ピエトロ寺院　86, 110, 134
世界市民主義　→コスモポリタニズム
責任　182, 197, 205, 208, 229–230, 232–235, 240, 243–246, 11n, 39n
前未来　194–196, 201
戦争　16–17, 189, 211, 213–214, 224, 227, 249–251, 34n–35n
善，善いもの　59–61, 84–87, 104, 114, 151–153, 164–165, 16n, 33n
総括（Zusammenfassung）　105–111, 22n, 23n
綜合　94–96, 107–109, 158–159, 165, 22n–23n
創造，創造的，創造者　94–95, 138–139, 218, 221

タ　行

他者　115, 121, 136–137, 142–143, 146, 148, 172, 177–181, 194, 222, 227, 230–235, 246
脱構築　164, 204, 206, 246, 18n, 37n–39n
超越論的　22, 24, 30, 33, 37–39, 44, 52, 54, 71, 73–75, 85, 88, 94, 96, 101, 108, 112–113, 126, 136–137, 139, 146–147, 171–172, 188, 199, 242, 22n–24n, 27n
直観　44, 49, 74–75, 93–96, 105–109, 111, 138, 151, 155, 158–159, 27n
直感的（ästhetisch）　101, 106, 108, 190, 12n, 14n–15n
　⇒美的，美学的，感性的
呈示（Darstellung）　→表出
出来事　144, 195–199, 201, 206, 228–233, 237, 245–247, 253, 256, 31n
適用　iv, 9, 11–12, 29, 51, 58, 60–62, 69–72, 94, 152, 195, 207–209, 215–217, 219, 228, 18n, 38n
デモクラシー　→民主主義
統整的　xii, 209, 242

討議　188，190–191，194–195，202，220–221，30n
道徳，道徳的，道徳性　9，61，77，84–85，103–104，151–153，164–165，180，189，223，250，255，15n–16n
――感情　77，103，152–153
――法則　49–50，59–61，63，65，103–104，16n
到来　→来たるべきもの
特異，特異性　11，62，70，72，80，142，188，192，228–230，234–235
独裁　204，220，225，227
特例　70
⇒範例，実例，事例

ナ　行

ナチス，ナチズム　20，192–193，200–201，204，225，244，31n，33n

ハ　行

媒介　4–6，11，33–34，38，48，50–52，56–57，61，63–64，83，85，94–96，103–105，111，131–133，136–137，141，147，165，171，192–193，217
吐き気　18，24–25，113，115–127，140–149，172，251，26n–27n，30n
把捉（Auffassung）　105–109
パフォーマティヴ（行為遂行的）　6，39，119，126，166，210，216，243
パラサブライム　→崇高
範型　49–51，56，16n
反省　31–32，34–35，38–42，54–55，63，68–69，73，76，89，18n
――的判断力　→判断力
判断　x–xiii，3–25，29–36，40–42，44–46，51，54–55，57，62–66，67–71，79–80，84，87–90，97，104，118–119，129–130，132–133，152–158，161，164–165，171–178，183，190–191，193–202，208，217，11n–13n，19n–20n，27n，30n，38n
趣味――　→趣味
判断力　iv–xiii，14–15，19–25，29–40，48–58，61–65，67–76，79–81，89–90，100，125，175–177，195–196，12n–14n，16n–18n，29n，33n
規定的――　2，53，68–70
政治的――　x，xv，15，25，171–179，187–191，194，197，199–200，202，252–253，12n，26n，29n–31n
反省的――　x，14，21，23–24，30–40，46，48，51–58，63，67–70，73，75，171，195，231，13n，15n，18n
美的――　x，xv，19，21–22，24，40，52，67，73，75，77–89，117，137，151，171–173，188，252，13n，18n–19n
目的論的――　21，52–55，19n
範例，範例的　29–30，70，137，171，40n
⇒事例，実例，特例
美，美しい，美しさ　21–24，40，68，72–73，77–89，97–99，127–141，147，154，161，165，171–179，183–184，186，188，199–200，202，253，20n–22n，25n，27n，30n–31n
――の政治　183，189–190，193–194，201–201，30n
美学（Ästhetik）　x，xiii，15–18，21–24，73–80，83，89–90，136–147，164，166–167，171–172，175–176，183，185–188，192–194，200，250，252–253，13n，20n，22n–23n，25n，27n–28n，31n–32n，37n–39n
⇒感性論
反――　137，186
――イデオロギー　15，164，167
政治の――化　16，18，90，166，193，251–253，31n，39n
美学的（ästhetisch）　18，75–76，81，86，89，153，163，166，171–172，185–186，225，253，12n，20n，27n–28n，37n–39n
⇒美的，感性的，直感的
メタ――　152–153，164，255，21n，27n
美術　139，140–141
否定的，否定性（消極的，消極性）　34，38，65，68，86–88，99，102，130，133，135–147，149，151–153，158–159，164–166，

171, 184–186, 189, 192–194, 198, 225, 251, 255, 22n, 30n
美的（ästhetisch） x, xii–xiii, 15–19, 23–25, 40, 67, 72–90, 97–113, 127–133, 136, 137–142, 147, 149, 152–167, 171–200, 221, 239, 249–256, 12n, 19n, 21n–23n, 27n–31n, 35n–39n
⇒感性的，直感的，美学的
――判断力 →判断力
美的－政治的 13, 19, 25, 169, 173, 188, 253, 39n
批判 19–20, 23–25, 31, 33, 35–48, 56, 59, 63–64, 67, 72–73, 75–77, 83, 90, 163–164, 167, 171–173, 252, 15n, 18n–19n, 22n, 24n–26n, 30n–31n, 33n, 36n, 38n–39n
――哲学 x, xiii, 24, 30–31, 33–34, 39–40, 47–48, 56, 63, 65
表出（Darstellung 呈示） 24, 30, 63, 78–79, 81, 84, 86–89, 93, 97–104, 107–113, 127, 133–149, 151–153, 157, 163–166, 171183–187, 189, 193–195, 199–201, 225, 251, 255, 21n, 23n, 37n
――不可能 88, 98, 111–112, 135–137, 149, 151, 171–172, 182–187, 189, 194, 201, 225
ファシズム 16–17, 190, 192–193, 251, 253
不快 →快
不定形（informe 無形式） 24, 78, 87–88, 117–127, 130, 132–136, 147, 154, 172, 184, 24n
普遍，普遍的，普遍性 11, 14, 29–31, 36, 46, 49, 53, 58–64, 68–70, 72, 80, 178, 183, 195, 216, 243, 15n–17n, 36n
文化 85, 112–113, 116, 165, 175, 180–181, 250
平和 43–44, 46–47, 63–64, 249–250
反吐 142–144, 146–147
法廷 7–8, 40–48, 56, 63–65, 15n
弁証法，弁証法的 113, 135–137, 139–141, 147–149, 152, 165, 171–172, 185–186, 194, 225, 244, 251, 255, 21n, 25n, 27n, 37n
暴力 18, 24, 44, 65, 100–113, 119, 141, 162, 172, 210–211, 216, 218, 22n–23n
構想－暴力 24, 67, 97, 105, 111–113
⇒構想力
ポストモダン →近代
没関心性，無関心性，関心なき～ 72–73, 81–82, 87, 152–153, 32n

マ 行

醜さ，醜いもの，醜悪 140–142, 144–145, 28n, 30n
民主的，民主主義（デモクラシー） xiv, 188, 190–191, 195, 201–203, 220, 253
民族 192, 194, 197, 230, 236, 249–250, 28n, 31n
無形式（informe） →不定形
無限定性 97–98, 127, 133–134, 154, 184
無条件，無条件性 18, 25, 32, 58, 219, 225–231, 234, 236–242, 244–246
無情動（apatheia） 147–149, 254–255
無法 10, 13, 57–58, 214
命法 xii, 137, 176, 241, 245
メタ美学的 →美学的
眼の眺め（Augenschein） 155, 157–158, 162, 164
目的論的 21, 52, 63, 142, 153–155, 209
――判断力 →判断力
モダン，モダニズム，モデルネ →近代

ヤ 行

唯物論 126, 149, 163–164, 166, 256
有機的，有機体 52, 148, 160, 162–163, 166, 28n
有限，有限性 42, 61–62, 136, 139, 154, 245
善いもの →善

ラ 行

立法 31–38, 47–49, 57–58, 60–61, 63, 16n

自己――　14, 31, 34-35, 38-40, 42, 44, 46, 48, 55-56, 62-63, 65, 176
理性　xii, 32-35, 37-38, 41-50, 52, 54, 59-61, 63-64, 70, 73, 79, 87, 89, 96-97, 100-101, 103-104, 110-113, 149, 152-153, 158, 160, 176, 180, 183, 218, 15n-16n, 21n, 27n
――（の）理念　xii-xiii, 84, 86, 98, 101, 104-105, 111-112, 133, 135, 138, 151
――の法　xii, 42, 47, 49-50, 63-64, 103
理念　xi, xiii, 34, 48-50, 52, 54, 56, 80, 86, 103, 110, 124-126, 134-136, 138-139, 143, 146-147, 149-150, 151-154, 157, 160, 164-165, 182, 184, 192, 209, 215-216, 220, 238, 242, 253, 255, 28n, 30n
リミット　→限界
臨界　→限界
例外　64-65, 70, 192, 211, 215, 218, 229-232, 17n, 34n
――状態　190, 212-218, 224, 33n-34n
類比　→アナロジー
ロマン主義　→政治的ロマン主義

註

序

1） J. L. Austin, *How to Do Things with Words*, 2nd ed. (Cambridge, Mass.: Harvard University Press, 1975), p. 3;『言語と行為』坂本百大訳，大修館書店，1978年，7頁。オースティンの言によれば，本書の元になった講義の主要な見解は，1939年にはすでに形づくられていた（初版序文参照）。

2） Jacques Derrida, « Préjugés, devant la loi », in *FJ*, pp. 87-139; 141-230頁。この言葉については次註も参照。

3）「どのように判断するのか」と題された，ジャン＝フランソワ・リオタールをめぐるコロキウム（1982年，於スリジー・ラ・サル）において，ジャック・デリダは導入として，何について語らないかを語ることによってみずからの議論を始めていた（FJ 95ff; 157頁以下）。その語られない内実とは，実のところデリダ自身が差延や決定不可能性というモティーフのもとにいかに判断というテーマを避けてきたかということ，さらにはまた，デリダのみならず（現象学・ハイデガー・精神分析以降の）フランス現代思想が，いかに判断のエポケー〔épochè〕（テーゼの宙づり）としての時代〔époque〕を画していたかということであった。そのさい，リオタールの挑戦としてデリダが想起しているのは，まさしく判断のエポケー＝時代としての，判断にかんする予断（前‐判断）への挑戦である。すなわち，リオタールはこう挑発するのだ――いかなる判断もそれ自身として根拠づけられておらず本質的でないことが明らかになったからといって，判断の問題から手を切ったことにはならない。そうではなく，判断がそもそも何ものにも基づかずそれ自身として現前することがないために固有の法を欠いている，まさにその不在においてこそ，判断は下されなければならないのであり，判断がその名に値するものとしてはじめて問題となるのである。判断のエポケーが明らかにしているのは，むしろそのようなものとしてわれわれは判断せねばならない責任を負っているということなのだ。デリダはそうリオタールの挑戦を要約しつつも，残念なことにここでは，判断という主題を，みずからの議論として正面から引き受けることがなかった（実際，主題は「判断」というより「法」であり，カフカ「掟の門」の読解である。しかし後に論ずるように，デリダの場合，判断の主題は「決定」の問題として後年前景化したとみるのが本書の立場である）。本書の問題設定の背景には，このような判断のエポケー＝（宙づりの）時代以後に，リオタール／デリダの問題提起を引き継ぐなかで，どのように判断すればよいのだろうか，という問いが反響している。

4） Émile Benveniste, *Le vocabulaire des institutions indo-européennes: 2. Pouvoir, droit, religion* (Paris: Minuit, 1969), pp. 107ff;『インド＝ヨーロッパ諸制度語彙集Ⅱ――王権・法・宗教』前田耕作監修，蔵持不三也ほか訳，言叢社，1987年，107頁以下。以下，文中の丸括弧内に参照頁を指示。

5） Jean-Luc Nancy, « Lapsus judicii », in *L'impératif catégorique* (Paris: Flammarion, 1983), p. 46.

6） Ibid., p. 47n.

7） たとえば――といっても一例以上のものだが――ジャック・デリダの『法の力』（FL）は，こうした判断の構造を「アポリアの経験」としてきわめて鮮やかに，かつ模範的ともいえる仕方で描き出していた。デリダがそこで主題化していたのは「判断」というより「決定」の問題である。だが，本書の問題提起の背景をなすひとつの直感は，まさにデリダのいう「決定」に孕まれた「アポリアの経験」が，カントの『判断力批判』に遡る「判断」への問いの現代的な展開として捉え直されるべきではないか，ということである。たしかに，デリダの『法の力』には『判断力批判』への直接の言及はない。しかし，後述するように，20世紀後半のフランス思想におけるカント再読のコンテクストをひとたび重視するならば，デリダの仕事をこの布置のもとに置き直すことで，そうした直感の正当性を確かめることができるだろう。そして本書は実際に，デリダの「決定の思考」を，決断主義の問題との関連で，政治的判断力の顕著な形態として検討することになる（第六章参照）。

8） 判断一般の問いを『判断力批判』から提起するさいの言葉遣いについての予備的な注意。ドイツ語では区別される Urteilskraft（判断力）と Urteil（判断）の違いは，英語・フランス語では――カントの『判断力批判』の翻訳がそうであるように――judgement／jugement の一語に担わせてしまうことが多い。もちろん，Urteilskraft は，判断するという「能力」に，Urteil は，判断するという「行為・作用」に，それぞれニュアンスの力点があり，本書もこの違いを踏まえつつ，両者を一応使い分けるつもりである。しかし，文脈によっては明確には区別しがたい場合もあり，本書は，厳密な使い分けには固執しない。結局のところ，この両者の語は外延において意味を共有しあう言葉として本書はそれらを扱うことにする。

9） ästhetisch（英：aesthetic; 仏：esthétique）には「美的」「美学的」「感性的」「直感的」「美感的」「情感的」「審美的」「耽美的」「唯美的」等々，従来さまざまな訳語が与えられてきた。この語をどう訳すかということ自体が，ästhetisch の理解に深く関わっており，そもそも予断を許す語ではないが，本書は，便宜上原則的に「美的」で統一し，誤解を与えかねない文脈に応じて「美学的」「感性的」「直感的」という訳語を使い分けた。「美的」という訳語の場合，ただちに美や芸術にかかわる「美学的な」用語として受け取られかねない面があるが，周知のように，aisthēsis は原義においては広く「感性」「感覚」の含意をもつという点に注意されたい。近年『判断力批判』における ästhetischの用法をきわめて詳細に検証した大部の研究（金田千秋『カント美学の根本概念』中央公論美術出版，2005年）が出ており，「美的」という訳語で統一することに無理があることも承知してはいるが，他方「感性的」という訳語では，相互に異なったさまざまな文脈において意味の外延が広くなりすぎることや，「sinnlich」や（英語やフランス語では）「sensible」といった語と区別がつかなくなるといった欠点もあり，本書では，ästhetisch を一義的に「感性的」と訳すことはしない。いずれにせよ，この語

については，とりわけカント美学との関連で問題になるため，さらなる説明は後論に委ねておきたい。

10） Paul de Man, *The Rhetoric of Romanticism* (New York: Columbia University Press, 1984), p. 264;『ロマン主義のレトリック』山形和美・岩坪友子訳，法政大学出版局，1998年，342-43頁。

11） 同時代のカント研究のうち，判断力を主題とした主な書物を一瞥しておこう。おそらく最も有名なものは，Béatrice Longuenesse, *Kant et le pouvoir de juger: Sensibilité et discursivité dans l'Analytique transcendentale de la* Critique de la raison pure (Paris: Presses Universitaires France, 1993) だろう。しかしながら，その副題「『純粋理性批判』の超越論的分析論における感性と論弁性」からも察せられるように，議論の中心はあくまで第一批判であり，第三批判が取り上げられている箇所はきわめて限られており，第三批判の問題がそれ自体として引き受けられてはいない。Manfred Riedel, *Urteilskraft und Vernunft. Kants ursprüngliche Fragestellung* (Frankfurt am Main: Suhrkamp, 1989) もまた判断という主題を軸としたカント研究であるが，この書物の構成からして不足に思われるのは，それが「理論哲学」「実践哲学」「歴史哲学」という三部構成に分けられるのみで，判断の問いが（本書が『判断力批判』の中核問題とみなす）美的判断力という観点から検討されることはないという点である。他方「判断」という主題への着眼点において本書に近いカント研究として，Howard Caygill, *Art of Judgement* (Oxford: Basil Blackwell, 1989) を挙げることができる。しかし本書は，ホッブズに始まり『判断力批判』にいたる十八世紀の政治理論および美学を中心とした歴史－文献学的な祖述にとどまっており，『判断力批判』のもつ，現代に届く理論的なパースペクティヴ——とくに崇高論の扱いなど——が十分に引き出されているようには思われない。また，カントの判断力概念をカント哲学固有の問題構制に明晰に関連づけて『判断力批判』の可能性を見いだそうとしている優れた研究として，Rudolf A. Makkreel, *Imagination and Interpretation in Kant: The Hermeneutical Import of the* Critique of Judgment (Chicago: University of Chicago Press, 1990) が特筆されるべきである。本書は，構想力を焦点としつつ，この主題を反省的判断力の問題との関連で読み解き，解釈学的な射程のもとに練り上げている。これはアーレント／ガダマーが切り開いた『判断力批判』解釈の可能性に呼応するもの（ただしマックリールはガダマーの第三批判の扱いには批判的である）であり，本書の着眼点に照らしても，こうしたカント研究の方向がもつ意義は小さくないことを強調しておきたい（この方向を受け継ぐ研究として，Kirk Pillow, *Sublime Understanding: Aesthetic Reflection in Kant and Hegel* [Cambridge, Mass.: MIT Press, 2000] がある）。しかし本書は，判断の構造をアポリアとして構成する「決定の問題」を追究することにより，結局のところ，マックリールが範とするような解釈学的な伝統からは袂を分かとうとするのであり，後述するように，20世紀のフランス思想におけるカント再読の成果を踏まえることを通じて，本書は，決断主義の問題にまで及ぶようなカントの判断力論の射程を引き出そうと試みるのである。

12） Jean-Luc Nancy, « L'offrande sublime », in Nancy et al., *Du sublime* (Paris: Belin,

1988), p. 37;『崇高とは何か』梅木達郎訳，法政大学出版局，1999年，47頁。

13） カント解釈の文脈では，近年の動向を広く概観したものに以下が有益である。牧野英二『崇高の哲学』法政大学出版局，2007年，とりわけ第一章。

14） 以下に主なテクストを列挙しよう。Gilles Deleuze, *La philosophie critique de Kant* (Paris: PUF, 1963):『カントの批判哲学』國分功一郎訳，ちくま学芸文庫，2008年；« L'idée de genèse dans l'esthétique de Kant » (1963), in *L'île déserte et autres textes*, ed. David Lapoujade (Paris: Minuit, 2002), pp. 79-101:「カントの美学における発生の観念」江川隆男訳『無人島1953-1968』前田英樹監修，河出書房新社，2003年，117-48頁；Jacques Derrida, « Parergon », in *La vérité en peinture* (Paris: Flammarion, 1978), pp. 19-168:「パレルゴン」高橋允昭・阿部宏慈訳，『絵画における真理』上巻，法政大学出版局，1997年，25-236頁；« Économimesis », in S. Agacinski, et al., *Mimesis des articulations* (Paris: Flammarion, 1975), pp. 56-93:『エコノミメーシス』湯浅博雄・小森謙一郎訳，未來社，2006年。Jean-Luc Nancy, *Le discours de la syncope: 1. Logodaedalus* (Paris: Flammarion, 1976); *L'impératif catégorique*, op. cit. ; Jean-François Lyotard, *Le différend* (Paris: Minuit, 1983):『文の抗争』陸井四郎・外山和子・小野康男・森田亜紀訳，法政大学出版局，1989年; *L'enthousiasme* (Paris: Minuit, 1986):『熱狂』中島盛夫訳，法政大学出版局，1990年; *L'inhumain* (Paris: Galilée, 1988):『非人間的なもの』篠原資明・上村博・平芳幸浩訳，法政大学出版局，2002年；*Leçon sur l'Analytique du sublime* (Paris: Galilée, 1991). また，リオタール，ナンシー，ラクー＝ラバルトが共に参加している次の二つの重要な論文集がある。Lyotard, et al., *La faculté de juger*, op. cit. (FJ); 邦訳，前掲書，および，Jean-Luc Nancy, et al., *Du sublime*, op. cit. (DS); 邦訳，前掲書。

Ｉ－１　判断力の法

1） これは後にみるように，カントが「数学的崇高」として論じた直感的判断の問題へと通じている。第三章・第4節参照。

2） Reiner Schürmann, "On Judging and Its Issue," in *Public Realm: Essays on Discursive Types in Political Philosophy*, ed. Reiner Schürmann (Albany: State University of New York Press, 1989), p. 2.

3） Heautonomie は，Autonomie「自律」（＞autos「自己」＋nomos「法」）に，「自己自身」を意味するギリシア語の heauton を畳語的に付したカントの造語である。『判断力批判』のいわゆる「第一序論」の説明によれば，この語は「判断力が，自然にでもなければ自由にでもなく，もっぱら自分自身に法則を与える」ということ，またそれが「客観についての概念を生み出すいかなる能力でもなく，ただ判断力に外から与えられた概念を当面する事例と比較し，この結合の可能性の主観的諸条件をアプリオリに指示する能力」であるということを言い表している（XX: 225）。

4） Martin Heidegger, *Die Frage nach dem Ding. Zu Kants Lehre von den transzendentalen Grundsätzen*, in *Gesamtausgabe*, Bd. 41 (Frankfurt am Main:V. Klostermann, 1984),

p. 121-22;『ハイデガー全集41 物への問い——カントの超越論的原則論に向けて』高山守，クラウス・オピリーク訳，創文社，1989年，132頁。

5） Ibid., p. 122; 132頁。

6）デリダはこのような批判のあり方を「起重機〔grue〕」ないし「浚渫機〔drague〕」のイメージで説明している。「批判は，まずはじめに，土台を探究している（したがって土台は，事実上は後から到来する）。批判は，起重機ないし浚渫機さながら深溝の上方に宙づりにされていて，掻き削ったり，掘ったり，障害物を除去したりして，安泰確実な地盤を掘り当てようと作業を進めているのである」（Derrida, *La vérité en peinture*, p. 59;『絵画における真理』上巻，83頁）。

7） Cf. Lyotard, *Le différend*, p. 174;『文の抗争』246頁。

8） Dieter Henrich, "Kant's Notion of a Deduction and the Methodological Background of the First *Critique*, " in *Kant's Transcendental Deductions: The Three* Critiques *and the* Opus postumum, ed. Eckart Förster (Stanford, California.: Stanford University Press, 1989), p. 39; ディーター・ヘンリッヒ「超越論的演繹とは何か」湯浅正彦訳『現代思想』1994年3月臨時増刊号，92頁。

9） 石川文康『カント 第三の思考——法廷モデルと無限判断』名古屋大学出版会，1996年，25頁。本書で展開された，アンチノミー論と無限判断の機能に即して明らかにされる「法廷モデル」の有効性についての検証は，残念ながら，拙論の枠内では扱いうる議論ではないが，とりわけ無限判断と反省的判断との関係を問うことは，第一批判のうちにある仕方で直感的-反省的判断力の問題を見いだす可能性を開くように思われる。とくにヘルマン・コーヘンがカントの経験概念のうちに提起した無限判断の問題（石川書第五章参照）を拙論の観点から取り上げることは，さらなる課題として残されていよう。

10） 石川，前掲書，189頁。

11） Kant, *Die Metaphysik der Sitten*, VI: 297.

12） この背景に，以下のような伝統的な「自然」への理解があるということは，従来のカント研究の共通了解をなしてきた。そこに想定された「自然」観とは「ストア以来，そして近世においてはデカルト以来，最大限普遍的に理性能力そのものと解されたあの「自然の光」（lumen naturale）という概念に含意された「自然」と等しく根源的である」。そしてこの「自然の光」とは「もともと狭義の道徳原理や法に限定されたものではなく，また，自然と自由との対立を形成するいわゆる自然法則に見られる自然に組み込まれるものでもなく，広く認識能力一般を含めて，「恩寵の光」（lumen grantiae）という一切の超自然的な力から区別されたかぎりでの，あらゆる理性的能力一般を指していた。この意味から，理性批判において引き合いに出される法は，実定法と区別されるのはもとより，通常の意味での自然法とすら区別された端的に理性の法則そのものと解される」（石川，前掲書，187頁）。このような観点からすれば，カントのいう法は，「理性法則」にして「自然法」であり，それ以外のものではないだろう。

13） 石川，前掲書，188頁。

14） 同頁，参照。

15）Kant, *Grundlegung der Metaphysik der Sitten*, IV: 421.

16）事実，この実践的判断力の範型論の箇所では『道徳形而上学の基礎づけ』における道徳法則と内容的にほぼ同じ定式が出てくる。「純粋実践理性の法則のもとでの判断力の規則は次のとおりである。「汝が企てる行為が，汝自身がその一部であるような自然の法則に従って生ずるとしたら，汝はその行為を汝の意志によって可能なものとみなすことができるかどうか，自問してみよ」」KpV 69; 強調引用者）。

17）先の石川の議論をふたたび引き合いに出せば，このように二重化された自然は，法の普遍性とともに，それを可能にする「自然概念の奥行き」（前掲書，187頁）として積極的に評価される。しかし，二重化の含意を厳密に受け取るかぎり，これは「奥行き」というより，むしろ根本的な分裂と言うべきだろう。とすると，もしそこに言われるように「自然概念の奥行き」が「カントの体系論の根幹にある」のだとすれば，この「奥行き」そのものは，実際のところは，カント哲学の体系的統一をどこまでも妨げるような，分裂した二重性でしかないということになるだろう。

18）Jürgen Habermas, *Erläuterungen zur Diskursethik* (Frankfurt am Main: Suhrkamp, 1991), p. 24; ユルゲン・ハーバーマス『討議倫理』清水多吉・朝倉輝一訳，法政大学出版局，2005年，19頁。

19）法が善に依存するのではなく，善が法に依存しているということ――「法を中心として善の位置づけを反転させる」というこの逆転を，ドゥルーズは，『純粋理性批判』におけるコペルニクス的転回――認識対象を主観を中心に反転させる転回――に匹敵するもの，あるいは「おそらくそれ以上に重要なもの」として，高く評価している。ドゥルーズによれば，いわばこの第二のコペルニクス的転回によって「カントは法の古典的なイメージと縁を切った最初の人間のひとり」となる。法の古典的イメージにおいては，法とは，法を超越し法の外部にある〈善〉の存在を前提とし，この〈善〉の代行者として副次的な価値をもつにすぎなかった。それゆえ〈善〉は，正義が目指すべき至上の価値実体として唯一不変であるのに対し，その担い手である法は，国によっても時代によってもさまざまに異なるということになる。要するに「法の古典的イメージは，〈善〉の領域と〔比較可能な次元での〕〈最良〉の状況にしたがってしかるべく特化されていた複数の法律しか知らなかった」。しかし，カントが近代に特有のものとして提示した法のイメージ――道徳法則のそれ――は，そのような古典的な法からはっきりと袂を分かつ。道徳法則にあっては「道徳的という言葉は，絶対的に規定されずにいるものの規定のみを指し示している。すなわち，道徳的な法とは，内容と対象，領域と状況とから独立した，ある純粋形式の表象なのである。道徳的な法とは〔唯一の〕法〔そのもの〕を意味する。つまり，法を基礎づけうる高次の原理の一切を排除するものとしての，法の形式を意味しているのである」（Gilles Deleuze, *Présentation de Sacher-Masoch* [Paris: Minuit, 1967], p. 72-73;『マゾッホとサド』蓮實重彥訳，晶文社，1973年，105頁）。

法がみずからの法の形式そのものを唯一の基礎とすることで法たりえている，ということの奇妙さ，あるいはむしろその不気味さを十全に受けとめる必要がある。それ自体としては善悪の実質的な内容を命じることがなく，当の法の「普遍的立法の形式しか命

じない法」（KpV 64）とは，ドゥルーズの言葉に即していうなら，「法の対象が，本質的にみずからを隠すものだ」ということを指し示している。法というものが定義上何事かがそうあるべき秩序や規範を意味し，人々に対してそれに等しく従うよう命じるものだとするならば，ここで問題になっている法とは，法自身が何事にとっても開かれてあるべし，何も命じないままであるべし，という命令を下す法であるだろう。すなわち，特定の事柄について何も直接には命じないことでこそ，あらゆるものに対して普遍的にみずからの効力を発揮する，そのような法であるだろう。この法にあっては，直接に従わせる内容がなく，特定の命令から解放され自由である——ひとはこのとき命令に従うことも従わないこともできる——が，問題なのは，まさに自由の法，特定の命令が排されているということそのものを命じる法である。したがって，ひとはこの法をけっして拒否できない——というのもそれを拒否してもよいという法だからであり，拒否した途端それに受け容れたことになるのだ——のであり，つねにすでにこの法——法の法——との関係に入っている。このような法の次元にあっては，法の外部は権利上存在しない。いわばこの法は，法の外部そのものを内化した法なのである。かくして「純粋な形式によって定義づけられ，素材も対象も持たず，特定もされないまま」，〈法から逃れるもの〉それ自体を法そのもののうちに組み込むことによって，「法は，その実態が不明瞭となり，またその把握すらできないようなものとなる。法は，認識されることなく作用するのである」。この論点については，ドゥルーズ自身も指示しているように，とくに，次を参照。Cf. Jacques Lacan, « Kant avec Sade » (1962) in *Écrits* (Paris: Minuit, 1966), pp. 765-90; ジャック・ラカン「カントとサド」佐々木孝次訳『エクリⅢ』弘文堂，1981年，255-93頁。また関連して，以下も参考になる。Cf. Alenka Zupančič, *Ethics of the Real: Kant, Lacan* (New York: Verso, 2000); アレンカ・ジュパンチッチ『リアルの倫理——カントとラカン』冨樫剛訳，河出書房新社，2003年。

20）　容易に看て取れるように，全面的に自由であることの法は，本質的にダブル・バインドである。「自由であれ」を命ずる法は，自身の命令を除外することでしか当の命令を達成することができない。みずからの命令を例外としなければ，命令そのものが不可能になってしまう。しかし他方，そのような例外を含んでしまえば，命じられた自由は部分的な自由にとどまってしまうだろう。自由が強いられているかぎり，それは真の自由ではないというわけだ。したがってひとは，真に自由であるためには，当の法を侵犯しなければならないのである。

21）　Jean-Luc Nancy, « Lapsus judicii », in *L'impératif catégorique*, p. 50; 強調引用者。

22）　Jacques Derrida, *Du droit à la philosophie* (Paris: Galilée, 1990), pp. 92-93. ジャック・デリダ『哲学への権利１』西山雄二・立花史・馬場智一訳，みすず書房，2014年，79頁。哲学が忌避しつつ自身のうちに匿ってきた「法的な問い」の所在を，20世紀のフランス思想の文脈において，カントの判断力論としてはじめて明確に問題化したのは，ナンシーであった。70年代のナンシーのカント論（Cf. *Le discours de la syncope*, 1976 および *L'impératif catégorique*, 1983）は，後のリオタールによる『判断力批判』の読解や崇高論へと連なるものであり，他方で，80年代にナンシーがラクー＝ラバルトとともに主宰

した「政治的なものの哲学研究センター」(Cf. *Rejouer le politique* [Paris: Galilée, 1981] および *Le retrait du politique* [Paris: Galilée, 1983]) の基礎ともなっている。こうしたコンテクストのなかで，デリダの『法の力』や『友愛のポリティクス』といった著作が準備されたのであり，90年代デリダの後期思想を画するとも言われている脱構築の「倫理 - 政治的転回」もその流れのなかに位置づけることができる（この点については，デリダが，ナンシーとラクー＝ラバルトの政治哲学研究への負債を述べた次の箇所も参照。Jacques Derrida, *Politiques de l'amitié* (PA), p. 153n; 『友愛のポリティックス 1 』216頁，註24)。このような布置を考慮することにより，本書は後に，カントの判断力論の現代的な展開を，デリダの「決定の思考」のうちに見ることにしたい（第六章参照)。

23) 予告しておくなら，法に内在しつつ法を超越した「法の力」についての問いは，決断主義の問題に関連して「主権」(シュミット）と「正義」(デリダ）との差異のうちにあたらめて扱うことになるだろう（第六章参照)。

Ⅰ-2 判断の崇高

1） Derrida, « Parergon », in *La vérité en peinture*, p. 60;『絵画における真理』上巻，84頁。

2） Deleuze, *La philosophie critique de Kant*, pp. 85-86;『カントの批判哲学』120-21頁。

3） Hans-Georg Gadamer, *Wahrheit und Methode* (Tübingen: J. C. B. Mohr, 1960), p. 36; ハンス＝ゲオルク・ガダマー『真理と方法Ⅰ』轡田収・麻生建・三島憲一・北川東子・我田広之・大石紀一郎訳，法政大学出版局，1986年，56頁。

4） Deleuze, *La philosophie critique de Kant*, p. 87; 122 頁。前章で見たようにここにはヘーゲル＝ハーバーマスがカント倫理学の形式主義を批判して述べた「適用問題」がふたたび現れている。第一章・第 4 節参照。

5） Derrida, *La vérité en peinture*, p. 49;『絵画における真理』上巻，68頁。

6） 一見すると『判断力批判』の全体が，第一部「美的判断力の批判」と第二部「目的論的判断力の批判」という二つの部門から成るのに，本書が，第一部を第二部に比べ重視するのはなぜなのか，疑問に思う向きがあるかもしれない。だが，そもそも『判断力批判』においてこの二つの部門はたんに同じ資格で並置されているのではない。権利上，第二部は，第一部の考察を前提とするのでなければ可能ではない。カントによれば，「判断力批判のうちには，美的判断力を含む部分がそれに本質的に属しているが，それは美的判断力のみが，判断力が自然についてのみずからの反省の根底にまったくアプリオリに置く原理を，すなわち，われわれの認識能力に対する，自然の特殊な（経験的）諸法則に従う自然の形式的合目的性という原理を含んでいるからで，この合目的性がなければ，悟性は自然に通ずることができないだろう」(KU 193)。つまり，ここには一種の構造的な順序が存在しており，「美的判断力の批判」が（対象の認識にはなんら寄与しないが)「自然の主観的で形式的な合目的性」の原理を準備した後で，「目的論的判断力の批判」は，認識への寄与を顧慮しつつ，自然の多様性のうちに「自然目的」すなわち「自然の客観的で実在的な合目的性」を見いだすという反省的判断力の原理を探究

することができるのである。要するに「みずからの諸対象の認識には少しも寄与せず，それゆえただ判断する主観とその認識諸能力との批判にだけ，つまり一切の哲学の予備学である批判にだけ数え入れなければならない」(KU 194) のはもっぱら「美的判断力」なのであり，この意味で，目的論的判断力よりも美的判断力のほうがいっそう根本的なのである。

7) 第三批判のいう「快不快の感情」が，第一批判の「超越論的感性論」の枠内に収まるものではなく，「従来のものとは異なる新種のアプリオリな原理の発見」に基づくという点については，カントが第三批判を練り上げるなかで記していたラインホルト宛書簡（1787年12月28日付）においても明確に跡づけることができる。「〔……〕ときに私がある特定の対象について，研究方法を正しく用いることができないでいる場合でも，認識の基本要素やそれに属する心の諸力について描いたあの一般的な下絵に立ち戻ってみるだけで，私の予期することのなかった知識を得ることができるのです。このようにして私はいま，『趣味の批判』に従事していますが，この批判をきっかけにして，従来のものとは異なる新種のアプリオリな原理が発見されます。というのも，心の能力には以下の三つがあるからです。すなわち，認識能力，快不快の感情，欲求能力です。私は，第一の能力のためには『純粋（理論）理性批判』のなかでアプリオリな原理を見いだしましたし，第三の能力のためには『実践理性批判』のなかでアプリオリな原理を見いだしました。私は，第二の能力のためにもアプリオリな原理を探してみました。かつて私はそのようなものを見いだすことは不可能だと考えていましたが，あらかじめ考察していた諸能力を分析することによって，私は人間の心のなかに，体系的なものを発見するにいたりました。この体系的なものに驚嘆し，できればこれを徹底的に究明することは，私の余生になお十分な素材を提供してくれるでしょう。ともかくも，この体系的なものが私をこの探究の途上へと連れ出してくれたのです」(X: 514;『カント全集・書簡 I』第21巻，岩波書店，293-94頁。引用箇所は，望月俊孝訳による)。

8) Derrida, *La vérité en peinture*, p. 57;『絵画における真理』上巻，80頁。強調は引用者による。

9) 「Ästhetik と ästhetisch の棲み分け」については，小田部胤久「「移行」論としての『判断力批判』——「美学」の内と外をめぐって」（坂部恵・佐藤康邦編『カント哲学のアクチュアリティー』ナカニシヤ出版，2008年，88-119頁）が詳しい。

10) この問題については，次のきわめて詳細な研究がある。前掲，金田千秋『カント美学の根本概念』参照。

11) 牧野英二註。岩波版カント全集第8巻，269-71頁。「美感的」は，理想社版全集の原佑訳（1965年）で採用された。ちなみに，宇都宮訳では「情感的」という訳語が提案されている。本書では，すでに「序」の註9で述べたように，あくまで便宜上の理由から「美的」の訳語で原則的に統一した。

12) Samuel Weber, "The Foundering of Aesthetics," in *Aspects of Comparative Literature*, eds. Clayton Koelb and Susan Noakes (Ithaca: Cornell University Press, 1988), p. 62.

13) Ernst Cassirer, *Kants Leben und Lehre* [1918] (Darmstadt: Wissenschaftliche Buchgesellschaft, 1977), p. 349; エルンスト・カッシーラー『カントの生涯と学説』門脇卓爾・高橋昭二・浜田義文監訳，みすず書房，1986年，346頁。

14) この語は，Lacoue-Labarthe et Nancy, *L'absolu littéraire* (Paris: Seuil, 1978), p. 52 から借用されている。

15) G. W. F. Hegel, *Vorlesungen über die Ästhetik,* I (Frankfurt am Main: Suhrkamp, 1970), pp. 4f;『ヘーゲル美学講義』上巻，長谷川宏訳，作品社，1995年，62頁以下。

16) Ibid., p. 84; Cf. Derrida, *La vérité en peinture*, p. 42;『絵画における真理』上巻，57頁。

17) ガダマー『真理と方法』第一章，第二節参照。

18) Cf. Gadamer, »Zur Einführung«, in Martin Heidegger, *Der Ursprung des Kunstwerkes* (Stuttgart: Reclam, 1960), pp. 101ff;「導入のために」，ハイデッガー『芸術作品の根源』関口浩訳，平凡社ライブラリー，2008年，158頁以下。ガダマーによれば，カント美学が告知しているのは「危険な主観化の始まり」であり，新カント派にいたって美学的な問題は「ある独特な先入見」を負わされることになった。つまり「芸術作品は，最初の，導入的な見方によれば，それ自体，ある物体的な性格をもつものであって，この性格が下部構造の機能を果たし，そしてそれの上に上部構造として本来的に美学的な形成物がそびえ立つ」(p. 103; 145 頁) というわけである (たとえばニコライ・ハルトマン)。美学の問題はこうして主観的な妥当性をもつにすぎない「上部構造」に割り当てられる。ハイデガーの『芸術作品の根源』が斥けようとしていたのは，第一にこうした先入見であり，ハイデガーはカント美学の問題設定にそうした主観主義を認めていた点で，『判断力批判』に対する一定の留保をヘーゲル美学と共有していると言える (この「主観主義」には歴史的にも主題的にもさまざまな含意があるとはいえ)。デリダもまた，ヘーゲルにとってもハイデガーにとっても第三批判が「主観主義と判断のひとつの理論にとどまっている」と記している (Derrida, *La vérité en peinture*, p. 42;『絵画における真理』上巻，57頁)。

19) Martin Heidegger, *Nietzsche*, vol. 1 (Pfullingen: Neske, 1961), p. 389; マルティン・ハイデッガー『ニーチェⅠ――美と永遠回帰』細谷貞雄・杉田泰一・輪田稔訳，平凡社ライブラリー，1997年，155頁。

20) この論点についてはラクー＝ラバルトの周到な分析において解明されている。「崇高なる真理」第二節 (DS 102–113; 144–59 頁) 参照。

21) 実際，ラクー＝ラバルトの崇高論のもくろみは，ハイデガーによる美学の限界画定を引き受けることで，このようなハイデガーによる美の把握が，しかし実は崇高の思考でありうるのだということを (ロンギノスのテクストを媒介として) 読み替えようとする点にある。そのさい「一切の光の彼方にある」崇高の煌めきは，ラクー＝ラバルトによれば「存在それ自体の異様な明るさ〔l'étrange clarté〕,「しばしば闇がそれを包み隠してしまうにもかかわらず」，存在の目も眩むような夜なき夜」(DS 146; 203 頁) として記述されるのである。

22) Derrida, *La vérité en peinture*, pp. 56–57;『絵画における真理』上巻，78–79頁。

23） Ibid., p. 99; 同書，140頁。

24） Ibid., p. 101; 同書，143頁。

25） Cf. David Carroll, “Borderline Aesthetics,” in *Paraesthetics* (New York and London: Methuen, 1987), pp. 131-54.

26） Derrida, *La vérité en peinture*, p. 52;『絵画における真理』上巻，73頁; « Economimesis », in Agacinski, et al., *Mimesis des articulations*, p. 66;『エコノミメーシス』27頁。

27） Éliane Escoubas, *Imago Mundi* (Paris: Galilée, 1986), p. 39 も参照。エスクーバは崇高を「なにか ungeheuer〔途方もない〕なもの，なにか怪物的なもの」と形容しているが，これはカントの用語法からすれば誤りである。崇高なものの表出においては「自然は途方もないものをなにひとつ含んでいない」（KU 253）からである。「ある対象が途方もないのは，この対象がみずからの大きさによって，この対象の概念を形づくる目的を破壊する場合である」。それに対して（数学的に）崇高であるのは「あらゆる表出にとっておよそ大きすぎるような概念（比較的途方もないものに接した）のたんなる表出である」。カントはこの種の表出を「巨大なもの（kolossalisch）」と呼ぶ（この点については，デリダの分析も参照。Derrida, « Le colossal », in *La vérité en peinture*, pp. 136-68;『絵画における真理』上巻，193-236頁)。「途方もない（怪物的な）もの」とは，むしろ，もはや美でも崇高ですらもないものについての，美的呈示の臨界を名指す形象であるだろう。本書の第Ⅱ部は，そのようなリミットの分析にあてられる。

28） Lacoue-Labarthe, « Où en étions-nous? », in *FJ*, p. 189; 306頁。

29） Cf. Deleuze, *La philosophie critique de Kant*, p. 80; 113頁; « L'idée de genése dans l'esthétique de Kant », pp. 91-92;『無人島1953-1968』133-34頁。理性のこの「メタ美学的」関心については，補章 Interlude 第1節も参照。

30） この論点については，第四章であらためて論じる。

31） Lyotard, *Leçon sur l'Analytique du sublime*, p. 80.

32） これは，崇高についてのリオタールの定式（「崇高であるのは呈示不可能なものの呈示である」）を，ラクー＝ラバルトが修正した表現に負うものである（DS 101; 143頁）。

33） この問いをめぐって最も遠くにまで到達したのは，ナンシーの崇高論である。「問題となるのは別のものなのである。それは呈示そのもののなかで，そして結局は呈示によって生起し，到来し，起こるものだが，呈示ではあらぬものなのだ。すなわちそれは動き〔motion〕であって，それによって限界づけられぬもの〔illimité〕が，みずからを限界画定し〔se délimite〕みずからを呈示する限界に沿って，絶えず自身を浮かび上がらせ〔s'enléve〕，自身を限界から外してゆく〔s'illimite〕のである」（DS 54; 70頁)。また，こうした「限界の論理」を別の観点から，（否定）弁証法から誇張法へといたる可能性において探る試みとしては，梅木達郎「崇高論をめぐって」（『支配なき公共性』洛北出版，2005年）を参照。

34） Cf. Lacoue-Labarthe et Nancy, *L'absolu littéraire*, op. cit. ドイツ・ロマン主義の起源としてのカント（とりわけ『判断力批判』）の位置については，同書 pp. 39-52を参照。

35) Cf. Paul de Man, *The Resistance to Theory* (Minneapolis: University of Minnesota Press, 1986), pp. 5ff;『理論への抵抗』大河内昌・富山太佳夫訳，国文社，1992年，29頁以下。

Ⅱ-3 構想-暴力

1) Martin Heidegger, *Kant und das Problem der Metaphysik* (1929) (Frankfurt am Main: Vittorio Klostermann, 1951), p. 164;『ハイデッガー全集3――カントと形而上学の問題』門脇卓爾，ハルトムート・ブフナー訳，創文社，2003年，163頁。

2) ハイデガーは，後にカント書の「解釈の強引さ」「過誤や欠落」をみずから認めるにいたっており（第二版前書き），カント書の構想力論の射程を測定するには，後のハイデガーのカント解釈（とりわけ「物への問い」1935/36年，「存在についてのカントのテーゼ」1961年）全体を考慮しなければならない。また，カント書への批判としては，ディーター・ヘンリッヒの古典的研究がある（Dieter Henrich, »Über die Einheit der Subjektivität«, *Philosophische Rundschau* 3 (1955), pp. 28-69;「主観性の統一」石川文康訳，『カント哲学の体系形式』門脇卓爾監訳，理想社，1979年）。

3) Heidegger, *Kant und das Problem der Metaphysik*, p. 162;『ハイデッガー全集3』161頁。

4) Rodolphe Gasché, *The Idea of Form: Rethinking Kant's Aesthetics* (Stanford: Stanford University Press, 2003), p. 153.

5) Jacques Derrida, *La vérité en peinture*, p. 150;『絵画における真理』上巻，221頁。また，Jacob Rogozinski, *Kanten* (Paris: Kimé, 1996), p. 124も参照。ロゴザンスキーの崇高論（*Kanten*, pp. 113-67; DS 179-210; 261-305頁）は，構想力そのものを主題としたものではなく本章とアプローチが異なってはいるが，カント美学の核心に「構想力の暴力」のモティーフを見いだそうとする点で，本章は，この論文に多くのものを負っている。

6)「論理的総括」と「美的総括」の区別については，とりわけ以下が参考になる。Cf. Rudolf A. Makkreel, *Imagination and Interpretation in Kant: The Hermeneutical Import of the* Critique of Judgment (Chicago: University of Chicago Press, 1990), p. 71.

7) こうした言い回しをするさいに筆者の念頭にあるのは，美的判断に固有の瞬間が，対象の形相＝形式から引き退いてゆく「純粋な退隠」として否定的にしか見いだされえないというアポリアである。「美の不可能性」としてのこの問題については，前章・第4節を参照。なお「退隠」と訳されたフランス語のretraitという言葉の含意については，Cf. Derrida, *La vérité en peinture*, p. 16;『絵画における真理』上巻，19-20頁。

8) 美的総括が感性に及ぼす暴力がこのように潜在的にとどまる場合，論理的総括や（第一批判の意味での）概念的綜合が感性に及ぼす作用とどのように区別したらよいのだろうか。そもそも区別できるのだろうか。後者の綜合能力すなわち超越論的構想力に対しても，美的総括に見いだされたのと同じ「内官に対する暴力」を認めるべきであろうか。ジャコブ・ロゴザンスキーの崇高論読解は，この問いに対し，肯定的に答える。すなわち，第三批判での総括的暴力から遡行することによって，第一批判における超越

論的綜合の契機にも，感性にふるわれた，いわば「超越論的暴力」の問題系を読み取るのである（Rogozinski, « Sous le voile d'Isis (du sublime) », in *Kanten*, pp. 113-45; DS 179-210; 261-305頁）。

このような問題提起がきわめて刺激的かつ重大なものであることを認めた上で，筆者は次のような留保を加えておきたい。ロゴザンスキーの立論は，論理的総括と美的総括の区別が明確にされていないがために，感性的条件を廃棄してしまう美的総括の「暴力」と，感性的条件に即した論理的総括の概念的「綜合」とがどのような関係にあるのかが非常にわかりにくいものとなっている。というのも，カントの用語法では，後者の「綜合」は――当然のことながら――けっして「暴力」と呼ばれることはないからだ。ロゴザンスキーによれば前者は「顕在的暴力」で後者は「潜在的暴力」だということになるのだが，かりに「潜在的暴力」と呼ぶとしても，論理的総括に内在し権利上先行する美的総括の契機がそのものとして論理的総括の構造から取り出されることなしには，第一批判での概念的綜合に対しても「暴力」と呼ぶことはできないだろう。ここでロゴザンスキーのとる戦略は，ハイデガーの超越論的構想力についての洞察，つまり「超越論的構想力とは根源的時間性である」という洞察に最大限付き従うことで，論理的総括および概念的綜合を内的に構造化するような美的暴力の契機を超越論的構想力のうちに認めるというものである。ハイデガーの所論に立ち入ってそれを検証する作業は，本書の枠組みから逸脱せざるをえないため，他日を期すことにしたい。

なお，第一批判の演繹論における超越論的構想力に美的総括の潜在的暴力を認めるというロゴザンスキーの議論を，明快に解きほぐした優れた論考として，長野順子「『崇高』と時間経験――カント『崇高論』における構想力の暴力」（『神戸大学文学部紀要』第27号，2000年，19-47頁）がある。ただ，長野論文は，ハイデガーのカント書の洞察がロゴザンスキーの立論において果たしている決定的な役割についての説明を欠いているがために，以上に述べた私の留保がいっそうよく当てはまるように思われる。

9） もはや崇高ですらないこの「怪物的なもの」と，崇高の呈示としての「巨大なもの」との対照としては，Derrida, *La vérité en peinture*, pp. 141ff;『絵画における真理』上巻，200頁以下の分析を参照。また，この契機がカント美学において占める原－超越論的な位置，およびそれがヘルダーリンの詩学とハイデガーの芸術作品論に対してもつ射程については，Rogozinski, « A la limite de l'*Ungeheure* (sublime et monstrueux dans la *Critique du Jugement*) », in *Kanten*, pp. 147-67; ジャコブ・ロゴザンスキー「「Ungeheuer なもの」の限界で――カント『判断力批判』における崇高と怪物的なもの」拙訳，『知のトポス』第5号，新潟大学大学院現代社会文化研究科，2010年，87-127頁。

Ⅱ－4　吐き気

1） Kant, *Anthropologie in pragmatischer Hinsicht* (1798), VII: 157.

2） 『判断力批判』第四九節では「精神とは，美的意義において，心のうちの活気づける原理のことである」（KU 313）と定義されている。

3） Yve-Alain Bois et Rosalind E. Krauss, *L'Informe: Mode d'emploi* (Paris: Edition du

Centre Pompidou, 1996); イヴ＝アラン・ボワ，ロザリンド・E・クラウス『アンフォルム――無形なものの事典』加治屋健司・近藤學・高桑和巳訳，月曜社，2011年。以下では，現在流通している英語版（*Formless: A User's Guide* [Cambridge, Mass.: MIT Press, 1997]）を典拠とした。

4）　Georges Bataille, *Œuvres complètes*, t. I (Paris: Gallimard, 1970), p. 217;『ドキュマン』片山正樹訳，二見書房，1974年，96-97頁。

5）　ただしこれは，バタイユの要約による引用である。Bataille, *Œuvres complètes*, t. II (Paris: Gallimard, 1970), p. 59;「サドの使用価値」吉田裕訳『異質学の試み――バタイユ・マテリアリスト 1』書肆山田，2001年，249頁。

6）　バタイユの前掲書，同頁以下のほか，同訳書における吉田裕の論考（64頁以下）も参照。

7）　江澤健一郎『ジョルジュ・バタイユの《不定形》の美学』水声社，2005年，108頁。「不定形」をめぐる『ドキュマン』の図版とテクストとの関係については，言うまでもなく，ジョルジュ・ディディ＝ユベルマンの詳細な分析が参照されなければならない。Cf. Georges Didi-Huberman, *La ressemblance informe ou le gai savoir visuel selon Gerges Bataille* (Paris: Macula, 1995).

8）　Julia Kristeva, *Pouvoirs de l'horreur* (Paris: Seuil, 1980), p. 10;『恐怖の権力――アブジェクション試論』枝川昌雄訳，法政大学出版局，1984年，5頁。『恐怖の権力』は，バタイユをほとんど主題的に参照しているわけではないが（本書の半分は，むしろセリーヌの読解に割かれている），本章の視点からすれば，クリステヴァのいう abjection という語が，バタイユの次のテクストを最も重要な源泉のひとつとしていることは明らかだろう（本書 p. 79; 95 頁に，このテクストへの参照がある）。Cf. Bataille, « L'abjection et les formes misérables », in *Œuvres complètes*, t. II (Paris: Gallimard, 1970), pp. 217-21.

9）　クラウス論文は，その流行を背景として，とりわけ自身らの「アンフォルム」展と競合していた，パリでのもうひとつの展覧会「アンフォルムからアブジェクトへ」（« De l'informe à l'abject » par Claude Gintz pour le Musée d'Art Moderne de Paris; ただしそのプロトコルは予告されていたが実現しなかった）の存在を喚起することから，説き起こされている（cf. F 235; 265頁）。

10）　"The Politics of the Signifier II: A Conversation on the Informe and the Abject," *October* 67 (Winter, 1994), pp. 3-4 でのクラウスの発言。

11）　こうした観点からメニングハウスは，クラウスの主張に対して反批判を投げ返し，クリステヴァを擁護している（E 561-62; 746-748頁，89註頁）。

12）　ここではデリダのラカン批判をたどり直す余地はないので，「真理の配達人」でのデリダの有名な定式をごく教科書的に想起しておけば，ラカンの言うように（超越論的シニフィアンとしての）「手紙はつねに宛先に届く」のとは反対に「〈手紙が宛先に届かないことがつねにありうる〉ことは手紙の構造に属している」ということがデリダの主張である（cf. Jacques Derrida, *La carte postale* [Paris: Flammarion, 1980], p. 472;「真実の

配達人」清水正・豊崎光一訳『現代思想』1982年２月臨時増刊号「デリダ読本」58頁）。実のところ，デリダのラカン批判は，『グラマトロジーについて』の次のような註に遡るものである。「シニフィアンの「優位性」や「先行性」とは，維持しがたい不条理な表現であって，それが疑いもなく正統に破壊しようとしている論理そのものにおいて非論理的にみずからを定式化することになるだろう。シニフィアンはけっして権利上シニフィエに先行することはないだろうし，シニフィエなくしてはシニフィアンはもはや意味しなくなり，「意味する」シニフィアンはもはやいかなる可能なシニフィエも持たなくなるだろう。この不可能な定式のなかに告知されながらもそこに住まうことのできぬ思考は，おそらく別の仕方で言表されねばならない〔……〕」（Derrida, *De la grammatologie* (Paris: Minuit, 1967), p. 32;『グラマトロジーについて』上巻，足立和浩訳，現代思潮社，1992年，59-60頁）。この註については以下も参照。Cf. Derrida, *Résistances – de la psychanalyse* (Paris: Galilée, 1996), pp. 72ff;『精神分析の抵抗』鵜飼哲・守中高明・石田英敬訳，青土社，2007年，106頁。

13）クラウス自身，別の著作でそうした趣旨のことを述べている。Cf. Rosalind E. Krauss, *The Optical Unconscious* (Cambridge, Massachusetts: MIT Press, 1993), pp. 166-67;「視覚的無意識」小俣出美・鈴木真理子・田崎英明訳『批評空間臨時増刊号・モダニズムのハード・コア』太田出版，1995年，204頁。

14）この点については，とくに本書第二章・第４節も参照。

15）Theodor W. Adorno, *Ästhetische Theorie* (Frankfurt am Main: Suhrkamp, 1970), pp. 122ff;『美の理論』大久保健治訳，河出書房新社，1985年，135頁以下。とくにアドルノにおいて「フリッカー状の現象として知覚される」美の概念については，竹峰義和『アドルノ，複製技術へのまなざし』青弓社，2007年，325頁を参照。

16）Giorgio Agamben, *L'homme sans contenu* (1970) (Saulxures: Circé, 1996), pp. 57ff;『中味のない人間』岡田温司・岡部宗吉・多賀健太郎訳，人文書院，2002年，61頁以下。

17）Derrida, *La vérité en peinture*, pp. 95ff;『絵画における真理』上巻，134頁以下。

18）カント美学の形式概念の解釈については，とりわけ次の文献を挙げておきたい。Samuel Weber, "The Unraveling of Form," in *Mass Mediauras: Form, Technics, Media* (Stanford, California: Stanford University Press, 1996), pp. 9-35; Rodolphe Gasché, *The Idea of Form: Rethinking Kant's Aesthetics,* op. cit. 本書は「美の形式」に関する解釈の基本的な方向をこれらの論考と共有している。

19）これは，カント用語としてのDialektik（弁証論）ではなく，後に述べるように，カント以後にヘーゲルが練り上げた意味での「弁証法」に通じるものだ。かつてドゥルーズが看取していたように，崇高論ほど「カントが諸能力の弁証法的な考え方に接近したことはなかった」。Cf. Gilles Deleuze, « L'idée de genèse dans l'esthétique de Kant », in *L'île déserte et autres textes*, p. 88;『無人島1953-1968』128頁。

20）この点については，本書第三章を参照。

21）Jean-François Lyotard, *L'inhumain*, p. 112;『非人間的なもの』136頁。

22）Ibid., p. 138; 同書，170頁。

23) Ibid., p. 104; 同書，126頁。

24) リオタールのこの議論は「政治的判断力」との関連でふたたび取り上げる（本書第五章・第2節参照）。

25) たとえば，谷川渥「崇高と芸術」（『美学の逆説』ちくま学芸文庫，2003年）のリオタール批判を参照。

26) Cf. Derrida, *La vérité en peinture*, pp. 152-54;『絵画における真理』上巻，214-16頁。またヘーゲルが『信仰と知』で取り上げていた七六節・七七節（「原型的直覚的悟性」の問題等）の意義については，以下が詳しい。Eckart Förster, »Die Bedeutung von §§ 76, 77 der *Kritik der Urteilskraft* für die Entwicklung der nachkantischen Philosophie«, *Zeitschrift für philosophische Forschung* 56 (2002), 2: 169-90, 3: 321-45; エッカート・フェルスター「カント以後の哲学の展開にとっての『判断力批判』第七六〜七七節の意義」［第一部］宮﨑裕助・大熊洋行訳，『知のトポス』第8号，新潟大学大学院現代社会文化研究科，2013年，153-190頁／同［第二部］第9号，2014年，133-87頁。

27) Jacques Derrida, « Économimesis », in Agacinski, et al., *Mimesis des articulations*, pp. 89-90;『エコノミメーシス』88-89頁。

28) Ibid., p. 93; 同書，97頁。

29) 本書はこの造語を採用するにあたって，以下の書物から想を得ている。David Carroll, *Paraesthetics*, op. cit.

30) *Oxford English Dictionary* の「para-」の項によれば，「前置詞として，ギリシア語の para は「by the side of, beside ~のそばに，傍らに」という意味をもつ。そこから「alongside of, by, past, beyond」といった意味が出てくる。合成語では，次のような同族の副詞的な意味を伴って，同じ意味をもつ。すなわち「to one side, aside, amiss, faulty, irregular, disordered, improper, wrong」。それはまた，従属的関係，変質，倒錯，模像などを表現している。」

31) メニングハウス『吐き気』第三章のカント論については，そこで分析された論点を再構成することで「吐き気」概念を論じた日本語論文がある。知野ゆり「吐き気の哲学への助走——カントの場合」『倫理学年報』第52号，2003年。

32) Jacob Rogozinski, *Kanten*, p. 156. Cf. KU 269.

33) 『人間学遺稿』には吐き気をもよおすものの例が列挙された覚書がある。「見当外れな機知は吐き気をもよおす。何度も聞かされる思いつき，退屈な物語，自画自賛，食事の過多，やたらに甘いのや脂っこいの。たびたび同じものが出てくるとき。エゾヤマドリ。老婆の不快にさせる顔。ハイデガー。一般に動物の体の腐ったのや糞便などまさに」（XV: 473）。ちなみにこの「ハイデガー」は『人間学』のカント自身の註記によれば「ロンドンで指揮者として活躍したドイツ人」のハイデガー（John James Heidegger, 1659-1749）であり，「奇怪な面貌の持ち主であった」（VII: 300）。

34) Derrida, « Économimesis », p. 92;『エコノミメーシス』96頁。

35) メニングハウスは『判断力批判』における「吐き気」へのカントの言及（KU 312）が，実質的にはレッシング『ラオコーン』の記述を踏襲したものにすぎず，「吐き気」

を〈表象不可能なもの〉の契機として分析したデリダ「エコノミメーシス」の議論を「いささか余計」な「雄弁」ないし「過剰な解釈」として斥けている（E 160-1n; 51-53註頁）。たしかにこれは，メニングハウスの該博な歴史 - 文献学的な視点からすれば，まったく正当な指摘である。しかし問題は別のところにある。カント崇高論のもたらす弁証法的論理がカント美学の表象体系を完成しうるということ，そしてまさにこの体系の内部からその限界で「吐き気」の形象がいわばひとつの超弁証法的契機を記しづけうるということ，これらの可能性に照準を合わせるかぎりで，デリダの分析にはまったく別の理論的射程があるのだ。ヘーゲル弁証法に対するカント美学の賭け金をどのように評価するのか——それが，結局のところ，ここでの問いなのである。

36） Werner Hamacher, »pleroma - zu Genesis und Struktur einer dialektischen Hermeneutik bei Hegel«, in Georg Wilhelm Friedrich Hegel, *»Der Geist des Christentums«: Schriften 1796-1800* (Frankfurt am Main: Ullstein, 1978), pp. 11-333. 該当箇所は，ヴェルナー・ハーマッハー「ヘーゲルの読解行為——「吐き気」をめぐるトロープ操作」拙訳，『SITE ZERO/ZERO SITE』第０号，メディア・デザイン研究所，2006年，248-77頁を参照。

Ⅱ-Interlude　物質的崇高

１）「美に結びついた，あるいは美しさの判断に結びついたこの関心について，われわれはそれがメタ美学的であると主張する。」Gilles Deleuze, « L'idée de genèse dans l'esthétique de Kant », in *L'île déserte et autres textes*, p. 92;『無人島1953-1968』134頁。ドゥルーズはここで，崇高ではなく美との関連においてこの関心を導入しているが，しかし問題なのは「美的判断の演繹が「美の分析論」で説明できなかったことを説明する，すなわち，この演繹が，超越論的発生の原理を理性のなかに見いだす」のだということである。ドゥルーズによれば，この原理を把握するには「まず第一に〈崇高〉の発生論的モデルを経る必要があった」（Ibid., p. 93; 同書，135頁）のであり，この点からも，美に対する崇高の重要性を理解することができるだろう。

２） Rodolphe Gasché, *The Idea of Form: Rethinking Kant's Aesthetics*, p. 168.

３） Paul de Man, "Phenomenality and Materiality in Kant," in *AI*, pp. 70-90; 129-63頁。

４） Rodolphe Gasché, *The Wild Card of Reading: On Paul de Man* (Cambridge, Mass.: Harvard University Press, 1998), p. 78.

５） Ibid., p. 80. 興味深いことに，ガシェは「カントに先立つ哲学者（ヴォルフからバウムガルテンまで）が，構想力と視力という感覚能力のあいだに強力な結び付きを設けていた」と指摘する。すなわち「構想力の像の特種性は，その像の再生的機能のほかに，現象に感性的統一（個別性）を付与するという点に存している」。ガシェによれば，それゆえ「カントが「直接的な直観」や「たんなる視覚」や「たんに眼に触れるもの」と呼ぶものは，バウムガルテンのいう dispositio naturalis ad perspecaciam〔視覚への自然の属性〕に近い。つまり，それによって自然がその全体性において知覚されるのであり，これは，概念的様態にではなく，自然存在に内在的な様態にある」（pp. 79f）ので

ある。

6） 以上の説明を考慮すれば「ド・マンは崇高についての説明において Augenschein の純粋な物質性，つまり非規定的な統一ではなく統一の不在へと自然を解体＝脱分節化してしまった」（Rudolf A. Makkreel, *Imagination and Interpretation in Kant*, p. 77）といった非難に同意する必要はなくなるだろう。われわれの視点からすれば，そうした「統一の不在」は，ある最小限の統一とみなされうるのであり，マックリールのいう「非規定的な統一」と十分両立可能である。

7） たとえば『判断力批判』のなかの次の箇所を参照。「ひとは，先頃企てられた，ある偉大な民族の一国家にむけての全面的再編〔フランス革命のこと――引用者註〕にさいして，有機的組織という語を，行政機構や他の組織，さらには全国家体制の組織すらをも示すのにしばしばきわめて適切に用いてきた。なぜなら，おのおのの成員〔Glied〕は実際このような全体においてたんに手段ではなく，同時に目的でもなければならず，全体の可能性のために協力することになり，逆にまた全体の理念によってみずからの地位し機能にかんして規定されなければならないからである」（KU 375）。

8） ド・マンが「美学的形式化――クライストの『マリオネット劇について』」で記しているところでは「苦痛そのものに代えて苦痛の光景を置き，そうして経験上の苦痛から離れ去り，代わりに模倣の快楽に焦点を合わせることによって苦痛を昇華してしまうことが，芸術作品を模倣する〔ek-phrasis〕美学的形式の要点」である。「トゲを抜く少年は，かくして『ラオコーン』のミニチュアとなり，受難，血，醜さを模倣する新古典主義的勝利の一ヴァージョンとなる」（de Man, *The Rhetoric of Romanticism*, p. 280;『ロマン主義のレトリック』360頁）。傷ついた身体をめぐるこうした「新古典主義的」還元は，ド・マンによれば，ヴィンケルマン以来の解釈の伝統に属するものであり，クライストの『マリオネット劇について』におけるテクスト的身体の四肢切断とは厳格に対置されるべきものである。

9） 詩人の美的視覚におけるカントの崇高のド・マンの解釈を説明するべく，この「物質的崇高」という言い回しは，以下の論文で「他にましな語がなかったために」援用されたものである。Cf. Andrzej Warminski, "'As the Poets Do It': On the Material Sublime," in *Material Events: Paul de Man and the Afterlife of Theory*, eds. Tom Cohen, et al. (Minneapolis: University of Minnesota Press, 2001), p. 9.

10） Gasché, *The Wild Card of Reading*, p. 82.

11） Warminski, "'As the Poets Do It'," p. 4.

12） Jacques Derrida, « Le ruban de machine à écrire », in *Papier Machine* (Paris: Galilée, 2001), p. 133;『パピエ・マシン』上巻，中山元訳，2005年，242頁。

13）「崇高の美学」の孕む諸問題は，次章，リオタールの崇高論との関連で検討することにしたい。

14） Christoph Menke, "Critique and Deconstruction: A Preliminary Reflection," *Graduate Faculty Philosophy Journal* 22, no. 2 (2001), p. 54.

15） ド・マンが引用するゲッベルスの小説の一節は以下の通り。「芸術とは感情の表現で

ある。芸術家が芸術家でない者と区別されるのは，彼が自分の感じていることを表現することもできるという事実によってである。芸術家は多種多様な形態においてそうすることができる。ある者はイメージによって。またある者は音によって。さらに別の者は大理石によって――あるいはまた別のさまざまな歴史的な形態において。政治家はまたひとりの芸術家でもある。彼にとっての人民は，彫刻家にとっての石と同じ関係にある。指導者と大衆が互いにとってひとつの問題に属しているという関係は，色彩が画家にとって問題であるという関係とほとんど違わない。政治とは，絵画が色彩の造形芸術であるのと同様に，国家の造形芸術である。それゆえ，人民なき政治や人民に抗する政治は無意味である。大衆をひとつの人民へと，そして人民をひとつの国家へと変形すること――これは最深の意味で，つねに真の政治的な課題でありつづけてきた」(Joseph Goebbels, *Michael, Ein deutsches Schicksal in Tagebuchblättern* [Munich: F. Eber, 1933], p. 21;「ミヒャエル――日記が語るあるドイツ的運命」池田浩士編訳『ドイツ・ナチズム文学集成1　ドイツの運命』柏書房，2001年，26-27頁)。引用した訳文はここではド・マンの引用する英訳から翻訳した。

16）　De Man, *The Rhetoric of Romanticism*, p. 264;『ロマン主義のレトリック』342-43頁。

Ⅲ－5　政治的判断力

1）　*Thucydides, with an English translation*, vol. I: *History of the Peloponnesian War, Book I and II*, trans. Charles Forster Smith (Cambridge, Mass.: Harvard University Press, 1919), p. 326; トゥーキュディデース『戦史』上巻，久保正彰訳，岩波文庫，1966年，228頁。

2）　Hannah Arendt, *Lectures on Kant's Political Philosophy*, ed. Ronald Beiner (Chicago: University of Chicago Press, 1982), p. 61; ハンナ・アーレント『カント政治哲学の講義』ロナルド・ベイナー編，浜田義文監訳，法政大学出版局，1987年，93頁。

3）　アリストテレスのフロネーシスの概念については，本章の文脈に関わるものとして，とくにロナルド・ベイナー『政治的判断力』(Ronald Beiner, *Political Judgment* [Chicago: University of Chicago Press, 1983]; 浜田義文監訳，法政大学出版局，1988年）第四章を参照。また，より一般的で古典的な研究として cf. Pierre Aubenque, *La prudence chez Aristote* (Paris: PUF, 1963).

4）　アーレントのこの立論が『判断力批判』そのものの解釈としてもつ正当性，またアーレント自身の政治哲学における判断力の意義について，『判断力批判』の諸節，およびアーレントの他の著作・講義録等を比較対照することで検証するといった諸々の作業は，先に触れたベイナーの研究（Ronald Beiner, "Hannah Arendt on Judging," in Hannah Arendt, *Lectures on Kant's Political Philosophy*, pp. 89-156, 164-174n; Beiner, *Political Judgment*, passim）をはじめとして，すでに多くの研究がなされている。ここではさしあたり以下の論集を導入として挙げるにとどめておく。Ronald Beiner and Jennifer Nedelsky eds., *Judgment, Imagination, and Politics: Themes from Kant and Arendt* (Lanham: Rowman & Littlefield, 2001). また「政治的判断力」そのものを主題に

した先行研究は——この概念が広く知られているにしては奇妙なことだが——それほど多いわけではない。ベイナーの前掲書のほかに，主な研究書として以下がある。Ernst Vollrath, *Die Rekonstruktion der politischen Urteilskraft* (Stuttgart: Ernst Klett, 1977); Peter J. Steinberger, *The Concept of Political Judgment* (Chicago: University of Chicago Press, 1993); Alessandro Ferrara, *Justice and Judgement: The Rise and the Prospect of the Judgement Model in Contemporary Political Philosophy* (London: Sage, 1999). 確認しておけば，本章の関心は，アーレント研究そのものにはなく，アーレントがカントの趣味判断の構造から引き出した「政治的判断力」の概念の可能性を展開することに向けられている。

5）『判断力批判』に美的経験の主観主義化を読み取るこうした方向は，ガダマーのカント『判断力批判』解釈と軌を一にしている。Cf. Hans-Georg Gadamer, *Wahrheit und Methode*, pp. 48ff;『真理と方法 I』60頁以下。

6）リチャード・J・バーンスタインも述べるように「アーレントの「判断力」もハーバーマスの「実践的討議」もともに相互了解に定位したコミュニケーション的行為というコンテクストにおいて理解されるべきである」(Richard J. Bernstein, *Beyond Objectivism and Relativism: Science, Hermeneutics and Praxis* [Philadelphia, Penn.: University of Pennsylvania Press, 1983], p. 220;『科学・解釈学・実践 II』丸山高司・木岡伸夫・品川哲彦・水谷雅彦訳，岩波書店，1990年，457頁)。こうした見方からアーレントとハーバーマスを結びつける議論は，他の論点における両者の鋭い対立にもかかわらず（とくにハーバーマスのアーレント批判を参照。Cf. Jürgen Habermas, »Hannah Arendts Begriff der Macht« (1976), in *Philosophisch-politische Profile* [Frankfurt am Main: Suhrkamp, 1981], pp. 228–48;「ハンナ・アーレントの権力概念」『哲学的・政治的プロフィール』上巻，小牧治・村上隆夫訳，未來社，1984年，324–51頁)，むしろごく標準的な解釈に属している。このような議論は『判断力批判』の解釈に関して言えば，結局のところ，カントがただ「判定能力の理念」(KU 294) としてのみ論じた共通感覚を「間主観的」「公共的」「共同体的」——これらはどれもカントが積極的に用いなかった言葉である——感覚へと実体化する理解と地続きのひとつの地平を形成している。そうした理解の例として，Beiner, "Hannah Arendt on Judging," p. 120;『カント政治哲学の講義』181頁，および，Beiner, *Political Judgment*, p. 49ff;『政治的判断力』68頁以下。日本語文献では，牧野英二『遠近法主義の哲学』弘文堂，1996年，45頁，など。実のところ，美について判断するさいの共通感覚をひとつの共同体的感覚として構想する美的政治の企て——以下では簡単に「美の政治」と呼ぼう——の原型は，シラーのカント解釈にまで遡ることができる（『人間の美的教育について』参照)。これに対して本章は，以下に示すように，崇高論を重視する立場から，政治的判断力を，間主観的な共同体感覚に基づけようとする解釈を斥けようとする。

7）この契機をそのものとして尖鋭化させてゆくと，リオタール的崇高としての，この否定的な感情は，正確には，もはや美でも崇高ですらもないものだと言うことができる。第4章でみたように，カントは実のところこれを「吐き気をもよおさせるような醜さ」

（KU 312）として指し示していた。要するに，リオタールの崇高において追究されているのもまた，パラサブライムな感情の契機なのである。

8）にもかかわらず「政治的判断力」を論じた従来の研究は，ベイナーの著作をはじめとして，アーレント（およびハーバーマス）の政治哲学を主要な参照先として見いだすにとどまっており，リオタールが提起したようなカント崇高論の問題を適切に考慮に入れた議論は，筆者の知るかぎり存在しない。付け加えて強調しておけば，本章の中心的な企図は，この欠落を埋めるべく，カントの崇高論を経由することによって「政治的判断力」のモティーフをあらためて検討に付し，その概念の再錬成に差し出すことにほかならない。

9）『判断力批判』における崇高と美の関係に関して，前章までのわれわれの議論は，必ずしもリオタールの解釈に基づいて説明したわけではないが，リオタールに即した検証をするには，本来は，とりわけ後年リオタールが行った一連の崇高論講義（Jean-François Lyotard, *Leçon sur l'Analytique du sublime*, op. cit.）を参照する必要があることを付記しておく。

10）この点を早い時期に抉り出していたのが，カール・レーヴィットのシュミット批判である。Cf. Karl Löwith, »Der okkasionelle Dezisionismus von Carl Schmitt«, in *Heidegger-Denker in dürftiger Zeit, Sämtliche Schriften*, Bd. 8 (Stuttgart: Metzler, 1984), pp. 32-71;「カール・シュミットの機会原因論的決定主義」田中浩・原田武雄訳（原著1935年，邦訳は，シュミット『政治神学』田中浩・原田武雄訳，未來社，1971年所収）。またクロコウは，カール・シュミットの決断主義こそ，当のロマン主義を徹底させたものであることを証示している。Cf. Christian Graf von Krockow, *Die Entscheidung. Eine Untersuchung über Ernst Jünger, Carl Schmitt, Martin Heidegger*, in *Göttinger Abhandlungen zur Soziologie unter Einschluss ihrer Grenzgebiete*, Bd. 3 (Stuttgart: F. Enke, 1958); クリスティアン・グラーフ・フォン・クロコウ『決断』高田珠樹訳，柏書房，1999年，とくに第二章・第四節参照。この論点については，次章においてより詳しく検討する。

11）ラクー＝ラバルトとナンシーは，ベンヤミンの洞察をさらに押し進めるかたちで，「ゲルマン民族」の神話的同一化についての分析を通じ，次のような問い――「国民美学主義〔national-esthétisme〕」の問い――に取り組んでいる。すなわち「いったいなぜ国民－社会主義が表したものが，ベンヤミンの言っていたような「政治の美学化」だけではなく（それに対してならブレヒト流に「芸術の政治化」をもって応えれば十分であっただろう――それでは済まないのは，そのこともまた全体主義は完全に引き受けうるからだ），政治と芸術の融合，すなわち芸術作品としての政治的なるものの産出であったのか」（Philippe Lacoue-Labarthe et Jean-Luc Nancy, *Le mythe nazi* [La Tour d'Aigue: L'Aube, 1998], pp. 48-49;『ナチ神話』守中高明訳，松籟社，2002年，59頁）という問いである。

12）ナチズムが引き起こした美的効果についての古典的な分析としては，スーザン・ソンタグ「ファシズムの魅力」（Susan Sontag, *Under the Sign of Saturn* [New York:

Farrar, Straus & Giroux, 1980];『土星の徴しの下に』富山太佳夫訳，晶文社，1982年）や，Saul Friedländer, *Reflets du nazisme* [Paris: Seuil, 1982]; サユル・フリードレンダー『ナチズムの美学』田中正人訳，社会思想社，1990年などを参照。また，近年この主題を正面から扱った日本語の研究書が出たので付記しておく。田野大輔『魅惑する帝国――政治の美学化とナチズム』名古屋大学出版会，2007年。より遠大なパースペクティヴからの分析として，田中純『政治の美学――権力と表象』東京大学出版会，2008年。

13） Cf. Theodor W. Adorno, »Kulturkritik und Gesellschaft«, in *Gesammelte Schriften*, Bd. 10. 1 (Frankfurt am Main: Suhrkamp, 1977), pp. 27-28;『プリズメン』渡辺祐邦・三原弟平訳，ちくま学芸文庫，1996年，31-33頁。

14） Hannah Arendt, *Was ist Politik?*, hg. v. Ursula Ludz (München: R. Piper, 1993); pp. 18-23;『政治とは何か』佐藤和夫訳，岩波書店，2004年，12-16頁。

15） それを，何かが到来しつつある〈いま〉という「出来事」の問いのもとに描き出したリオタール自身の説明として，とくに以下を参照。Lyotard, « Le sublime et l'avant-garde », in *L'inhumain*, pp. 101-03;『非人間的なもの』121-24頁。

16） David Carroll, "Community After Devastation: Culture, Politics, and the 'Public Space'," in *Politics, Theory, and Contemporary Culture*, ed. Mark Poster (New York: Columbia University Press, 1993), p. 179.

17） Maurice Blanchot, *La communauté inavouable* (Paris: Minuit, 1983);『明かしえぬ共同体』西谷修訳，ちくま学芸文庫，1997年。

18） Jean-Luc Nancy, *La communauté désœuvrée* (Paris: Christian Bourgois, 1990), p. 44;『無為の共同体』西谷修・安原伸一朗訳，以文社，2001年，30頁。なお，ブランショが応答しているナンシーの論考は，1983年初出時のテクスト（in *Aléa*, 4）である。

19） Jacques Derrida, in *PA*, p. 62; 1・75頁。デリダの友愛論は，バタイユ―ブランショ―ナンシーによる一連の共同体論への負債にもかかわらず（cf. PA 56n; 同82-83頁），実のところ，それらへの根本的な留保から生まれた，と言っても過言ではない。デリダは通りすがりに次のように自問している。「〔……〕私はなぜ「共同体」（明かしうるあるいは明かしえない，無為のあるいは有為の）という語を，こう言ってよければ，私の責任で，私の名で，一度も書くことができなかったのか。なぜなのか。この黙過はどこから来るのだろうか。そして結局のところそれは，本質的に，私に本書を着想させた不安ではないか」（PA 338; 2・170頁）。「共同体」（という語）へのこの留保は，一連の共同体論に対するアンビヴァレントな距離感を示唆しており，デリダ独自の政治的思考を解明するためのきわめて重要な賭け金をなしているように思われる。

20） Maurice Blanchot, *L'écriture du désastre* (Paris: Gallimard, 1980), p. 47.

21） Philippe Lacoue-Labarthe, « Où en étions-nous? », in *FJ*, pp. 170-71; 278頁。

22） Martin Heidegger, *Nietzsche*, Bd. 1, p. 78;『ニーチェ Ⅰ』116頁。

23） 梅木達郎は，この方向を『判断力批判』に読まれる「没関心性」概念を軸として展開しようとしていた（「輝ける複数性」『支配なき公共性』洛北出版，2005年所収）。それによれば，アーレントのいう「公共性」は，ハイデガーのいう「開示性」の存在論的

な次元において練り上げ直されることで，複数の他なる存在がみずからの尊厳のもとに輝き出ることのできる「現われの空間」へと再規定されることになるだろう。そこに着手されていたのは「誰をも支配せず，誰にも支配されない政治的自由」（同書，254頁）のための探究である。ハイデガーに遡行することで「判断力」のモティーフをアーレント自身のテクストから再読しうる可能性を示した貴重な試みのひとつとして特筆しておきたい。

24） Philippe Lacoue-Labarthe, *La fiction du politique* (Paris: Christian Bourgois, 1987), p. 142;『政治という虚構』浅利誠・大谷尚文訳，藤原書店，1992年，180頁。強調引用者。

Ⅲ－6　決断の帰趨

1） Norbert Bolz, *Auszug aus der Entzauberten Welt. Philosophischer Extremismus zwischen den Weltkriegen* (München: Wilhelm Fink, 1989), p. 8;『批判理論の系譜学――両大戦間の哲学的過激主義』山本尤・大貫敦子訳，法政大学出版局，1997年，2頁。付言しておけば，哲学史的な観点からすると，決断の思考の歴史的源泉は，ポストヘーゲル的な文脈において近代批判を展開した，キルケゴールに求めることができる。キルケゴールが絶対的選択として提起した「あれか，これか」において真に問われているのは，（善と悪，正義と不正といった）どちらの選択肢をとるのかや「選択されたものの現実」ではなく，まさに「選択するということそのものの現実」，すなわち「選択するか選択しないかそれ自体の決断」であった（『キルケゴール著作集4――あれか，これか・第二部（下）』浅井真男・志波一富・棗田光行訳，白水社，1965年，43-45頁）。『政治神学』でシュミットが主権者を「例外状況について決断を下す者」と定義したさいの「例外」の概念は，キルケゴールが念頭に置かれているし，『存在と時間』でハイデガーが，現存在を決意性へと駆り立てる本来的な情態性を「不安」の観点から分析したこともまたキルケゴールが考慮されている。『存在と時間』第40節参照。

2） 正確を期してあらかじめ断っておけば，本章が焦点を合わせるシュミットは，彼の政治思想において決断主義が積極的な役割を果たしていた時期のシュミット，すなわち，ヴァイマール共和国の成立からナチス政権交代にいたる時期（1919-33）における，主に20年代のシュミットである。

3） Martin Heidegger, *Die Selbstbehauptung der deutschen Universität* [1933] = *L'auto-affirmation de l'université allemande*, trad. Gérard Granel (Mauvezin: Trans-Europ-Repress, 1987 [bilingue]), pp. 42-44;「ドイツ的大学の自己主張」矢代梓訳，ハイデッガーほか『30年代の危機と哲学』平凡社ライブラリー，1999年，120頁。

4） Karl Löwith, »Der okkasionelle Dezisionismus von Carl Schmitt«, in *Sämtliche Schriften*, Bd. 8, p. 67;「カール・シュミットの機会原因論的決定主義」，前掲『政治神学』156頁。この論文については，後節で取り上げる。

5） 高橋哲哉『デリダ』講談社，1998年，118頁。

6） ハイデガーとの関連はここでは傍らにおかざるをえない。というのもハイデガーの

「政治」は，一個の思想としてはシュミットよりもはるかに暗示的であり，ここで扱うにはあまりにも複雑かつ錯綜した問題領域を形成しているからである。ハイデガーの決断論を扱った研究としては，さしあたり以下を挙げておきたい。Jean-Luc Nancy, « La décision d'existence », in *Une pensée finie* (Paris: Galilée, 1990); ジャン＝リュック・ナンシー「実存の決断」『限りある思考』合田正人訳，法政大学出版局，2011年所収。Philippe Lacoue-Labarthe, « La transcendance finie/t dans la politique », in *L'imitation des modernes* (Paris: Galilée, 1990); フィリップ・ラクー＝ラバルト「政治のなかの有限なる超越／超越は政治のなかで終わる」『近代人の模倣』大西雅一郎訳，みすず書房，2003年所収。Alexander García Düttmann, » Aufgang und Untergang «, in *Das Gedächtnis des Denkens* (Frankfurt am Main: Suhrkamp, 1991); アレクサンダー・ガルシア・デュットマン「勃興と没落」『思惟の記憶――ハイデガーとアドルノについての試論』大竹弘二訳，月曜社，2009年所収。

7）デリダの「倫理－政治的地平」に，最も早い時期に着目した論考としては，Richard J. Bernstein, "Serious Play: The Ethical–Political Horizon of Jacques Derrida" (1987), in *The New Constellation* (Cambridge, Mass.: MIT Press, 1991); リチャード・J・バーンスタイン『手すりなき思考』谷徹・谷優訳，産業図書，1997年，第六章。

8）この表現は，デリダ自身の述べるように，スタンリー・フィッシュの論文「力」（Stanley Fish, "Force" in *Doing What Comes Naturally* [Durham: Duke University Press, 1989], pp. 503–524）から借用された表現である（FL 51）。

9）Cf. Jacques Derrida, « Déclarations d'indépendance » (1976) in *Otobiographies. L'enseignement de Nietzsche et la politique du nom propre* (Paris: Galilée, 1984);「アメリカ独立宣言」拙訳，『思想』第1088号（2014年12月）岩波書店，52–63頁。

10）『政治神学』から五年後の著作『政治的なものの概念』では，戦争は「たんに例外的に生ずる」と言われたうえで，次のように述べられている。「今日もなお，戦争という事態は「危急事態」なのである。この場合にもまた，他の場合と同様，例外事態こそが，とくに決定的な，ことの核心を明らかにする意義をもつ，と言うことができる。なぜなら，現実の闘争においてこそ，友／敵という政治的結束の究極の帰結が判明するからである。この究極的な可能性から，人間生活は，すぐれて政治的な緊張を獲得するのである」（Carl Schmitt, *Der Begriff des Politischen* [Berlin: Duncker & Humblot, 1963 (1927)], p. 35;『政治的なものの概念』田中浩・原田武雄訳，未來社，1970年，30頁）。

11）「例外」が既存の法的規範から外され法の宙づり状態に置かれていることでこのことが逆に法の効力を内的に構成するという，例外状態のトポロジカルな構造については，ジョルジョ・アガンベンの示唆に富む分析がある。『ホモ・サケル』高桑和巳訳，以文社，2003年［原著1995年］，第一部「主権の論理」，および『例外状態』上村忠男・中村勝己訳，未來社，2007年［原著2003年］参照。

12）Christoph Menke, »Gnade und Recht. Carl Schmitts Begriff der Souveränität« in *Spiegelungen der Gleichheit* (Frankfurt am Main: Suhrkamp, 2004), p. 305.

13）この「無条件なもの」という言葉は『法の力』では必ずしも前景化していないが，

デリダは晩年のいくつかの著作（たとえば『条件なき大学』*L'université sans condition* [Paris: Galilée, 1998]; 西山雄二訳，月曜社，2008年や『ならず者たち』*Voyous. Deux essais sur la raison* [Paris: Galilée, 2003]; 鵜飼哲・高橋哲哉訳，みすず書房，2009年など）で，この言葉を「主権」の古典的概念（国家主権や人民主権としての）から区別して用いており，以下では，シュミットとの並行関係を明確にするために，本章はこの語を積極的に用いることにする。これについて『法の力』のデリダは，モンテーニュ＝パスカルの表現を引いて「権威の神秘的基礎」と呼んでおり，『法の力』のサブタイトルとしている。「規則のエポケー」の問題として現れ，「ウィトゲンシュタイン的」（FL 33; 32頁）とデリダが指し示してもいるこの「無条件なもの／語りえないもの／神秘的なもの」の構造をめぐっては，クリプキが『哲学探究』の一節から取り出した「規則に従うことの問題（The Rule-Following Problem）」をみないわけにはいかないだろう。ソール・クリプキ『ウィトゲンシュタインのパラドックス』黒崎宏訳，産業図書，1983年。

14） Karl Löwith, »Der okkasionelle Dezisionismus von Carl Schmitt«, pp. 32-71;「カール・シュミットの機会原因論的決定主義」，前掲『政治神学』89-163頁。本論文は，シュミットを主題とした前半部（pp. 32-61; 91-144頁）とハイデガーを中心として論じた後半部（pp. 61-71; 144-63頁）との二つに分かれる。前半の初出年は1935年，後半は1960年で，両者の成立時期がかなり異なっている点には注意が必要である。

15） Ibid., p. 40; 同書，105頁。

16） Ibid., p. 38; 同書，102頁。

17） Ibid., p. 64; 同書，150頁。

18） Ibid., p. 40; 同書，105頁。強調原文。

19） Ibid., pp. 49-50; 同書，121頁。

20） Alexander García Düttmann, *Derrida und Ich. Das Problem der Dekonstruktion* (Bielefeld: Transcript, 2008), p. 104. 該当箇所の初出からの邦訳に，以下がある。アレクサンダー・ガルシア・デュットマン「決定と至高性」小森謙一郎訳，臼井隆一郎編『カール・シュミットと現代』沖積舎，2005年，19頁。

21） 決断概念のこうした国家主義的反転の背景にあるのは，シュミットの一貫したヘーゲル主義である。「いかなる精神も現在の精神であり現前するという哲学的真理」を説いたヘーゲルは，シュミットにとって「いかなる場合にも最大の意味において政治的であり続ける」（*Der Begriff des Politischen,* p. 62;『政治的なものの概念』75頁）。この問題をここではあまりに簡単に扱ってしまっているが，このヘーゲル主義は，ノモスの具体的秩序や敵対の現実的可能性を追求し続けたシュミットの政治思想全体にとって，たんなる符牒として片づけるわけにはいかない遠大な射程をもたらしている。Cf. Jean-françois Kervégan, *Hegel, Carl Schmitt: le politique entre spéculation et positivité* (Paris: Presses Universitaires de France, 1992; coll. « Quadrige », 2005).

22） 「崇高の政治」へと国民を動員する美的判断に関しては「戦争」（およびそれを担う「戦士」や彼らを統率する「将軍」）が崇高の感情をすぐれて惹き起こすと述べた『判断力批判』の問題含みの一節（第28節; KU 262-3）を想起しないわけにはいかないだろう。

この一節については次章「結論」で取り上げる。

23) 政治的ロマン主義の美的態度を批判したシュミットの決断主義こそがまさに政治的ロマン主義の美的政治へと逢着するという転倒については，以下も参照のこと。Christian Graf von Krockow, *Die Entscheidung. Eine Untersuchung über Ernst Jünger, Carl Schmitt, Martin Heidegger*, op. cit.;『決断』第二章・第四節。また，同様の着眼点をもつシュミット論として，山田広昭「カール・シュミットの決断主義」『批評空間』第Ⅲ期・第4号，2002年も参考になる。

24) この「具体的秩序」は，シュミットにおいては実のところ，たんにドイツにとっての国内的秩序を意味するわけではないという点には注意が必要である。シュミットにとってこの秩序は，国内法のみならず国際法の次元での変革による国家間秩序（「連邦」や「広域」）の形成を目指すものであり，従来の国際連盟の普遍主義の陥穽からも逃れようとした新たな脱国家共同体の構築をも射程に含めたものなのである。このような意味では，シュミットを狭い意味での国家主義的なコンフォーミストとみなすことは早計かもしれない（もちろんそうした脱国家主義の外見が，あくまでもドイツの主権回復を目指して戦略的に主張された「裏返しの国家主義」である可能性も否定できないにせよ）。20年代から30年代のシュミットの国際法思想の展開を視野に入れた議論については，ここではさしあたり，以下の研究を挙げるにとどめておきたい。大竹弘二『正戦と内戦――カール・シュミットの国際秩序思想』以文社，2009年。とくに，第2章「国際連盟とヨーロッパ秩序」および，第3章「広域秩序構想」を参照。

25) Löwith, »Der okkasionelle Dezisionismus von Carl Schmitt«, p. 60; 前掲『政治神学』142頁。

26) Schmitt, *Der Begriff des Politischen*, p. 18, passim;『政治的なものの概念』18頁等。

27) Ibid., p. 50; 同書，55頁。

28) Ibid., p. 49; 同書，54頁。

29) たとえば――シュミットではないが――レヴィナスの歓待論を解釈する文脈のなかで，デリダは次のように問いかけている。「〔……〕私から，私自身からしか生じず，私のものである主観性の可能事を繰り広げることしかしないような，純粋に自律的な運動が，はたして「決断」の名を与えられる権利を有するだろうか。自由だと言われるどんな決断においても生ずるはずの，かの引き裂くような断絶もない，自我論的な内在性の展開を，すなわちひとつの主体＝主辞に固有な述辞や可能事が自律的かつ機械的に繰り広げられることを，「決断」とみなすことなど許されないのではないだろうか」（Jacques Derrida, *Adieu* [Paris: Galilée, 1997], p. 53;『アデュー』藤本一勇訳，岩波書店，2004年，38頁）。

30) この著作は，シュミットの政治哲学（主に『政治的なものの概念』と『パルチザンの理論』）に対するデリダの最もまとまった批判的読解を見いだすことができる。とくに第三～六章参照。

31) この語については，以下を参照。ヴェルナー・ハーマッハー『他自律――多文化主義批判のために』増田靖彦訳，月曜社，2007年。

32) サミュエル・ウェーバーは，政治神学をめぐるシュミットとベンヤミンの関係を論じるなかで，この問題を指摘している。Samuel Weber, "Taking Exception to Decision," in *Walter Benjamin 1892-1940, zum 100. Geburtstag*, hg. v. Uwe Steiner (Bern: Peter Lang, 1992), p. 130;「決定に異議を申し立てる」大久保譲訳，『批評空間』第2期・第2号，1994年，113頁。

33) デリダがそう呼ぶとともに当のテクスト自身が帯びているこの「誇張法的な競り上げ〔surenchère hyperbolique〕」については，修辞学用語としての「誇張法〔hyperbole〕」の問題と関連させながら，さらに追究する余地があるだろう。というのも，そこに賭けられているのは，まさに崇高なものの弁証法的表出のリミットを問い直す過剰なものの論理でありうるからだ。ヘルダーリンの言葉に即してラクー＝ラバルトが「誇張論理的なもの〔hyperbologique〕」と呼んだこの（論理ならざる）論理については，Philippe Lacoue-Labarthe, « La césure du spéculatif », in *L'imitation des modernes* (Paris: Galilée, 1986), pp. 39-68;「思弁的なものの休止」『近代人の模倣』大西雅一郎訳，2003年，50-99頁。そこから着想をえて展開された注目すべき論考として，梅木達郎「崇高論をめぐって――弁証法から誇張法へ」（前掲『支配なき公共性』所収）を参照。

34) ただし，デリダのテクストに読まれる「誇張法的な競り上げ」の効果を「美的（エステティック）」と呼ぶことには，細心の注意が必要である。というのも，実のところ，デリダ自身は「エステティック」というカテゴリーに積極的な意義を認めることなく，たいていは警戒すべき用語として想定しているからである。たとえば，デリダの『マルクスの亡霊たち』をめぐって生じた1999年のある論争的なテクストで，デリダはみずからの企てがなにがしかの「美学」や「エステティック」の名のもとで説明されることに強い反発を示しつつ，次のように述べていた。「私は〔……〕ここでの問題を「再-美学化」することで，諸々の概念（たとえば「亡霊」の概念）を修辞学の文彩＝形象に還元したり，私の論証を文学研究および文体の諸効果へと還元できると考える人すべて――彼らは大勢いる――に対してただ次のように答えておくことにする。すなわち，私にとって重要であり，とりわけ（まさしく私のテクストが議論に曝されその渦中に入るようになって以来ずっと）進行中の議論において重要でありうることはどれひとつとして，こうした「美学的」アプローチに還元されるものでも，それによって解明されるものでもない〔……〕」（*Marx & Sons* [Paris: PUF/Galilée, 2002], p. 68;『マルクスと息子たち』國分功一郎訳，岩波書店，2004年，87-88頁）。

「エステティック」をめぐるこうしたデリダの発言にもかかわらず，われわれがデリダのテクストのうちに美的な契機を積極的に見いだし「美的判断」の実践とみなそうとすることは，しかしながら，どのように正当化しうるだろうか。そもそも，なぜデリダは「エステティック」という言葉にかくも慎重なのだろうか。その理由はこうである。第一に，上記の引用の文脈が典型的なように，デリダが「エステティック」に対して反発を示すのは，たいていは，ごく教育的な配慮によるものである。というのも，テクストの美的な次元――修辞，文彩，文体，固有語法，語調，リズムなど――に過度に注目し，そこからテクストを性急に理解してしまうことは，まずもって当のテクストが文字

通りに主張しようとしている議論の要点を正確に把握することの妨げになるからだ。とくに上記の論争的なテクストの文脈にあってデリダが試みているのは，『マルクスの亡霊たち』をめぐって生じた数多くの誤解をひとつひとつ丹念に反駁し訂正し，個々の論点についてあらためて正しい理解を求めていく，というきわめて啓蒙的な作業である。自身が文字通りに主張しようとしている議論の内容が，それとして適切に理解される前に，なにか「個人的な美的趣味」の類いのものに還元されてはかなわない，というわけだ。しかし，デリダが「エステティック」に対して警戒するのは，それが初歩的で基本的な論点を捩じ曲げるような誤解の引き金になる，ということだけではない。第二に，デリダ（やデリダ派）の主張する「脱構築」が（とくに合衆国での受容のコンテクストで）一般に「美学主義」，美的なテクスト解釈の実践とみなされ揶揄されてきたという背景もある。つまり「美的なもの」は，デリダを読まずに斥けるための格好のアリバイに利用されてきたのである。「〔美的なものの価値を保守しようとする〕反動的な復古主義者たちは，あまりに哲学者でありすぎることを理由にデリダが美的なものに接近することを拒む一方，政治的な行動主義を擁護する人々は，あまりにも美学の問いに関わりすぎることを理由にデリダが政治的なものに接近することを拒むのである。いずれの場合においても，美的なものが排除の原理として機能している」（AI 106; 194 頁）。第三に，これはより本質的な問題だが，デリダにとって「エステティック」は，『判断力批判』が――伝統的な受容（とくにヘーゲルのカント批判）においてそうみなされてきたように――「主観性と判断の一理論」にとどまっているという限界をもつかぎりで，依然として脱構築されるべき形而上学的な諸価値（とくにカントがしばしば形式的な議論のうちに密輸入する人間中心主義的な偏見）を免れておらず，いうなれば使い古され，手垢に塗れた術語のひとつだと考えられている（とくに「パレルゴン」［« Parergon », in *La vérité en peinture*, pp. 19-168;『絵画における真理』上巻，25-236頁］や「エコノミメーシス」［« Économimesis », in Agacinski, et al., *Mimesis des articulations*, pp. 56-93;『エコノミメーシス』湯浅博雄・小森謙一郎訳，未來社，2006年］参照）。こうした意味でも，デリダはこの言葉を積極的に引き受けようとはしないだろう。

それに対して本書は，以上のいずれの含意においても「エステティック」という語を用いていない。本書の文脈では，第一や第二の意味ではないことは明らかであり（本書には「デリダやデリダ派を攻撃する」という類いの論争的な意図はない），第三の意味においてのみ「エステティック」のカテゴリーを過小評価し，その線で『判断力批判』を読むことに対しては，本書の『判断力批判』読解の全体においてオルタナティヴを示してきた通りだ（とくに第二章参照）。結局のところ，本書の立場は，「エステティック」という語そのものに積極的な意義を見いだしているという点で，ここでのデリダ（の用語法）とは対立せざるをえない。デリダは先に引用した文章の続きで次のように述べている。「重要なのは，いかにして書いたり論じたりするか，そして，ここで適用されている諸々の規範（とりわけアカデミックな諸規範）はいかなるものか，ということなのである。こうした問いは決して「美学的」ではない。それはとりわけ，おそらくは何よりも政治的なものである」（pp. 68-9; 88頁）。この文脈において「エステティッ

ク」は，もっぱら「美学的」という意味において消極的に理解されており，単純に「政治的なもの」に対置させられている。しかし本書の根本的な主張のひとつは，ここでのデリダの主張とは異なり，まさに判断／決定の「美的－政治的な」効果にある。すなわち，かくも頻繁に引き合いに出される美学と政治という対立，および「政治の美学化」という作用が，当の「エステティック」の両義性――「美的なもの」の反美学的契機，つまり美学そのものを破壊する純粋に「美的＝感性的なもの」の契機――を通じてこそ解除され再政治化しうるのだ，という点にある。残念ながら，「エステティック」という語をめぐるこのようなアプローチは，デリダのうちにはほとんど見いだすことができない（本書でもすでに論じたように，それはむしろ脱構築のもうひとつの極，ポール・ド・マンに由来するものだ）。

とはいえ，誤解のないよう付け加えるなら，「美学化」に抵抗するという点では，本書もデリダの目指すところと異なっているわけではない。本書の場合，「美的なもの」のカテゴリーそのものに争点を見いだし，「美的なもの」の内在批判にこそ，「美学化への抵抗」ないし「美学の政治化」の立脚点を見いだそうとするのであり，結局のところ，「エステティック」の問いにコミットしようとする，その内在性の程度において，デリダの立場とは異なるのである。実際，先に引いた文章でも，デリダは「たしかに結局のところ，私のテクストの「美的なもの」について語ることは，無益でも不適切でもないだろう〔……〕。おそらくこの点については適切で興味深い事柄を，論文をさえ書くことができよう」（p. 68; 87頁）と述べており，「美的なもの」の諸要素がテクストにおいて果たす遂行的な力をデリダが軽視しているわけではまったくないのである。

35）　Jacques Derrida, *Limited Inc.* (Paris: Galilée, 1994), pp. 273-4;『有限責任会社』高橋哲哉・増田一夫・宮﨑裕助訳，法政大学出版局，2002年，318頁。

36）　Jacques Derrida, « Pourquoi je cosigne cet appel », avec Jürgen Habermas, « Unsere Erneuerung », *Frankfurter Allgemeine Zeitung*, 31 Mai 2003; *Libération*, 31 mai 2003;「われわれの戦後復興――ヨーロッパの再生」瀬尾育生訳『世界』2003年8月号，86-93頁。ハーバーマスのこの文章には「なぜこの呼びかけに連署するのか」というデリダの短文が付されている。そこには「カントの伝統」を指示する以下の一節があり，デリダの「カント主義」への傍証として読めるだろう。「私はこの文章の前提条件とパースペクティヴとを本質的に共有している。すなわち，いかなるヨーロッパ中心主義をも超えた，新たなヨーロッパの政治的責任を定義すること。国際法とその諸機関，とりわけ国連がもつ意味の再確認と，その効果的な変革への呼びかけ。さらに諸々の主権の共有＝分割を行うための新たな構想と新たな実践，などである。それらは字義通りにとはいえなくとも，カントの伝統へと差し向ける精神のうちにあるのだ」。とはいえ，そもそもこうした「連署」が注目すべきものとなるのは，やはりデリダとハーバーマスのあいだには，本来深い理論的対立があるという点には変わりがないからだ。なお，両者の対立を説明する言語論上の問題については，以下の拙論を参照。「行為遂行的矛盾をめぐる不和――デリダと討議倫理学の問題」『フランス哲学・思想研究』第9号，日仏哲学会，2004年，172-85頁。

37) Jacques Derrida et Elisabeth Roudinesco, *De quoi demain*... (Paris: Flammarion, 2001), pp. 223-267; ジャック・デリダ，エリザベート・ルーディネスコ『来たるべき世界のために』藤本一勇・金澤忠信訳，岩波書店，2003年，第八章。とはいえ，周知のように，EU 諸国において死刑はすでに廃止されており（フランスでは81年），デリダのこうした問いかけも，フランス国外の状況——たとえば先進国のなかでも例外的に死刑を存置している合衆国や日本など——へと関心を喚起するための挑発ととれなくはない。

38) Jacques Derrida, *Voyous. Deux essais sur la raison* (Paris: Galilée, 2003), p. 145;『ならず者たち』鵜飼哲・高橋哲哉訳，みすず書房，2009年，197-98頁。

39) García Düttmann, *Derrida und Ich*, p. 110n;「決定と至高性」34頁，註26。

40) 事実，決定の思考が打ち出されている『法の力』の第一部は，第二部でのベンヤミンの『暴力批判論』の緻密なテクスト読解のもとではじめて歴史 - 系譜学的な射程を獲得するのであり——そしてシュミットの決断主義との関係を喚起することで本章はその系譜を補完しようとしていると言えば，いささか不遜に響くだろうか——デリダは，他のどんなテクストにおいてもそうであるように，原理論に留まることなくあくまで個々のテクストと格闘し続けることで，そうしたコンテクスト化を目指すのである（この意味では，第二部は「脱構築的読解の演習」（FL 78; 96 頁）とみなすことができ，『暴力批判論』というテクストはそのための特権的な範例をなしている）。要するに，デリダの決定の思考は，瞬間的な一点突破を指向する決断主義とは異なり，どこまでも（コン）テクスト的な思考であり続けようとするのである。